本書由香港青松觀資助出版

全真道研究

任法融題

2024年第1期

第十三輯

趙衛東 主編

山東大學儒學高等研究院 主辦

山東大學出版社
SHANDONG UNIVERSITY PRESS
·濟南·

圖書在版編目(CIP)數據

全真道研究. 第十三輯 / 趙衛東主編. --濟南:
山東大學出版社，2024.4. --ISBN 978-7-5607-8196-9
Ⅰ. B956.3-53
中國國家版本館 CIP 數據核字第 20240KJ467 號

責任編輯　郭凱迪
封面設計　劉羽珂　王秋憶

全真道研究
QUANZHENDAO YANJIU
第十三輯

出版發行　山東大學出版社
社　　址　山東省濟南市山大南路 20 號
郵政編碼　250100
發行熱綫　(0531)88363008
經　　銷　新華書店
印　　刷　濟南華林彩印有限公司
規　　格　720 毫米×1000 毫米　1/16
　　　　　2 插頁　15 印張　264 千字
版　　次　2024 年 4 月第 1 版
印　　次　2024 年 4 月第 1 次印刷
定　　價　78.00 元

《全真道研究》編委會

目　録

Contents

《長春真人西遊記》的書寫策略

□吴光正

摘要：從文體學的角度分析李志常述《長春真人西遊記》的書寫策略，發現李志常將丘處機的西行之旅寫成了應詔之旅、弘道之旅和越界之旅，完美地呈現了一代高道的精神風貌和歷史貢獻，其目的是確立全真教的宗教典範，拓展全真教的發展空間。據此，我們也可以發現，宗教遊記與一般士庶所寫之遊記，其文體功能和書寫策略有著重要區別。清理這些特性，有助於加深我們對宗教文學文本的理解，有助於我們認清宗教文學的本質。

關鍵詞：丘處機　長春真人西遊記　文體學　書寫策略　宗教典範

作者簡介：吴光正，武漢大學文學院教授，武漢大學中國宗教文學與宗教文獻研究中心主任，主要從事宗教文學研究。

《長春真人西遊記》由李志常撰成於1228年，並被作爲白雲觀處順堂《西遊記壁畫》《玄風慶會圖》的底本和寫作參考書，在元代全真教内外有著廣泛的影響。但是，元代以後，此書便湮没無聞，清人甚至一度將小説《西遊記》附會成丘處機西遊故事，並將小説《西遊記》的作者附會成丘處機。直到乾隆年間，錢大昕在蘇州玄妙觀閱讀《道藏》時發現此書，"始表章此書，爲之跋尾，阮文達遂寫以進秘府。道光間，徐星伯、程春廬、沈子敦諸先生迭有考訂，靈石楊氏因刊入《連筠簃叢書》，由是此書非復丙庫之附庸，而爲乙部之要籍矣。光緒中葉，吴縣洪文卿侍郎創爲之注，嘉興沈乙庵先生亦有箋記，而均未刊布"[①]。至1926年，王國維著成《長春真人西遊記校注》，此書纔在學術界産生重大反響，並引起了學術界的持

① 王國維：《〈長春真人西遊記校注〉序》，《王國維全集》第十一卷，杭州：浙江教育出版社，2009年，第536頁。

續關注。[①] 這些論著或對《長春真人西遊記》的人、事、物、地加以考證,或對丘處機創作的西域詩歌進行分析,深化了我們對此書的認識。在此,筆者擬轉換角度,從"遊記"的文體規範出發來探討此書。關於遊記,古人有這樣的體認:"因懷自古山川之美、人物之勝、登覽遊從之適。"[②]今人却更傾向於從如下角度加以觀察:"遊記的最終價值是作爲第一手觀察,提供給人們一個觀看陌生地方,或用新視角重新認識老地方的窗口。它也告訴我們很多關於作者的事情,包括他的價值觀、世界觀,反過來也能讓我們瞭解他身處的社會。"[③]遵循這樣的理路,我們發現,《長春真人西遊記》作爲一種宗教遊記,有著特殊的書寫策略,即將丘處機的西遊之旅寫成了應詔之旅、弘道之旅和越界之旅,其目的是確立全真教的宗教典範,拓展全真教的發展空間。

一、應詔之旅:《長春真人西遊記》的書寫策略之一

關於丘處機的西行,時人有過準確的把握。孫錫在《長春真人西遊記序》中就指出:"僕謂是集之行,不特新好事者之聞見;又以知至人之出處,無可無不可,隨時之義云。"[④]陳時可在《長春真人本行碑》中亦指出:"方其未召也,澹然海上,其與世相忘久矣。一日有詔,迎致誠,出自然,非有以要之也。又其所以奏對者,皆以道。"[⑤]這兩人均是丘處機應詔後在燕京地區結識的好友,"隨時""非有以要之""皆以道"的判斷應該切中肯綮。因此,如何叙述這一"隨時"之舉,即丘處機如何應詔朝覲及其效應,便成爲《長春真人西遊記》的書寫重點,李志常將丘處機的西遊之旅寫成應詔之旅也可以説是《長春真人西遊記》的一大書寫策略。

對於丘處機的應詔及啓行,李志常凸顯了丘處機選擇之艱難與北上之不易。丘處機於金大定二十八年(1188)、金大安三年(1211)應金世宗和衛紹王之詔進

---

① 張星烺編注,朱傑勤校訂:《丘處機及〈長春真人西遊記〉》,《中西交通史料彙編》第五册,北京:中華書局,1978 年,第 70~156 頁;王筱芸:《蒙元新西域詩與蒙古王朝認同建構——以耶律楚材、丘處機爲中心》,中國社會科學院文學研究所編:《中國社會科學院文學研究所學刊 2011》,北京:中國社會科學出版社,2012 年,第 262~296 頁;黄二寧:《蒙元前期丘處機的西域遊歷與行旅詩創作》,《中北大學學報》(社會科學版)2019 年第 4 期;左丹丹、余來明:《丘處機、耶律楚材西行唱和的文化内蘊》,《貴州社會科學》2021 年第 5 期。

② (元)陳仁玉:《遊志前編序》,(明)陶宗儀輯:《遊志續編》,清光緒間新陽趙氏刻《趙氏叢刊》本。

③ [美]何瞻(James M. Hargett):《玉山丹池:中國傳統遊記文學》,馮乃希譯,上海:上海人民出版社,2021 年,第 21~22 頁。

④ (元)孫錫:《長春真人西遊記序》,(元)李志常述:《長春真人西遊記》,《道藏》第 34 册,北京:文物出版社、上海:上海書店、天津:天津古籍出版社,1988 年,第 480 頁。

⑤ (元)陳時可:《長春真人本行碑》,(元)李道謙集:《甘水仙源録》卷二,《道藏》第 19 册,第 736 頁。

京，曾作詩詞表達對金廷的感激和效忠之情，又曾於貞祐二年（1214）應金廷駙馬都尉僕散安貞之請赴登州、寧海招撫叛亂的紅襖軍，並於貞祐三年（1215）被金廷授予"無爲清静自然應化弘教大師"稱號。金廷貞祐南遷後，越來越看重丘處機的身份和威望，多次加以徵召。《遊記》就曾記載金廷的三次徵召：一是戊寅歲（1216）之前，"河南屢欲遣使徵聘，事有齟齬，遂已"[①]；二是興定三年（1219）夏四月，"河南提控邊鄙使至，邀師同往，師不可，使者攜所書詩頌歸"[②]；三是不久之後，"復有使自大梁來，道聞山東爲宋人所據，乃還"[③]。《遊記》還記載了南宋的一次徵召：興定三年八月，"江南大帥李公（全）、彭公（義斌）來請，不赴"[④]。丘處機將自己的選擇歸於天："我之行止，天也。非若輩所及知，當有留不住時去也。"[⑤]對於蒙古汗廷之徵召，《遊記》曾用"躊躇"來形容丘處機的反應。丘處機的這種反應表明他對應詔的政治語境和文化語境有著深深的憂慮。他讚歎劉仲禄冒險來到萊州徵召自己，就是因爲劉仲禄衝破了當時"此疆彼界"的政治態勢，這也應該是他"躊躇"反應的一大原因。即使從西域歸來，他還是有著"此疆彼界"的認識：宣差阿里鮮懇求丘處機派尹志平與自己前往山東招諭，丘處機仍然以"天意未許，雖往何益"[⑥]加以拒絕。宣德啓行之際，信徒請問歸期，丘處機的回答宣示了他的文化憂慮："遠涉異域，其道合與不合，未可必也。"[⑦]不過，與之前斷然拒絕金宋之召相比，"躊躇"這種反應顯示丘處機已經意識到這次徵召非同尋常！宣使劉仲禄一方面强調成吉思汗"不限歲月，期必致之"的决心，另一方面又强調自己竭心盡力、冒險徵求的努力，令丘處機感到"不可辭"，不得不應詔朝覲，這就是丘處機所謂的"留不住時去也"。丘處機北上面臨的種種遭遇表明，他對"此疆彼界"的憂慮實屬先見之明。當丘處機如約動身，自濰陽（濰州）抵達青社（益都）時，却發現劉仲禄已經離開。此時，宋、蒙已經聯盟，劉仲禄此前之所以能够順利抵達東萊，其中就得到了已經投降宋朝的張林的支持；但是，對於丘處機應詔北上，宋朝一方還是起了疑心，並派軍隊加以阻止。用張林回答丘處機的話便是："正月七日，有騎四百，軍于臨淄，青民大駭。宣使逆而止之，今未聞所在。"[⑧]史志

---

① （元）李志常述：《長春真人西遊記》卷上，《道藏》第 34 册，第 481 頁。
② （元）李志常述：《長春真人西遊記》卷上，《道藏》第 34 册，第 481 頁。
③ （元）李志常述：《長春真人西遊記》卷上，《道藏》第 34 册，第 481 頁。
④ （元）李志常述：《長春真人西遊記》卷上，《道藏》第 34 册，第 481 頁。
⑤ （元）李志常述：《長春真人西遊記》卷上，《道藏》第 34 册，第 481 頁。
⑥ （元）李志常述：《長春真人西遊記》卷上，《道藏》第 34 册，第 495 頁。
⑦ （元）李志常述：《長春真人西遊記》卷上，《道藏》第 34 册，第 483 頁。
⑧ （元）李志常述：《長春真人西遊記》卷上，《道藏》第 34 册，第 481 頁。

經《玄風慶會圖》曾用“宋疑掩襲”“逐使臨淄”“盡焚橋木”[①]三個畫目加以揭示。《清和真人北遊語録》所載“嘗記從師父濰州遭難北行”[②]一句話顯示丘處機在進入益都之前就遭到宋朝方面的阻擋了。丘處機北上長山、鄒平、濟陽,在將陵纔與揮師來迎的劉仲禄會合。劉仲禄解釋晚來之原因:“以道路榛梗,特往燕京會兵,東備信安,西備常山。”[③]這一次,防備的不是宋朝軍隊,而是歸順金朝的地方武裝。興定四年(1220)二月,金宣宗下詔封建九公,以真定經略使武仙爲恒山公,以中都東路經略使張甫爲高陽公。劉仲禄防備的信安、常山就是他們兩人的駐地:“‘當金主貞祐棄河朔、徙都汴時,有張甫者據信安,武仙者據真定。易、定之間,大爲所擾。’時武仙雖失真定,尚據西山、抱犢諸砦,故以兵防之。”[④]劉仲禄還親率軍隊攻占深州、武邑,“構橋於滹沱,括舟於將陵”,一路護送,纔將丘處機迎至燕京。丘處機“此事非公不克辦”的評價印證了他對“此疆彼界”政治形勢的判斷,彰顯了他北上之艱難。

李志常凸顯了成吉思汗徵召之急切與沿途王官將帥護持之周到。爲了徵召丘處機,成吉思汗令劉仲禄懸虎頭金牌傳旨敦請,那虎頭牌上刻著“如朕親行,便宜行事”八個字,賦予劉仲禄無上權力。正因爲有了這個虎頭牌,他纔能够調動軍隊爲自己南下、爲丘處機北上開路,他纔能够利用宋、蒙議和的機會説服已經由金降宋的張林爲自己召請丘處機提供方便。來到燕京後,丘處機發現成吉思汗遠在西域,以“春秋已高,倦冒風沙”爲由,請求停駐燕京,待成吉思汗車駕回朝,再行謁見。劉仲禄遣使馳奏,丘處機也遣人奉表上報。成吉思汗在詔書中强調,“雲軒既發於蓬萊,鶴馭可遊於天竺……顧川途之雖闊,瞻几杖以非遥”,又令劉仲禄“無使真人飢且勞,可扶持緩緩來”。[⑤] 既體諒了丘處機年邁遠行的種種顧慮,又表達了召見丘處機的急切心情。當丘處機歷盡艱辛來到金山時,發現成吉思汗還遠在萬里之外,於是又萌生了停駐當地等待成吉思汗歸來的想法。劉仲禄不敢定奪,請當地長官田鎮海拿主意。田鎮海告訴他:“近有敕:諸處官員如遇真人經過,無得稽其程。蓋欲速見之也。父師若需於此,則罪在鎮海矣。願親從行。”[⑥]丘處機這纔明白“因緣如此”,不得不“卜日行”。由於劉仲禄懸虎頭牌徵召

---

① (元)史志經編集:《玄風慶會圖》,樊光春主編:《終南仙籍》上卷,西安:三秦出版社,2014年,第54頁。

② (元)段志堅編:《清和真人北遊語録》卷二,《道藏》第33册,第163頁。

③ (元)李志常述:《長春真人西遊記》卷上,《道藏》第34册,第481頁。

④ 王國維:《長春真人西遊記校注》卷上,《王國維全集》第十一卷,第545頁。

⑤ (元)李志常述:《長春真人西遊記》卷上,《道藏》第34册,第483頁。

⑥ (元)李志常述:《長春真人西遊記》卷上,《道藏》第34册,第485頁。

丘處機,所以丘處機北上、西行便得到了沿途王官將帥的護持,擁有了充裕的後勤保障和安全的軍事保障。來到燕京後,行省石抹公將他安置於前金皇家宫觀玉虚觀;宣德州元帥移剌公耶律秃花則迎請他進駐朝元觀,並爲之建造殿堂,安奉尊像;拜見斡辰大王後,斡辰大王以牛馬百數、車十乘送行;來到窩里朵後,皇后日以醍醐湩酪爲供,漢、夏公主皆送寒具等物;阿不罕山北地區的長官田鎮海不僅表示自己願意親自隨行,而且强調"凡師之所用,敢不備"[①]。抵達陰山(今天山)後的行程便一直由歸順的回紇以及鎮守的達魯花赤迎接:"抵陰山後,回紇郊迎,至小城北,酋長設蒲萄酒及名果大餅渾葱,裂波斯布人一尺。"[②]抵達鼈思馬,"王官、士庶、僧道數百,具威儀遠迎。……泊於城西蒲萄園之上閣。時回紇王部族勸蒲萄酒,供以異花、雜果、名香,且列侏儒伎樂"[③]。至輪臺之東,"迭屑頭目來迎"[④]。至回紇昌八剌城,"其王畏午兒與鎮海有舊,率諸部族及回紇僧皆遠迎"[⑤]。至阿里馬城,"鋪速滿國王暨蒙古荅剌忽只領諸部人來迎,宿於西果園","連日所供勝前"。[⑥] 至賽藍城,"回紇王來迎入館"[⑦]。復至一城,"其王亦回紇,年已耄矣,備迎送禮,供以湯餅"[⑧]。復經一城,"回紇頭目遠迎,飯於城南,獻蒲萄酒,且使小兒爲緣竿舞刀之戲"[⑨]。抵達邪米思干城時,太師移剌國公"及蒙古、回紇帥首載酒郊迎,大設帷幄,因駐車焉"[⑩]。丘處機一路走來,被西域各地回紇首領、宗教領袖以及鎮守西域的蒙古人待爲上賓,風光無限。在邪米思干,耶律鎮海對他尊敬有加,每月奉送米麵鹽油果菜等物,這讓丘處機得以在這個西域名城悠遊度日,並與太師府僚佐焚香煮茗、賞景論道、飲酒賦詩。丘處機曾賦詩傳達此行的心境:"二月經行十月終,西臨回紇大城墉。塔高不見十三級(以磚刻鏤玲瓏,外無層級,内可通行),山厚已過千萬重。秋日在郊猶放象,夏雲無雨不從龍。嘉蔬麥飯蒲萄酒,飽食安眠養素慵。"[⑪]從邪米思干前往行在的路上,正處於戰争中,因此蒙古汗廷將帥便派軍隊加以護持。丘處機在邪米思干住下後,劉仲禄、田鎮海便

---

① (元)李志常述:《長春真人西遊記》卷上,《道藏》第 34 册,第 486 頁。
② (元)李志常述:《長春真人西遊記》卷上,《道藏》第 34 册,第 486 頁。
③ (元)李志常述:《長春真人西遊記》卷上,《道藏》第 34 册,第 486 頁。
④ (元)李志常述:《長春真人西遊記》卷上,《道藏》第 34 册,第 486 頁。
⑤ (元)李志常述:《長春真人西遊記》卷上,《道藏》第 34 册,第 487 頁。
⑥ (元)李志常述:《長春真人西遊記》卷上,《道藏》第 34 册,第 487 頁。
⑦ (元)李志常述:《長春真人西遊記》卷上,《道藏》第 34 册,第 488 頁。
⑧ (元)李志常述:《長春真人西遊記》卷上,《道藏》第 34 册,第 488 頁。
⑨ (元)李志常述:《長春真人西遊記》卷上,《道藏》第 34 册,第 488 頁。
⑩ (元)李志常述:《長春真人西遊記》卷上,《道藏》第 34 册,第 488 頁。
⑪ (元)李志常述:《長春真人西遊記》卷上,《道藏》第 34 册,第 488 頁。

派軍隊數百人偵探前行道路。偵騎回報:前行道路,已由二太子發軍蕩平土寇,重整舟梁,二太子還表示届時將遣蒙古軍護送。成吉思汗聞訊,特令萬户播魯只(博爾朮)以甲士千人護衛過鐵門,並遣大臣喝剌播得來迎。返回邪米思干待命之際,又令宣差楊阿狗率軍護送。再次謁見成吉思汗時,先由太師阿海率軍相送數十里,後由步卒千人、甲騎三百護衛前行。凡此種種,均説明成吉思汗迎接丘處機之急切與王官將帥護持之周到。

李志常凸顯了丘處機對道教之堅守與應對之秘契。西行途中,他一直堅持道教的各種原則。比如,劉仲禄欲以所選處女隨行,丘處機引"齊人獻女樂,孔子去魯"[①]之典加以反對;斡辰大王問延生事,丘處機堅持此事"須齋戒而後可聞"[②];覲見成吉思汗前,他特意傳信,"聞河以南千里,絶無種養,吾食須米麵蔬菜"[③];覲見成吉思汗時,又强調,"道人從來見帝,無跪拜禮,入帳折身叉手而已"[④];成吉思汗召請丘處機,本是聽信劉仲禄之言,爲的是長生術,丘處機却以"有衛生之道,而無長生之藥"[⑤]作答;傳道之際,又要求成吉思汗齋戒、退侍女左右;成吉思汗要求他隨侍御前,他即强調自己常樂静處行坐,希望"或在先,或在後,任意而行"[⑥];對於成吉思汗賜予的豐厚物資,丘處機棄之如敝屣。所有這些堅守,殊爲不易,因此得到了成吉思汗及其部屬的理解和尊重。丘處機不僅用"天"來解釋自己的應詔朝覲,而且用"天意"來與成吉思汗交流,秘契成吉思汗的薩滿思維,使得自己的這次朝覲之旅無比成功。需要强調的是,這種薩滿思維是蒙古人的普遍思維。丘處機約定傳授斡辰大王延生術的當天,天空下起了大雪。斡辰大王以爲是上天警告,不敢接受延生術:"上遣使萬里,請師問道,我曷敢先焉。"[⑦]在信仰薩滿教的蒙古人看來,下雪是一種惡兆。成吉思汗西征,祭旗那天也下起了大雪,"上(太祖)惡之"[⑧]。丘處機返回途中,阿里馬城的二太子太匠張公堅請丘處機赴自己駐地的道壇行法,丘處機本已應允,但翌日丘處機所乘之馬突然朝東北而去,張公等悲泣而言曰:"我輩無緣,天不許其行矣。"[⑨]可見,在此浸淫之下,連漢

① (元)李志常述:《長春真人西遊記》卷上,《道藏》第34册,第482頁。
② (元)李志常述:《長春真人西遊記》卷上,《道藏》第34册,第484頁。
③ (元)李志常述:《長春真人西遊記》卷上,《道藏》第34册,第489頁。
④ (元)李志常述:《長春真人西遊記》卷下,《道藏》第34册,第492頁。
⑤ (元)李志常述:《長春真人西遊記》卷上,《道藏》第34册,第490頁。
⑥ (元)李志常述:《長春真人西遊記》卷下,《道藏》第34册,第492頁。
⑦ (元)李志常述:《長春真人西遊記》卷上,《道藏》第34册,第484頁。
⑧ 王國維:《耶律文正公年譜》,(元)耶律楚材:《湛然居士文集》,北京:中華書局,2021年,第334頁。
⑨ (元)李志常述:《長春真人西遊記》卷下,《道藏》第34册,第493頁。

人也相信了薩滿教之"天"。李志常在叙述丘處機朝覲、傳道的時候,並没有記載丘處機傳授的"衛生之道",更没有記載丘處機建議的設立過渡政權以統治中原的"軍國之術",而是記載凸顯丘處機利用成吉思汗的薩滿思維而展開的秘契應對。面對成吉思汗"他國徵聘皆不應,今遠踰萬里而來,朕甚嘉焉"的慰勞,丘處機以"山野詔而赴者,天也"作答。[①] 在成吉思汗看來,這個"天"便是薩滿教的"長生天",因此令譯史追問:"人呼師爲'騰吃利蒙古孔',自謂之邪? 人稱之邪?"[②]"騰吃利蒙古孔"便是蒙古語"長生天"的意思。當他得知這個稱號是他人稱呼丘處機時,對丘處機的尊敬之情油然而生,並用"神仙"來稱呼丘處機。他後來還鄭重其事地將太子、諸王、大臣集合起來,告訴他們:"漢人尊重神仙,猶汝等敬天。我今愈信,真天人也。"在這種語境中,成吉思汗對丘處機的傳道便特别慎重,"外使田鎮海、劉仲禄、阿里鮮記之,内使近侍三人記之"[③]。後來,由於軍情突變,成吉思汗需要親征,傳道改在九月十五日、十九日、二十三日舉行。李志常並没有叙述傳道内容,衹是用"頗愜聖懷""上大悦""上温顔以聽""我甚入心,使勿泄於外"[④]來描述傳道效果,而這種效果的達成,無疑源於丘處機營造的氛圍契合了成吉思汗的薩滿思維。李志常還用較爲詳細的筆墨描述了丘處機運用薩滿思維對成吉思汗進行的兩次勸諫。一是入諫畋獵。成吉思汗追趕一頭野豬時馬失前蹄,從馬上摔了下來。丘處機首先用"天道好生"來勸"聖壽已高"的成吉思汗"宜少出獵",然後用"天意"來闡釋這次打獵的成敗:"墜馬,天戒也;豕不敢前,天護之也。"[⑤]儘管成吉思汗認爲打獵是蒙古人的天性,因而一時難以戒斷,但他還是相信了神仙丘處機對"天意"的闡釋,並告訴吉息利荅剌汗:"但神仙勸我語,以後都依也。"[⑥]在此後的兩個月内,他真的不再出獵。二是問雷對孝。丘處機首先告訴成吉思汗:蒙古人"夏不浴於河,不浣衣,不造氈,野有菌則禁其采者"的"畏天"行爲並非出於"奉天之道"。然後告訴成吉思汗:三千之罪中不孝爲大,上天會用"雷"來警示"不孝"之人,並請成吉思汗勸誡不孝父母的蒙古人。成吉思汗聽後大悦,認爲"神仙是言,正合朕心",不僅將丘處機的話記録下來遍諭蒙古人,並將太子、諸王、大臣集合起來,告訴他們:"天俾神仙爲朕言此,汝輩各銘諸心。"[⑦]當

---

① (元)李志常述:《長春真人西遊記》卷上,《道藏》第 34 册,第 490 頁。
② (元)李志常述:《長春真人西遊記》卷上,《道藏》第 34 册,第 490 頁。
③ (元)李志常述:《長春真人西遊記》卷上,《道藏》第 34 册,第 490 頁。
④ (元)李志常述:《長春真人西遊記》卷下,《道藏》第 34 册,第 492 頁。
⑤ (元)李志常述:《長春真人西遊記》卷下,《道藏》第 34 册,第 493 頁。
⑥ (元)李志常述:《長春真人西遊記》卷下,《道藏》第 34 册,第 493 頁。
⑦ (元)李志常述:《長春真人西遊記》卷下,《道藏》第 34 册,第 493 頁。

丘處機辭行時,成吉思汗還特意推遲丘處機東返時間,等待太子歸來接受丘處機的教導。丘處機藉助薩滿思維傳達的"天意"爲什麽會讓成吉思汗如此滿意、如此重視呢?因爲這牽涉成吉思汗的汗位繼承問題。早在西征之前,大太子朮赤、二太子察合台就爲了汗位繼承問題成了仇人,成吉思汗衹好將三太子窩闊台確立爲繼承人。這種矛盾在西征中也暴露出來了。根據《秘史》《史集》記載,成吉思汗長子、二子、三子久攻花剌子模都城兀籠格赤不下,就是因爲長子、二子鬧矛盾,不聽指揮。他們甚至遣使詢問成吉思汗,到底該聽誰指揮。兀籠格赤攻打下來後,三個兒子平分了戰利品,並没有留給成吉思汗任何東西。二子、三子率軍到塔里寒與成吉思汗會師,長子朮赤則率軍返回自己也兒的石河營地。此前,朮赤拒絶征討欽察草原,這次又以生病爲由拒見父親。成吉思汗勃然大怒,派二子、三子爲前鋒,自己殿后,攻打朮赤。朮赤死訊傳來後,成吉思汗纔罷兵休戰。瞭解了這一點,我們就會明白,成吉思汗何以會對丘處機藉助"天意"傳達的"孝順"理論如此重視了。李志常作爲宗教徒,自然明白對這些"天意"的宣示,對於描寫成吉思汗、丘處機的"君臣遇合"具有何等重要的意義。

李志常還凸顯了成吉思汗眷顧之殷勤與官府回應之熱烈。得知丘處機即將抵達行在時,成吉思汗傳旨,用"勤勞至矣"來讚賞丘處機,用"他日當置汝善地""余惟汝嘉"來獎勵劉仲禄和田鎮海,這表明成吉思汗對丘處機一行頗爲滿意。[①]丘處機隨行之際,成吉思汗對其食宿頗爲關心,"在路屢賜蒲萄酒、瓜、茶食"[②]。自金宣宗元光二年(1223)二月七日至三月七日,丘處機先後三次向成吉思汗辭行,成吉思汗一直在思考如何回報神仙丘處機,最後用蠲免全真教差發來表達自己對丘處機的眷顧。除了宣使劉仲禄外,成吉思汗特派阿里鮮爲宣差,以蒙古帶喝剌八海爲副手,護送丘處機東還。李志常還描寫了成吉思汗先後四次傳旨表達眷顧丘處機的情形:第一次是令元帥賈昌傳旨,詢問沿途官員是否爲丘處機提供了足够好的食宿、騎乘,詢問丘處機是否爲自己招諭天下百姓,並表達自己對丘處機的思念;第二次是令喝剌傳旨,請丘處機以清静道化人,每日爲自己誦經祝壽,"好田地内愛住處住",並令宣差阿里鮮好生護持高壽的神仙丘處機;第三次是令宣差相公劄八傳旨,除了表達自己對丘處機的思念外,還强調自己所有之地丘處機願住哪裏就住哪裏,並希望丘處機令門人爲自己誦經祝壽;第四次是令道士王志明傳旨,將北宫仙島、天長觀分别改爲萬安宫、長春宫,詔令天下出家善

---

① (元)李志常述:《長春真人西遊記》卷上,《道藏》第34册,第489頁。

② (元)李志常述:《長春真人西遊記》卷下,《道藏》第34册,第492頁。

人皆歸丘處機管理，並賜給丘處機金虎牌，令其處置道家一切事宜。成吉思汗對丘處機的這份眷顧，宣差劉仲禄的體會可謂刻骨銘心。丘處機羽化之後，劉仲禄曾"愕然歎曰：真人朝見以來，君臣道合。離闕之後，上意眷慕，未嘗少忘。今師既昇去，速當奏聞"[①]。對於成吉思汗的眷顧，蒙古汗廷和各地蒙古官府回應熱烈。東返之際，蒙古汗廷"自荅剌汗已下，皆擕蒲萄酒珍果，相送數十里"[②]，揮淚而别，宣差楊阿狗還追餞丘處機於吹没輦之南岸。對於西行歸來的丘處機，蒙古境内官員接待、迎請之熱浪一波高過一波：丘處機回到豐州，元帥以下咸來迎請，宣差俞公請泊其家，奉以湯餅；回到下水，元帥夾谷公出郭來迎，館於所居；回到雲中，宣差總管阿不合與道衆出京，以步輦迎歸於第，總管以下官員晨參暮禮；宣德元帥移剌公耶律秃花遣專使持書至雲中迎請丘處機，自己則具威儀出郭西遠迎；河朔州府王官將帥，争以書疏來請；燕京行省金紫石抹公、宣差便宜劉公以下諸官則遣使者持疏懇請丘處機住持天長觀；行省及宣差劄八相公甚至强行將北宫園池並其近地數十頃獻給丘處機做道院，並頒發文牓，禁止在該地區樵采；丘處機羽化後，王巨川以權省宣撫的身份，自爲喪事主盟，屯兵護衛，並親自牓其堂曰"處順"，牓其觀曰"白雲"。《長春真人西遊記》還在卷末附録了成吉思汗的詔書、聖旨以及燕京行省長官石抹咸得不、王巨川的請疏，以見證丘處機應詔所獲得的尊崇。

二、弘道之旅：《長春真人西遊記》的書寫策略之二

丘處機乃全真教掌教，備受金、宋、蒙三方關注，乃源於他的宗教身份和社會影響力。其應詔朝覲成吉思汗，雖曰"隨時"，但最終是爲了全真教的發展。《長春真人西遊記》有云：劉仲禄"次濰州，得尹公。冬十有二月，同至東萊，傳皇帝所以宣召之旨"[③]。這個尹公，便是隨行西域的十八弟子之一、後來的全真教掌教尹志平。據其道行碑記載，他曾向丘處機進言："道其將行，開化度人，今其時矣！"[④]正是這一得君弘道的建言，打消了丘處機的"躊躇"心境，從而决定應詔朝覲。作爲丘處機的隨行弟子，李志常在爲丘處機撰寫西行遊記時自然對這一得君弘道

① （元）李志常述：《長春真人西遊記》卷下，《道藏》第 34 册，第 499 頁。

② （元）李志常述：《長春真人西遊記》卷下，《道藏》第 34 册，第 493 頁。

③ （元）李志常述：《長春真人西遊記》卷上，《道藏》第 34 册，第 481 頁。

④ （元）王惲：《大元故清和妙道廣化真人玄門掌教大宗師尹公道行碑銘並序》，李修生主編：《全元文》第 6 册，南京：江蘇古籍出版社，1999 年，第 484 頁。

的目的刻骨銘心,因而在遊記中重點書寫丘處機西行時社會上的宗教需求、丘處機一路弘道行跡,以及西行歸來丘處機得君弘道的宏偉業績,將丘處機的西行之旅寫成弘道之旅,因而成爲《長春真人西遊記》的又一書寫策略。

丘處機北上之際,蒙古控制了金朝的北京、中都和西京地區,南宋占領了金朝的山東地區,金廷已經龜縮到河南地區,戰爭的破壞催生了極大的宗教需求。李志常的《長春真人西遊記》聚焦於此,濃墨重彩地敘寫了北方士庶、道俗對丘處機的殷切期望。孫錫在序中便指出了這一跡象:"聞其風而願執弟子禮者,不可勝計。自二、三遺老,且樂與之遊,其餘可知也。"[①]在《遊記》中,我們發現,丘處機所到之處,如濟陽、燕京、居庸,均出現了"士庶奉香火迎拜""羽客長吟前導",乃至强盜"稽顙以退"這類的描寫。即使來到阿不罕,李志常也不忘强調被擄至當地的"漢民工匠絡繹來迎,悉皆歡呼歸禮,以彩幡華蓋香花前導"。燕京地區士庶、道俗的這種宗教需求有著多元的内涵。有的是消災求福,如丘處機寓居玉虚觀時,求頌、乞名者盈門,原因即在於丘處機能够利用蒙古人的宗教信仰幫助奉道者擺脱"欲兵之禍"。有的是撫平戰争帶來的創傷,如燕京會衆堅請丘處機作黄籙醮時就强調:"今兹兵革未息,遺民有幸,得一睹真人,蒙道蔭者多矣。獨死者冥冥長夜,未沐薦拔,遺恨不無耳。"[②]丘處機北上路過野狐嶺,宋德方指著戰場白骨發願,歸來當以金籙薦亡,並將之視爲他們應詔朝覲的一大因緣。金元光二年(1223)十一月望日,東歸的宋德方果然同太君尹在德興龍陽觀設千億醮濟度野狐嶺孤魂。野狐嶺是當年蒙軍大破金兵的地方,《元史・木華黎傳》云:"金兵號四十萬,陣野狐嶺北。木華黎……率敢死士,策馬横戈,大呼陷陣,帝麾諸軍並進,大敗金兵,追至澮河,殭尸百里。"[③]幾十萬金兵横尸野狐嶺,其慘烈程度可想而知。宋德方幻想采用"金籙"這一皇家科儀來超度這批亡魂,其得君行道之慈悲心和願心於此可見一斑!這種慈悲心和願心是符合燕京地區的民衆願望的。對於燕京地區的士人來説,他們的宗教需求恐怕就更爲複雜,層級也較一般民衆爲高。這批士人,除了已經投降蒙古、身居高位的王巨川外,全部是前金遺士,如孫周(楚卿)、楊彪(仲文)、師諝(才卿)、李士謙(子進)、劉中(用之)、陳時可(秀玉)、吴章(德明)、趙中立(正卿)、王鋭(威卿)、趙昉(德輝)、孫錫(天錫)、王覿(逢辰)、王直哉(清甫)。前十一位曾與丘處機在玉虚觀唱和,後兩位也與丘處機交遊密切,李志常甚至用"京城吾道"來標識他們。他們與丘處機唱和的詩歌,如

① (元)孫錫:《長春真人西遊記序》,(元)李志常述:《長春真人西遊記》,《道藏》第 34 册,第 480 頁。

② (元)李志常述:《長春真人西遊記》卷上,《道藏》第 34 册,第 482 頁。

③ (明)宋濂等撰:《元史・木華黎傳》,北京:中華書局,1976 年,第 2930 頁。

《瑞鶴詩》還被丘處機帶到西域，耶律楚材看到後，對他們當中不少人棄佛奉道的行徑大爲不滿，寫詩嘲諷。這批士人接近丘處機、信奉道教，除了宗教方面的考量外，恐怕還有文化乃至政治方面的考量。换言之，他們希望丘處機藉助宗教的媒介來達到保護漢族文化乃至政治利益的目的，他們當中不少人如陳時可、趙昉、劉中、王鋭等後來被耶律楚材啓用就是明證。

也許是受到北地信衆的感染，也許是受到耶律楚材所寫詔書的觸發，丘處機心中萌發了效法玄元道祖西出化胡的豪情。李志常的《長春真人西遊記》聚焦於此，詳細地摹寫了丘處機西遊的心境和志向。入住玉虚觀後，宣撫王巨川上詩，丘處機和作一首，其中有云："一自玄元西去後，到今無似北庭招。"[①]儼然以出關西去的老子自居。有人手持閻立本《太上過關圖》求丘處機題跋，丘處機題曰："蜀郡西遊日，函關東别時。群胡皆稽首，大道復開基。"[②]無論是求跋者，還是題跋者丘處機本人，心裹恐怕都有一個"當代化胡老子"的理念在吧。無獨有偶，由耶律楚材代寫的催行詔書，偏偏用老子西行的典故來勉勵丘處機："達磨東邁，元印法以傳心；老氏西行，或化胡而成道。"[③]《遊記》正文雖然未收録此一詔書，但《遊記》的附録收録了全文。這一激勵應該對丘處機産生了重要影響。在此後沿途的創作中，丘處機先後表達了類似的想法。如丘處機從金山（今阿爾泰山）來到陰山（今天山）後，作詩以紀行程，其中有云："今年吾道欲西行，車馬喧闐復經此。"[④]大有弘揚道祖功業的意思。在河中府，丘處機在太上真元節那天吟詩，該詩既描寫了"玄元下降日遲遲"的科儀活動，也傳達了"且向無爲樂有爲"的弘道心願。[⑤] 在河中府，他在寄給東方道衆的詩中傳達了"道德欲興千里外，風塵不憚九夷行"[⑥]的豪邁風神。在河中府前往成吉思汗行在的路上，丘處機甚至吟詩傳達了"我之帝所臨河上，欲罷干戈致太平"[⑦]的强烈願望。西行化胡的豪情和願心在這些詩中宣泄得淋漓盡致！

爲了彰顯丘處機的弘道行跡，李志常還詳細記載了丘處機北上、西行弘道的種種活動。概而言之，其類有五。一是作醮。丘處機 1220 年上元節在萊州作醮後啓行，後來又在燕京天長觀（四月十四）、德興龍陽觀（七月十五）、宣德朝元觀

---

① （元）李志常述：《長春真人西遊記》卷上，《道藏》第 34 册，第 482 頁。
② （元）李志常述：《長春真人西遊記》卷上，《道藏》第 34 册，第 482 頁。
③ （元）李志常述：《長春真人西遊記》卷上，《道藏》第 34 册，第 483 頁。
④ （元）李志常述：《長春真人西遊記》卷上，《道藏》第 34 册，第 487 頁。
⑤ （元）李志常述：《長春真人西遊記》卷上，《道藏》第 34 册，第 489 頁。
⑥ （元）李志常述：《長春真人西遊記》卷下，《道藏》第 34 册，第 491 頁。
⑦ （元）李志常述：《長春真人西遊記》卷下，《道藏》第 34 册，第 492 頁。

(1221年正月十五)作醮,這些醮儀的功能均是度亡。二是傳戒度衆。丘處機曾先後在燕京天長觀和德興龍陽觀登堂傳戒,吸納了大批民衆入道。就是在西域的邪米思干,被蒙軍裹挾到當地的漢人,也往往前來皈依丘處機。三是爲文示衆。丘處機此次北上,大肆發揚全真教以文弘道的傳統,寫下了大量登臨遊覽詩、交遊唱和詩、抒懷詩和示衆勸道詩。其中的示衆勸道詩是專門向道士和奉道信士談玄論道的。如他在燕京曾作《示衆詩》二首云:"雜亂朝還暮,輕狂古到今。空華空寂念,若有若無心。""觸情常决烈,非道莫參差。忍辱調猿馬,安閒度歲時。"[①]又如,他在朝元觀作醮後以頌示衆云:"生下一團腥臭物,種成三界是非魔。連枝帶葉無窮勢,跨古騰今不奈何。"[②]這三首偈頌宣揚的是全真教的真性論和修心觀,均帶有很强的議論色彩。四是與文士交遊唱和。與前文所説的十四位燕京文士的交遊便是丘處機北上的最大收穫。在《遊記》中,李志常載録了丘處機在燕京和王巨川的詩一首,在德興寄給燕京士大夫的詩四首,在西域河中府寄給東方道友的詩一首。在這些詩中,丘處機向這些士大夫頻頻表白自己以年邁身軀萬里西遊的心跡。丘處機在西域的邪米思干待了將近九個月,在這段日子里,他和太師府僚佐賞景賦詩,談玄論道,其樂融融！五是建觀度人。在阿不罕山,丘處機爲"輕騎以進",留下宋道安等九位弟子,在蒙古徵調到當地的漢人的幫助下,創建了棲霞觀。當東返來到棲霞觀時,丘處機發現自己的弟子戰勝了當地不善人的妒害,皈依者日衆。當地會衆告訴丘處機:"此地深蕃,太古以來,不聞正教,唯山精鬼魅惑人。自師立觀,叠設醮筵,旦望作會,人多以殺生爲戒。若非道化,何以得然。"[③]

關於丘處機東返漢地的行跡,李志常主要著眼於丘處機"得君行道"所帶來的烈火烹油式的弘道業績。丘處機東返後的弘道行跡,除了前文所論丘處機北上燕京地區的行醮、傳戒度衆、爲文示衆、與文士交遊唱和、建觀度人等事宜外,其重要者有五。一是道流歸向。對丘處機朝覲歸來反應最激烈的自然是道士群體。《遊記》描寫了大量道士迎接、敬奉、參拜丘處機的情形,也描寫了大量遠方道士雲集宣德、燕京的情形。丘處機聽聞宣德以南諸方道衆來參者多,擔心各地道庵爲接待所困,特令尹志平持自己的親筆信加以約束:"長行萬里,一去三年。多少道人,縱横無賴者。尹公到日,一面施行,勿使教門有妨道化。衆生福薄,容

---

① (元)李志常述:《長春真人西遊記》卷上,《道藏》第34册,第482頁。

② (元)李志常述:《長春真人西遊記》卷上,《道藏》第34册,第483頁。

③ (元)李志常述:《長春真人西遊記》卷下,《道藏》第34册,第494頁。

易轉流。上山即難,下坡省力耳。"[①]燕京地區也由於"諸方道侣雲集,邪説日寢"。尹志平倡議建白雲觀安葬丘處機,同道擔心工程浩大難以成功,没想到除地建址後不久,便有平陽、太原、堅、代、蔚、應等軍道人二百餘,齎糧助力,用四十天便將白雲觀建成。凡此種種,均彰顯全真教已經具有號令天下道教的影響力了。

二是士俗歸向。丘處機歸至下水,前來瞻禮者無慮千人;歸至宣德,河朔州府王官將帥及一切士庶,争以書疏來請。丘處機分身無術,衹好寫下如下四句寬慰信衆:"王室未寧,道門先暢。開度有緣,恢弘無量。群方帥首,志心歸向。恨不化身,分酬衆望。"[②]由於丘處機住持燕京,四方道衆雲集燕京,改變了"北方從來奉道者鮮"的面貌:"京人翕然歸慕,若户曉家諭,教門四闢,百倍往昔。乃建八會於天長,曰平等,曰長春,曰靈寶,曰長生,曰明真,曰平安,曰消災,曰萬蓮。"[③]丘處機羽化後,四方道俗,遠來奔喪,如喪考妣,求訓法名者川流不息。安葬當日,"臨午致齋,黄冠羽服,與坐者數千人;奉道之衆,又復萬餘"[④]。凡此種種,均表明全真教已經有了深厚的信衆基礎。

三是大興宫觀。燕京行省長官迎請丘處機住持天長觀,隨後又將北宫園池並其近地數十頃獻給丘處機作爲道院,成吉思汗又傳旨將北宫仙島升格爲萬安宫,將天長觀升格爲長春宫。李志常詳細描寫了丘處機命道徒興建、修復這兩座宫觀的情形,昭示出這兩個宫觀的發展前景。

四是悠遊林下。李志常還用了大量篇幅描寫丘處機徜徉於燕京山水尤其是北宫仙島的情形:"每齋畢,出遊故苑瓊華之上。從者六七人,宴坐松陰,或自賦詩,相次屬和。間因茶罷,令從者歌《遊仙曲》數闋。夕陽在山,澹然忘歸。"[⑤]"自瓊島爲道院,樵薪捕魚者絶迹。數年,園池中禽魚蕃育,歲時遊人往來不絶。齋餘,師乘馬日凡一往。"[⑥]在山水中談玄論道、寫景抒懷本來就是丘處機居山"鬥閑"養成的習慣,不過他東返後的這類活動更體現爲得道高仙功成身退的一種悠遊的精神生活。

五是功德圓滿。早在金正大二年(1225),丘處機便在王巨川的齋席上宣示了"歸期將至"的信息。正大四年(1227)七月四日,丘處機將馬丹陽的授記告訴

---

① (元)李志常述:《長春真人西遊記》卷下,《道藏》第34册,第495頁。
② (元)李志常述:《長春真人西遊記》卷下,《道藏》第34册,第495頁。
③ (元)李志常述:《長春真人西遊記》卷下,《道藏》第34册,第496頁。
④ (元)李志常述:《長春真人西遊記》卷下,《道藏》第34册,第499頁。
⑤ (元)李志常述:《長春真人西遊記》卷下,《道藏》第34册,第496頁。
⑥ (元)李志常述:《長春真人西遊記》卷下,《道藏》第34册,第498頁。

了自己的門人:"吾没之後,教門當大興,四方往往化爲道鄉。公正當其時也。道院皆敕賜名額,又當住持大宫觀,仍有使者佩符乘傳,勾當教門事。此時乃公功成名遂,歸休之時也。"他還指出:"丹陽之言,一一皆驗,若念符契。况教門中勾當人,内外悉具,吾歸無遺恨矣。"[①]很顯然,丘處機對於自己的弘道事業已經心滿意足了,因此在七月九日留頌歸真。

值得注意的是,李志常在描寫丘處機弘道之旅的時候喜歡插入大量神話式的宗教感應描寫。在金元文人爲全真教撰寫的碑刻中,很少提到全真教徒會利用宗教感應弘道,即使提到也會解釋説這僅僅是道士的一種"行權"。爲了説明宗教遊記的特殊性,在此將《長春真人西遊記》中的感應事件統計列表如下:

《長春真人西遊記》中的感應事件

序號	時間	地點	感應事件
1	1220年二月六日	濟陽養素庵	會衆指出,正月十八,有鶴十餘,從西北飛往東南;十九日,又有千百鶴自西南而來,一鶴盤桓於庵,知是日乃丘處機啓行之日。
2	1220年四月十四	燕京天長觀	作醮當日,一雨一晴,隨人所欲。非道高德厚者,感應若是乎?
3	1220年四月十五	燕京天長觀	傳戒時有數鶴自西北來,人皆仰之。焚簡之際,一簡飛空而滅,且有五鶴翔舞其上。士大夫咸謂師之至誠動天地。
4	1220年四月十五	德興龍陽觀	傳符授戒之際,熱甚,有雲覆其上,狀如圓蓋,移時不散,衆皆喜躍讚歎。
5	1220年七月十五	德興龍陽觀	觀中井水可給百衆,至是踰千人,執事者謀他汲。前後三日,井泉忽溢,用之不竭。是皆善緣天助之也。
6	1220年十月	宣德朝元觀	繪祖師堂壁,畫史以其寒,將止之。是月,果天氣温和如春,絶無風沙,由是畫史得畢其功。
7	1222年	阿不罕棲霞觀	道衆爲不善人妒害,衆不安。宋道安晝寢方丈,忽於天窗中見虚静先生趙公曰:有書至。道安問:從何來?曰:天上來。受而視之,止見"太清"二字,忽隱去。翌日,師有書至,魔事漸消。

① (元)李志常述:《長春真人西遊記》卷下,《道藏》第34册,第498頁。

續表

序號	時間	地點	感應事件
8	1222年	阿不罕棲霞觀	醫者羅生橫生非毀，一日墮馬觀前，折其脛，即自悔曰：我之過也。對道衆服罪。
9	1223年五月初二	阿不罕棲霞觀	丘處機東返至棲霞觀，雨再降，人相賀曰：從來此地經夏少雨，縱有雷雨，多於南北兩山之間。今日霑足，皆我師道蔭所致也。
10	1223年五月十七至六月二十二	東返路上	丘處機無法進食。尹志平夢人曰：師之疾，公輩勿憂，至漢地當自愈……宣差俞公請泊其家，奉以湯餅。是日輒飽食，繼而設齋，飲食乃如故。道衆相謂曰：清和前日之夢，驗不虛矣。
11	1223年八月十二	宣德朝元觀	丘處機入住朝元觀，道衆云：去冬有見虛静先生趙公牽馬自門入者，衆爲之出迎，忽不見。又德興、安定亦有人見之。
12	1223年十一月十五	德興龍陽觀	薦亡：前數日稍寒，及設醮，二夜三日，有如春。
13	1224年正月十五至五月二十一	燕京玉虛觀	自師寓玉虛，或就人家齋，常有三五鶴飛鳴其上。
14	1224～1225年	燕京玉虛觀	玉虛井水舊鹹苦，甲申、乙酉年，西來道衆甚多，水味變甘，亦善緣所致也。
15	1224年五月二十二	燕京天長觀	丘處機應請入住：空中有數鶴前導，傃西北而去。
16	1225年九月初一	燕京天長觀	丘處機作醮，宣撫喜而賀之曰：熒惑已退數舍，我輩無復憂矣。師之德感，一何速哉。
17	1226年正月	盤山棲雲觀	黄籙醮：是日天氣晴霽，人心悦懌，寒谷生春。
18	1226年五月	燕京天長觀	行省委官奉香火來謝曰：京師久旱，四野欲然。五穀未種，民不聊生。賴我師道力感通上真，以降甘澍。百姓僉曰：神仙雨也。
19	1227年五月初一至初三	燕京天長觀	約以五月一日爲祈雨醮，初三日爲賀雨醮。三日中有雨，是名瑞應雨。過三日雖得，非醮家雨也。

續表

序號	時間	地點	感應事件
20	1227年夏	燕京西山清夢庵	夜深客散,師偃息草堂。須臾風雨驟至,怒霆一震,窗户幾裂,少焉收聲,人皆異之。或曰:霹靂當遊至,何一舉而息邪?有應者曰:無乃至人在兹,雷師爲之霽威乎。
21	1227年六月二十三	燕京瓊華島道院	己午間,雷雨大作,太液池之南岸崩裂,水入東湖,聲聞數十里,黿鼉魚鱉盡去,池遂枯涸。北口山亦摧。師聞之,初無言,良久笑曰:山摧池枯,吾將與之俱乎。
22	1227年七月初九	燕京天長觀	歸真:異香滿室。
23	1228年四至五月	燕京白雲觀	俄有平陽、太原、堅、代、蔚、應等軍道人二百餘,齎糧助力,肯構是堂,四旬告成。其間,同結兹緣者,不能備紀。議者以爲,締構之勤,雖由人力,亦聖賢陰有以扶持也。
24	1228年七月初九	燕京白雲觀	六月間,霖雨不止,皆慮有妨葬事。既七月初吉,遽報晴霽,人心翕然和悦。 及啓柩,師容色儼然如生。 本宫建奉安道場三晝夜,預告齋旬日。八日辰時,玄鶴自西南來,尋有白鶴繼至,人皆仰而異之。 九日子時,醮禮終,藏仙蜕於堂,異香芬馥,移時不散。 既寧神,翌日大雨復降,人皆歎曰:天道人事,上下和應。了此一大事,非我師道德純備,通於天地,達於神明,疇克如是乎,諒非人力所能致也。

從上表可知,李志常一共將二十四件感應事件寫進了《長春真人西遊記》。這些事件發生於丘處機啓行北上的1220年至安葬的1228年,時間跨度爲九年;這些感應事件大都發生於宫觀之中,且大部分出現於舉行道教法事之際。這類描寫不僅將丘處機的弘道之旅再現得極爲鮮活,而且將丘處機的弘道之旅安置於一種神秘氛圍之中,給人以迥異於一般遊記的閱讀體驗。這種感應事件,在當時有著很强的信衆基礎。丘處機從宣德啓行之際,道友詢問歸期,丘處機無法預測,但道友堅信丘處機是無所不能的:"師豈不知,願預告弟子等。"①上述感應事件就是在這樣一種神秘的宗教崇拜氛圍中發生,並被李志常刻意載入《遊記》的。

① (元)李志常述:《長春真人西遊記》卷上,《道藏》第34册,第483頁。

三、越界之旅:《長春真人西遊記》的書寫策略之三

對於丘處機的西行,隨行弟子李志常有著自己獨特的體認。他在《遊記》中多次提到丘處機的越界:"北度野狐嶺。登高南望,俯視太行諸山,晴嵐可愛。北顧但寒沙衰草,中原之風,自此隔絶矣。"①"東北過蓋里泊……馬行五日,出明昌界。"②"北有故城曰曷剌肖。西南過沙場,二十里許,水草極少,始見回紇决渠灌麥。"③"至回紇昌八剌城……有僧來侍坐,使譯者問看何經典,僧云:剃度受戒,禮佛爲師。蓋此以東,昔屬唐,故西去無僧道。回紇但禮西方耳。"④這些叙述顯示,李志常清楚地知道,丘處機此次越界之旅是一次跨越地理、國界、種族、文化之旅。孫錫在序中也談到丘處機的越界體驗:"師之是行也,崎嶇數萬里之遠,際版圖之所不載、雨露之所弗濡。雖其所以禮遇之者不爲不厚,然勞憊亦甚矣。所至輒徜徉容與,以樂山水之勝,賦詩談笑,視死生若寒暑,於其胸中曾不蒂芥,非有道者能如是乎。"⑤孫錫的閲讀感受可謂切中肯綮。我們這麽認爲,將丘處機的西遊之旅寫成越界之旅乃李志常的又一書寫策略。既然如此,且讓我們追隨李志常的筆觸來分析丘處機的越界之旅和越界感受吧!

在丘處機和李志常眼中,無論是漠北還是西域,都是迥異於中原的區域。他們除了使用許多獨特的詞匯來界定這個區域外,還特别喜歡比較這個區域與中原的異同,彰顯出强烈的跨界體驗。出發前,丘處機以詩寄燕京道友云:"自歎非玄聖,何如歷大荒。"⑥來到河中府邪米思干(又作"尋思干"),丘處機賦詩抒懷云:"遐荒鄙俗難論道,静室幽巖且看書。"⑦李志常在阿不罕棲霞觀待了一年零十個月,他居然引用當地會衆的話將阿不罕稱爲"深蕃";丘處機往返邪米思干和大雪山時,亦在詩中將該地段稱爲"外國深蕃"。另外,李志常還曾使用"絶域"來形容丘處機所待的邪米思干。無論是用"大荒"來指稱"漠北",還是用"遐荒鄙俗""深蕃""絶域"來指稱"西域",都昭示出丘處機、李志常對這兩個區域的優越感和隔膜感。丘處機在邪米思干住了九個月,他對這個異域的觀察應該是非常仔細的

---

① (元)李志常述:《長春真人西遊記》卷上,《道藏》第34册,第483頁。
② (元)李志常述:《長春真人西遊記》卷上,《道藏》第34册,第483~484頁。
③ (元)李志常述:《長春真人西遊記》卷上,《道藏》第34册,第485頁。
④ (元)李志常述:《長春真人西遊記》卷上,《道藏》第34册,第487頁。
⑤ (元)孫錫:《長春真人西遊記序》,(元)李志常述:《長春真人西遊記》,《道藏》第34册,第480頁。
⑥ (元)李志常述:《長春真人西遊記》卷上,《道藏》第34册,第483頁。
⑦ (元)李志常述:《長春真人西遊記》卷下,《道藏》第34册,第492頁。

了。且來看看《長春真人西遊記》是如何書寫這個地域的吧:

> 河中壤地宜百穀,唯無蕎麥大豆。四月中麥熟,土俗收之,亂堆於地,遇用即碾,六月始畢。太師府提控李公獻瓜田五畝,味極甘香,中國所無,間有大如斗者。六月間,二太子回。劉仲禄乞瓜獻之,十枚可重一擔。果菜甚贍,所欠者芋栗耳。茄實若粗指而色紫黑。男女皆編髮,男冠則或如遠山,帽飾以雜彩,刺以雲物,絡之以纓。自酋長以下,在位者冠之。庶人則以白麽斯(布屬)六尺許,盤於其首。酋豪之婦纏頭以羅,或皂或紫,或繡花卉織物象,長可五六尺。髮皆垂,有袋之以緜者,或素或雜色,或以布帛爲之者。不梳髻,以布帛蒙之,若比丘尼狀,庶人婦女之首飾也。衣則或用白氎,縫如注袋,窄上寬下,綴以袖,謂之襯衣,男女通用。車舟農器制度,頗異中原。國人皆以鍮石銅爲器皿,間以磁,有若中原定磁者。酒器則純用琉璃,兵器則以鑌。市用金錢,無輪孔,兩面鑿回紇字。其人物多魁梧,有膂力,能負戴重物,不以擔。婦人出嫁,夫貧則再嫁。遠行踰三月,則亦聽他適。異者或有鬚髯。國中有稱大石馬者,識其國字,專掌簿籍。……衣與國人同。其首則盤以細麽斯,長三丈二尺,骨以竹。[①]

邪米思干是西域最爲富饒的城市,風景亦類江南,丘處機與太師府僚佐遊園賦詩時亦曾讚不絕口;可是,在《遊記》中,我們却發現作者在書寫邪米思干風物和風俗時,將焦點放在中原與邪米思干的異同方面。“有若”“與國人同”等詞匯的使用説明邪米思干多少有作者熟悉的地方,“唯無”“所無”“所欠”“不……”“頗異”這類詞匯的頻繁使用説明李志常是在描繪一個旅行者的“文化震驚”! 果不其然,緊接著李志常就指出,“師異其俗,作詩以記其實”。

李志常所描寫的“文化震驚”通常由如下一些元素引發。一是獨特的地表景觀。丘處機北度野狐嶺之後便見到了迥異於中原的草原風光:“東北過蓋里泊,盡丘垤鹹鹵地,始見人煙二十餘家。南有鹽池,迤邐東北去。自此無河,多鑿沙井以汲。南北數千里,亦無大山。”[②]這一景觀給丘處機留下了太深的印象,讓他情不自禁地寫下了出關西遊的第一首紀行詩。來到西域後,茫茫的沙漠、陰森的戈壁、無盡的草原、奔騰的峽水、晶瑩的湖泊、連綿的山脈、皚皚的白雪更是讓他驚詫莫名。如丘處機沿著陰山向西走了十天,用一晝夜度過了“遇風則流,狀如驚濤,乍聚乍散,寸草不萌”的大沙漠,五天後夜宿陰山北,“詰朝南行,長坂七八

① (元)李志常述:《長春真人西遊記》卷下,《道藏》第 34 册,第 491 頁。
② (元)李志常述:《長春真人西遊記》卷上,《道藏》第 34 册,第 483~484 頁。

十里，抵暮乃宿。天甚寒，且無水。晨起，西南行，約二十里，忽有大池，方圓幾二百里，雪峰環之，倒影池中……沿池正南下，左右峰巒峭拔，松樺陰森，高踰百尺，自巔及麓，何啻萬株。衆流入峽，奔騰洶湧，曲折灣環，可六七十里"①。景致轉换給丘處機的印象實在刺激，尤其是在艱難越過沙漠後見到的那一方清池讓丘處機賞心悦目，因此特地將之命名爲"天池"。

二是獨特的氣候。丘處機越過沙漠，來到魚兒濼後發現，儘管時已清明，但該地居然還"春色渺然，凝冰未泮"，於是賦詩描摹自己的奇異感受："北陸祁寒自古稱，沙陁三月尚凝冰。"②丘處機翻越長松嶺，《遊記》是這樣描寫當地氣候的："天極寒，雖壯者不可當。……環帳皆薄冰。……朝暮亦有冰，霜已三降，河水有凘，冷如嚴冬。"③當地人還告訴他，今年暖和，往年這個時候還有雪呢！丘處機怎麽也想象不到此地六月還這麽寒冷，因此特將"長松嶺"改名爲"大寒嶺"。來到西域後，丘處機更是無法理解今天阿富汗地區的氣候："始師來覲，三月竟，草木繁盛，羊馬皆肥。及奉詔而回，四月終矣，百草悉枯。"因此作詩連連感歎："外國深蕃事莫窮，陰陽氣候特無從。……我行往復三千里（三月去，五月回），不見行人帶雨容。"④

三是獨特的天象。跨越漠北、西域的丘處機一行對這兩地出現的獨特天象也有著深刻的印象。五月朔午刻，丘處機一行在陸局河觀測到日食；五月夏至，丘處機一行特意在漠北測量日影。來到金山，得知該地巳時日食；來到邪米思干，得知該地辰時日食。李志常接下來寫道："按孔穎達《春秋疏》曰：體映日，則日食。以今料之，蓋當其下，即見其食既，在旁者則千里漸殊耳。正如以扇翳燈，扇影所及，無復光明；其旁漸遠，則燈光漸多矣。"⑤由於這實在是一次古今罕見的日食體驗，丘處機特地作了四首詩詞加以闡發。丘處機還特意在行抵金山、阿母河時題詠中秋之月，這也應該是遠行客的一種獨特體驗，更是丘處機山居情懷的一貫反映。

四是獨特的物産。由於丘處機是劉仲禄懸虎頭金牌徵召前往成吉思汗行在的，沿途官員們給他們一行獻上了琳琅滿目的食品和方物。在漠北，蒙古人日以醍醐、湩酪爲供；在西域，回紇人日以葡萄酒、瓜果爲供。這些都讓丘處機一行大

---

① （元）李志常述：《長春真人西遊記》卷上，《道藏》第 34 册，第 487 頁。

② （元）李志常述：《長春真人西遊記》卷上，《道藏》第 34 册，第 484 頁。

③ （元）李志常述：《長春真人西遊記》卷上，《道藏》第 34 册，第 484 頁。

④ （元）李志常述：《長春真人西遊記》卷上，《道藏》第 34 册，第 490 頁。

⑤ （元）李志常述：《長春真人西遊記》卷上，《道藏》第 34 册，第 489 頁。

開眼界、大飽口福。李志常是這麼描寫昌八剌城畏午兒國王所獻西瓜的:"其重及秤,甘瓜如枕許,其香味蓋中國未有也。"[①]李志常是這麼描寫阿里馬城所出之帛——秃鹿麻的:"蓋俗所謂種羊毛織成者。時得七束,爲禦寒衣。其毛類中國柳花,鮮潔細軟,可爲線,爲繩,爲帛,爲緜。"[②]這大概是中原人第一次看到西域的西瓜和棉花!來到邪米思干後,丘處機一行還看到了東南數千里外印度國來的孔雀、大象!從邪米思干前往行在——大雪山的路上,丘處機一行嘗到了鹽泉所出之白鹽和山上所産之石鹽。當然,李志常也寫到了漢人熟悉的物産爲蒙古人、回紇人所寶的場景:蒙古人收到丘處機所贈之棗,驚喜、歌舞而去;頭頂水瓶的回紇人見到中原汲器,讚歎曰:"桃花石諸事皆巧。"[③]桃花石者,漢人之謂也。丘處機還驚奇地發現蒙古窩里朵地區物以稀爲貴的奇觀:"食黍米斗,白金十兩;滿五十兩,可易面八十斤。"[④]

五是奇異的風俗。在漠北,李志常描摹了蒙古人黑車白帳爲家、且牧且獵的習俗:"衣以韋毳,食以肉酪。男子結髮垂兩耳,婦人冠以樺皮,高二尺許,往往以皂褐籠之。富者以紅綃其末,如鵝鴨,名曰'故故'。大忌人觸。出入廬帳,須低回。俗無文籍,或約之以言,或刻木爲契。遇食同享,難則争赴。有命則不辭,有言則不易,有上古之遺風焉。"[⑤]在賽藍,李志常描摹了回紇人過年的場景:"四日,土人以爲年,旁午相賀。"[⑥]在邪米思干,李志常描摹了回紇齋月的情形:"遇季冬,設齋一月。比暮,其長自刲羊爲食,與席者同享,自夜及旦。餘月則設六齋。又於危舍上,跳出大木如飛簷,長闊丈餘,上構虚亭,四垂纓絡。每朝夕,其長登之,禮西方,謂之告天。不奉佛,不奉道,大呼吟於其上。丁男女聞之,皆趨拜其下。舉國皆然,不爾則奔市。"[⑦]這些習俗,都是丘處機一行聞所未聞、見所未見的!

六是滄桑的歷史。漠北和西域是古代各族群互動頻繁的地區,丘處機一行於殘垣斷壁、殘碑斷簡中挖掘滄桑的歷史,亦有一番奇異的體驗。在漠北,丘處機一行發現一故城遺址"若新街衢,巷陌可辨,製作類中州"[⑧],地中古瓦上還有契

① (元)李志常述:《長春真人西遊記》卷上,《道藏》第 34 册,第 487 頁。
② (元)李志常述:《長春真人西遊記》卷上,《道藏》第 34 册,第 487 頁。
③ (元)李志常述:《長春真人西遊記》卷上,《道藏》第 34 册,第 487 頁。
④ (元)李志常述:《長春真人西遊記》卷上,《道藏》第 34 册,第 485 頁。
⑤ (元)李志常述:《長春真人西遊記》卷上,《道藏》第 34 册,第 484 頁。
⑥ (元)李志常述:《長春真人西遊記》卷上,《道藏》第 34 册,第 488 頁。
⑦ (元)李志常述:《長春真人西遊記》卷下,《道藏》第 34 册,第 491 頁。
⑧ (元)李志常述:《長春真人西遊記》卷上,《道藏》第 34 册,第 484 頁。

丹文字,當地人推測該地是遼亡士馬不降者西行所建之城邑,又説西南萬里外尋思干城是契丹都城,這個西逃的遼國共歷七帝。丘處機一行來到大石林牙,又發現該地亦曾作爲遼的都城,“自金師破遼,大石林牙領衆數千走西北,移徙十餘年,方至此地”,“乃滿失國,依大石士馬復振,盗據其土,繼而算端西削其地。天兵至,乃滿尋滅,算端亦亡”。① 如果説遼國的西遷、滅亡會讓丘處機一行生出無限感慨,那麼唐朝在鼈思馬的遺跡多少讓丘處機一行生出一絲温暖:丘處機一行向當地人尋風問俗,得知該地就是大唐時的北庭都護府,該地的龍興西寺還存有唐朝的兩塊石刻,寺中還有佛書一藏,唐朝大都護楊何的德政至今還讓諸夷心服!

七是殘酷的戰争。丘處機一行所到之處,都可以發現成吉思汗部隊征戰留下來的痕跡。在窩里朵,漢、夏公主給丘處機一行送來了寒具。漢公主爲金衛紹王的公主,被求和的金宣宗送給了成吉思汗;夏公主面色光瑩,夜不需燭,被求和的西夏國王送給了成吉思汗。成吉思汗僅皇后就有二十四位!她們還算不上皇后吧!在田鎮海城,漢民工匠絡繹來迎,章宗二妃徒單氏、夾谷氏,漢公主母欽聖夫人袁氏,號泣相迎。在邪米思干,甚至在儉儉州(今唐努烏梁海),都有蒙古人擄掠自漢地的工匠。他們都是金朝中都燕京陷落後被蒙古人擄掠過來的。丘處機東返時,餞行者夾谷妃等人再拜泣别。此情此景,不知作爲宗教家的丘處機作何感想!成吉思汗西征,凡遇反抗,一律屠城。李志常在《遊記》中也多次提及。丘處機來到訛答剌,李志常曾有如下描寫:“一石城當途,石色盡赤,有駐軍古蹟。西有大冢,若斗星相聯。”②這個大冢埋著五萬抵抗的守軍!在邪米思干,李志常作了這樣的描述:“方算端氏之未敗也,城中常十萬餘户。國破而來,存者四之一。其中大率多回紇人,田園自不能主,須附漢人及契丹河西等。其官長亦以諸色人爲之。漢人工匠雜處城中。”③其慘烈程度可想而知!在由邪米思干前往成吉思汗大雪山行在的路上,丘處機聽到了班里城的犬吠聲。《遊記》説那裹的回紇新叛。實際上,叛軍被屠城,犬吠聲是爲了什麽,丘處機應該猜得到!從行在返回邪米思干的路上,丘處機越過一大山,“山有石門,望如削蠟。有巨石横其上若橋焉。其下流甚急,騎士策其驢以涉,驢遂溺死,水邊尚多横尸。此地蓋關口,新爲兵所破”。這是《遊記》唯一一處描寫丘處機見到戰争死尸的地方。他沉痛地留下了一首詩:“夾道横尸人掩鼻,溺溪長耳我傷情。十年萬里干戈動,早晚回

① (元)李志常述:《長春真人西遊記》卷上,《道藏》第34册,第488頁。
② (元)李志常述:《長春真人西遊記》卷上,《道藏》第34册,第488頁。
③ (元)李志常述:《長春真人西遊記》卷上,《道藏》第34册,第488頁。

軍復太平。”[①]

李志常描寫丘處機在“震驚”之餘,也試圖用“道眼”觀世界,用“道眼”理解眼前的這個世界,用“道眼”欣賞眼前的這個世界,甚至試圖用“道眼”征服眼前的這個世界。概而言之,約有四端。其一曰以道家的理想世界來理解漠北的遊牧生活。李志常描寫蓋里泊至明昌界之間的荒蕪景象後,輯録了丘處機觸景生情撰寫的一首詩:“坡陀折叠路彎環,到處鹽場死水灣。盡日不逢人過往,經年時有馬回還。地無木植唯荒草,天産丘陵没大山。五穀不成資乳酪,皮裘氈帳亦開顔。”[②]在這首詩中,我們看到了《莊子 · 胠篋》篇的影子:“子獨不知至德之世乎?……當是時也,民結繩而用之,甘其食,美其服,樂其俗,安其居。”[③]祇有將這個荒蕪的地方理解成上古的“至德之世”,我們纔能够理解居民爲何會“開顔”了。祇有返璞歸真,纔能樂此質樸之俗也!李志常將漠北“且牧且獵”“俗無文籍”“遇食同享,難則争赴”“有命則不辭,有言則不易”的生活當作“上古之遺風”;丘處機的題詠則聲稱此種“飲血茹毛同上古,峨冠結髮異中州”的生活乃是“造物開天地”所致的結果,是“聖賢不得垂文化,歷代縱横只自由”的體現。[④] 這一言論和《莊子 · 馬蹄》篇何其相似乃爾:“夫赫胥氏之時,民居不知所爲,行不知所之,含哺而熙,鼓腹而遊,民能以此矣。”[⑤]這句話被成玄英理解爲“夫行道之時,無爲之世,心絶緣慮,安居而無所爲;率性而動,遊行而無所往。既而含哺而熙戲,與嬰兒而不殊;鼓腹而遨遊,將童子而無别”[⑥]。

其二曰以山水即道家之地的理念來欣賞西域山水。李志常描寫丘處機東返後在縉山秋陽觀作醮時,曾有過如下一個判斷:“觀在大翮山之陽,山水明秀,松蘿煙月,道家之地也。”[⑦]這個判斷雖然是李志常做出的,但衡以丘處機所吟之詩可知,此話乃是對詩歌意蘊的總結,反映的其實是丘處機本人的觀點。這一理念是丘處機十三年山居“鬥閑”生活的産物,催生了他藉山水體道抒懷的審美思維。徜徉在西域的山山水水之間,丘處機總是詩情大發:“從古至今常不壞,吟詩寫向

① (元)李志常述:《長春真人西遊記》卷上,《道藏》第 34 册,第 490 頁。
② (元)李志常述:《長春真人西遊記》卷上,《道藏》第 34 册,第 484 頁。
③ 陳鼓應注譯:《莊子今注今譯》,北京:商務印書館,2007 年,第 262 頁。
④ (元)李志常述:《長春真人西遊記》卷上,《道藏》第 34 册,第 484 頁。
⑤ 陳鼓應注譯:《莊子今注今譯》,第 273 頁。
⑥ (清)郭慶藩撰,王孝魚整理:《莊子集釋》,北京:中華書局,1961 年,第 341 頁。
⑦ (元)李志常述:《長春真人西遊記》卷下,《道藏》第 34 册,第 495 頁。

直南誇。”[①]“我行萬里慵開口，到此狂吟不勝情。”[②]尤其是在月圓的望日，丘處機總是要詠月來抒發自己的道情：“金山南面大河流，河曲盤桓賞素秋。秋水暮天山月上，清吟獨嘯夜光毬。”[③]這就是著名的金山中秋賞月詩！這裏的月實際上就是丘處機常常吟詠的“心月”——心性的象徵。

其三曰以道人情懷來面對艱險行程。北渡野狐嶺，李志常提到從此迥異於中原的漠北環境，隨即撂下一句話：“道人之心，無適不可！”[④]這句話準確地揭示了暮年丘處機以道人情懷挑戰萬里艱險行程的精神風貌。剛進入蒙古草原不久，丘處機就感受到“北陸祁寒”的威脅，發出了“我今返學盧敖志，六合窮觀最上乘”的呼喊，鬥志無比昂揚！[⑤] 不遠萬里來到阿不罕，發現成吉思汗還遠在萬里之外，護送官員不顧他年老體邁，催他作速前往。儘管很無奈，但他還是寫下了“四山五嶽都遊遍，八表飛騰後入神”[⑥]的著名詩句。丘處機所住邪米思干的館舍“據北崖，俯清溪十餘丈。溪水自雪山來，甚寒。仲夏炎熱，就北軒風卧，夜則寢屋顛之臺。六月極暑，浴池中”。李志常禁不住用“師之在絶域，自適如此”來讚歎丘處機！[⑦] 就是面對威脅、面對死亡，丘處機也毫不介懷，泰然處之。翻越阿不罕山時，田鎮海隨從李家奴害怕山下精怪截其頭髮，田鎮海也説乃滿國國王曾在山上爲山精所惑，丘處機默而不答；穿越白骨甸時，田鎮海建議塗血馬首以厭魑魅魍魎。丘處機指出，邪精妖鬼逢正人必遠避，道人家從來不懼這些東西！邪米思干城的算端新宫，原爲鎮守該城的太師耶律阿海所居，但阿海擔心回紇叛亂，徙居他處。丘處機却毫不介意地住了進去。在他看來，“道人任運，逍遥以度歲月，白刃臨頭，猶不畏懼，況盗賊未至，復預憂乎。且善惡兩途，必不相害”[⑧]。他的弟子趙虚静深得乃師精髓。早在中土宣德時，他便有“長往之兆”，但還是拖著疲憊的身軀，護持丘處機西行，直到羽化於賽藍城。他在羽化前告訴道友：“嘗蒙師訓，道人不以死生動心，不以苦樂介懷，所適無不可。”[⑨]空幻肉身，齊等生死，修持到這個高度，還有什麽戰勝不了的呢！

---

① (元)李志常述:《長春真人西遊記》卷上,《道藏》第 34 册,第 486 頁。
② (元)李志常述:《長春真人西遊記》卷上,《道藏》第 34 册,第 488 頁。
③ (元)李志常述:《長春真人西遊記》卷上,《道藏》第 34 册,第 486 頁。
④ (元)李志常述:《長春真人西遊記》卷上,《道藏》第 34 册,第 483 頁。
⑤ (元)李志常述:《長春真人西遊記》卷上,《道藏》第 34 册,第 484 頁。
⑥ (元)李志常述:《長春真人西遊記》卷上,《道藏》第 34 册,第 485 頁。
⑦ (元)李志常述:《長春真人西遊記》卷下,《道藏》第 34 册,第 491 頁。
⑧ (元)李志常述:《長春真人西遊記》卷上,《道藏》第 34 册,第 488 頁。
⑨ (元)李志常述:《長春真人西遊記》卷上,《道藏》第 34 册,第 488 頁。

其四曰以道家慈悲來濟世救民。1206 年,成吉思汗統一蒙古諸部後,隨即發動了針對西夏、金朝、西域花剌子模的征服戰争,山河破碎,人民喋血。丘處機西遊,應該有著救民於水火的慈悲情懷。從宣德出發前,他在《寄燕京道友》詩中指出:"十年兵火萬民愁,千萬中無一二留。去歲幸逢慈詔下,今春須合冒寒遊。不辭嶺北三千里(皇帝舊兀里多),仍念山東二百州。窮急漏誅殘喘在,早教身命得消憂。"[①]此詩首聯指出成吉思汗 1211 年南下攻金以來,十年間已經造成了千萬人中無一二留存的悲劇!頸聯指出,自己應詔朝覲,目的在於拯救心心念念的"山東二百州"!在第一次朝覲、回到邪米思干之後,由於目睹了戰争的血腥場景,丘處機寫詩寄東方道衆云:"當時發軔海邊城,海上干戈尚未平。道德欲興千里外,風塵不憚九夷行。"[②]再次向東方道衆重申自己應詔朝覲的救世目的!

小結

王國維指出,《長春真人西遊記》作者李志常"尤文采斐然。其爲是《記》,文約事盡,求之外典,惟釋家《慈恩傳》可與抗衡,三洞之中未嘗有是作也"[③]。如果從兩篇作品對各自所屬宗教發展的影響來看,《長春真人西遊記》還遠超《慈恩傳》!此書署名"門人真常子李志常述",這個所謂的"述"應該是"述而不作"之"述",也就是説,此書是在丘處機西遊日記和西遊詩詞創作的基礎上整理而成的。至於西遊日記是何人所撰,缺乏明確記載。隨行弟子中,資歷最高的趙虛静羽化於賽藍,另一資歷較高者宋道安被丘處機留在阿不罕領導棲霞觀建設,日後的兩位全真掌教尹志平、李志常,一被丘處機留置於邪米思干,一被丘處機留置於阿不罕棲霞觀,四人均未能走完全程。另一文采斐然的弟子宋德方,也未見作西遊日記的記載。但是,可以肯定的是,丘處機一定安排了得力弟子作隨行日記,因爲《長春真人西遊記》對丘處機西行的具體地點、時間、活動乃至詩詞創作的語境均作了詳細的書寫,没有具體的日記做基礎,李志常不可能寫出如此詳細的西遊記。這也可以看出,丘處機對自己的西遊是何等重視!李志常在丘處機羽化不久就完成《長春真人西遊記》,並成爲安葬丘處機遺骨的處順堂創作《丘處機西遊記壁畫》的依據,反映了全真教領導層將《長春真人西遊記》和《丘處機西遊記壁畫》當作全真典範的宗教意圖。從文體學的角度分析全真教樣板教材《長

① (元)李志常述:《長春真人西遊記》卷上,《道藏》第 34 册,第 483 頁。
② (元)李志常述:《長春真人西遊記》卷下,《道藏》第 34 册,第 491 頁。
③ 王國維:《〈長春真人西遊記校注〉序》,《王國維全集》第十一卷,第 536 頁。

春真人西遊記》,我們會發現,李志常將丘處機的西行之旅寫成了應詔之旅、弘道之旅和越界之旅,這一書寫策略完美地呈現了一代高道的精神風貌和歷史貢獻。據此,我們也可以發現,宗教遊記與一般士庶所寫之遊記,其文體功能和書寫策略還是有著重要區别的。清理這些特性有助於加深我們對宗教文學文本的理解,有助於我們認清宗教文學的本質。

(責任編輯:趙衛東)

金元時期的王重陽敘事與形象嬗變

□韓占剛

摘要:金元時期的王重陽敘事,不僅經歷了"自傳"與"他傳"兩個重要階段,而且還涉及他本人的詩詞、弟子們所作的追述,金元時期的相關碑刻、傳記,以及早期的圖像、畫傳、宫觀等諸多方面。在詩詞"自傳"中,王重陽的形象基本上還是一個普通高道。王重陽仙逝後,馬鈺等弟子做了許多神化王重陽的工作。自此,王重陽由"自傳"中的高道形象,初步過渡爲充滿宗教神性的祖師形象。詩詞"自傳",以及追述與神化的内容,爲金元時期相關碑刻、傳記的書寫打下了良好的基礎。在此基礎上,他們也將王重陽的祖師形象塑造得更加豐滿。總之,從"自傳"到"他傳",王重陽的敘事與形象塑造逐漸成熟。而隨著《金蓮正宗記》《七真仙傳》的修訂完成,不僅王重陽的敘事模式基本定型,而且全真仙傳的書寫典範也得以確立。此後的相關文獻,均没有超出它們的敘事框架。

關鍵詞:王重陽　敘事　自傳　形象嬗變

作者簡介:韓占剛,男,1989年生,文學博士,河北工程大學文法學院講師,研究方向爲中國古代文學與道家文化。

金元時期的王重陽敘事和形象嬗變,與相關敘事文獻的發展密切相關。這一時期的相關敘事文獻既豐富又龐雜,從王重陽詩文集中的一些零碎"自傳",到馬鈺等弟子們的追述、神化,再到相關的碑刻、傳記,可謂層出不窮。從萌芽期的"自傳",到形成期的"他傳",王重陽的敘事與形象一直處在動態的發展當中。至於元明清時期的相關傳記,則大多是在金元時期幾部重要傳記的基礎上撰寫而成的,無論是王重陽敘事還是形象,均没有什麽新的變化。另外,以往的王重陽研究成果雖然已經非常豐富,但尚未對金元時期的王重陽敘事與形象嬗變問題作詳細探討。最值得注意的是,以往很少有人將王重陽詩文集中的"自傳",與其仙化後他人所作的"他傳",進行認真區分和比較。而對這一問題的研究,毫無疑問是金元全真道研究的重點之一。基於此,本文以金元時期的相關敘事文獻爲核心,結合史源學與敘事文化學的相關理論,從"自傳"與"他傳"的角度切入,嘗試系統梳理金元時期的王重陽敘事與形象嬗變問題。

一、萌芽期的"自傳":王重陽的自我形象塑造

目前,我們所能看到的所有古代的王重陽傳記資料,大都是在王重陽詩詞自傳的基礎上形成的。因此,這些傳記當中的王重陽形象,毫無例外,全都有王重陽"自傳"的痕跡。所以,對於王重陽敘事與形象嬗變問題的研究,很有必要先從王重陽的詩詞"自傳"開始。

(一)王重陽的名號變更,由儒而道的轉變

王重陽曾多次改換名號,我們從中可看出他的不少心跡。有關王重陽的名號,他的詩文中記載豐富。在一首題名爲《述懷》的詩中,王重陽明確寫道:"姓王名喆知明字,道號重陽四味全。"[①]也就是説,他姓王,名喆,字知明,道號重陽。在《活死人引子》一詩中,王重陽又道:"活死人兮王喆乖,水雲別是一歡諧。道名唤作重陽子,諱號稱爲没地埋。"[②]也就是説,除了重陽這個號以外,他還有一個諱號叫作"没地埋"。根據這首詩的内容來看,這個諱號可能是王重陽在終南山活死人墓時期起的。在一首名爲《詠慵》的詩中,王重陽又説:"自哂疏慵號可勤,夢中因筆記良因。"[③]可見,他還給自己起過一個號,叫作"可勤"。又根據一首《望蓬萊》詞的記載,王重陽還有一個號,叫作"無憂"。該詞道:"醴泉好,風物雅幽幽……道號號無憂。"[④]根據詞的内容來看,該詞很可能作於終南山時期。在緊接著的一首《望蓬萊·紙旗上書》詞中,王重陽又一次重複道:"王喆害風無憂子,當三折二小錢兒。伏願認真慈。"[⑤]除此之外,在王重陽的詩文中就基本上再也没有出現過。這説明"無憂"這個號,王重陽用得並不多,後來他還給馬鈺起了一個號,也叫"無憂子"。如《重陽分梨十化集》所收的一首《臨江仙》曰"栗子味招全道子",下注:"真人訓馬先生法名通一,字全道,道號無憂子。"[⑥]"丹陽繼韻"詞也道:"大悟立身蓑笠好,遇投相應回頭。訓予全道號無憂。"[⑦]所以,像"無憂""可勤"

① (金)王嚞:《重陽全真集》卷二,白如祥輯校:《王重陽集》,濟南:齊魯書社,2005年,第39頁。
② (金)王嚞:《重陽全真集》卷二,白如祥輯校:《王重陽集》,第32頁。
③ (金)王嚞:《重陽全真集》卷一,白如祥輯校:《王重陽集》,第9頁。
④ (金)王嚞:《重陽全真集》卷一三,白如祥輯校:《王重陽集》,第194頁。
⑤ (金)王嚞:《重陽全真集》卷一三,白如祥輯校:《王重陽集》,第195頁。
⑥ (金)王喆:《重陽分梨十化集》卷下,白如祥輯校:《王重陽集》,第269頁。
⑦ (金)王喆:《重陽分梨十化集》卷下,白如祥輯校:《王重陽集》,第270頁。

"没地埋"這樣的號,可能更多是王重陽藉來抒發一時情感的。比如在一首《迎仙客》詞中,王重陽曾説道:"大仙唱,真人和,全真堂裏無煙火。無憂子,共三個,頓覺清凉,自在逍遥坐。"[①]在這裏,無憂子就不是指一個人了,而是指王重陽與他的弟子們,更準確一點來説,是指在全真堂裏處於"無憂"狀態下的王重陽及其弟子們。

王重陽在一首《恨歡遲》中説自己排行老三,即所謂"名喆排三本姓王,字知明子號重陽"[②],因此他也常在一些詩詞中自稱"王三"。比如,王重陽在一首《畫堂春》詞中道:"雲水王三悟悟,甘河鎮、祖師遇遇。"[③]另外,王重陽還有一首《仁法師説三六,弟子王喆小名十八郎,遂悟一十八戒》[④]的藏頭詩,由此可見他的小名叫作"十八郎"。關於這個小名,在另外一首名爲《減字木蘭花・自詠》的詞中也有出現過。該詞道:"小名十八,讀到孝經章句匝。"[⑤]前面王重陽説他在家排行老三,所以自稱王三;這裏又提到自己的小名叫十八郎,可能是因爲他在家族中的大排行爲十八。

在王重陽的詩詞中,除了有許多地方自稱"王喆"之外,還有不少地方稱自己爲"王嚞"。比如他在《訓愚魯》一詩中説:"吉吉吉人王嚞總,無思無慮樂陶陶。"[⑥]在《圓相》一詩中説:"一輪圓相自家知,王嚞於中正是時。"[⑦]在一首《如夢令》詞中也説:"九九榮詞已徹,誰做姓王名嚞。"[⑧]這樣的例子很多,這裏就不再一一列舉。關於從"喆"到"嚞"的説法,《重陽教化集》中一首《贈丹陽》詞的注有所説明,即"在關中名並兩吉,字知明;到寧海又添一吉,字智明"[⑨]。這説明王重陽到寧海州以後,不僅改了名,而且改了字。這種説法應該是可靠的,因爲可以從王重陽的其他詞中得到印證。比如,在《南鄉子・詠别道友》一詞中,王重陽道:"王喆已東遷,經過甘河上衆賢。性内飢寒由未免,盤纏,乞覓諸公自肯錢。"[⑩]另《卜算子・謁友不遇》一詞中又道:"曩者見張公,索寫詞中信。王喆今朝故故來,甚没個、人

① (金)王嚞:《重陽全真集》卷五,白如祥輯校:《王重陽集》,第 94 頁。
② (金)王嚞:《重陽全真集》卷四,白如祥輯校:《王重陽集》,第 68 頁。
③ (金)王嚞:《重陽全真集》卷一二,白如祥輯校:《王重陽集》,第 187 頁。
④ (金)王嚞:《重陽全真集》卷二,白如祥輯校:《王重陽集》,第 49 頁。
⑤ (金)王嚞:《重陽全真集》卷五,白如祥輯校:《王重陽集》,第 82 頁。
⑥ (金)王嚞:《重陽全真集》卷一,白如祥輯校:《王重陽集》,第 7 頁。
⑦ (金)王嚞:《重陽全真集》卷二,白如祥輯校:《王重陽集》,第 43 頁。
⑧ (金)王嚞:《重陽全真集》卷一,白如祥輯校:《王重陽集》,第 119 頁。
⑨ (金)王喆:《重陽陽教化集》卷一,白如祥輯校:《王重陽集》,第 234 頁。
⑩ (金)王嚞:《重陽全真集》卷一三,白如祥輯校:《王重陽集》,第 196 頁。

相近。"由該詞中"却入全真復舊堂,把一點靈明認"[①]一句,可以確定其作於王重陽在寧海州全真堂時。由這兩首詞可見,王重陽在乞化準備東行至在寧海州全真堂這段時間,用的是王喆這個名,所以他改名爲王嚞當在去寧海州之後。

另外,王重陽還喜歡自稱"害風""王風"或"王害風"。比如,其《題竹》詩曰:"不是害風來到此,怎生引動此君吟。"[②]《題麻真人觀》詩曰:"秀氣鋭招閑客至,害風堪與彩雲居。"[③]《化造鐵罐錢》詩曰:"諸公要識刀圭法,願助王風鐵罐錢。"[④]《玉堂春》詞曰:"有個王風,時時頻睡卧。無夢無眠,無災無禍。"[⑤]《甘水鎮留題》詩曰:"誰識終南王害風,長安街里任西東。"[⑥]《辭世頌》曰:"地肺重陽子,呼爲王害風。"[⑦]這樣的例子還有很多,這裏就不一一列舉。

簡而言之,王重陽名喆,字知明,號"無憂""可勸""没地埋"等。不過,這些號可能主要是藉來抒發一時情感的,用得並不多。王重陽在家中排行老三,所以自稱王三。他的小名爲十八郎,可能是因爲在家族中的大排行爲十八。去寧海州以後,王重陽又將自己的名改爲"嚞",字改爲"智明"。此外,王重陽還喜歡自稱"害風""王風"或"王害風"。

從《金蓮正宗記》記載的"先生諱中孚,字允卿",到後來改名世雄,字德威,並以此表示棄文從武的决心,再到悟道離家之後改名爲喆,字知明,直至東行山東半島之後,再次改名爲嚞,字智明,這些名號的變更幾乎就是王重陽一生經歷的鮮明寫照。"諱中孚,字允卿"代表著家族對他的最初殷切期望,即學而優則仕,成爲一名信義的儒家君子。這條路走不通之後,王重陽又改"名世雄,字德威",决心棄文從武。但在亂世之中,他又失敗了。他一個文武雙全的人,却落得個書劍兩無成的結局,爲此祇得借酒澆愁。遇仙之後,他猛然醒悟,改"名爲喆,字知明"。東行山東半島之後,再次改"名爲嚞,字智明"。從入道後改的這兩個名字可見他相當自信,簡單來説,就是誇自己是個很有智慧的人。以上這四個名字,其實正好反映出他由儒而道的轉變。

---

① (金)王嚞:《重陽全真集》卷一二,白如祥輯校:《王重陽集》,第 186 頁。
② (金)王嚞:《重陽全真集》卷二,白如祥輯校:《王重陽集》,第 44 頁。
③ (金)王嚞:《重陽全真集》卷一,白如祥輯校:《王重陽集》,第 8 頁。
④ (金)王嚞:《重陽全真集》卷一,白如祥輯校:《王重陽集》,第 7 頁。
⑤ (金)王嚞:《重陽全真集》卷三,白如祥輯校:《王重陽集》,第 52 頁。
⑥ (金)王嚞:《重陽全真集》卷二,白如祥輯校:《王重陽集》,第 41 頁。
⑦ (金)王嚞:《重陽全真集》卷九,白如祥輯校:《王重陽集》,第 141 頁。

（二）從借酒澆愁到遇仙入道

1.王重陽入道前的浪子生涯

關於王重陽入道前的事蹟，各種傳記中除了一些美善之言外，幾乎是一片空白，而在王重陽的詩文中却能够找到一些蛛絲馬跡。比如，在一首題名爲《減字木蘭花·自詠》的詞中，王重陽叙述了青年時期的生活狀態，該詞道："小名十八，讀到孝經章句匝。爲慶清朝，愛向樽前舞六么。　呼盧總會，六隻骰兒三没賽。傻得唯新，刮鼓叢中第一人。"①從這首詞可以看出，入道以前的王重陽喜愛喝酒、賭博，可以説完全就是個放蕩不羈的浪子。當然，這也可能是他的一種誇張和自嘲。在另外一首《悟真歌》中，王重陽對自己生平的叙述則更爲詳盡，從中可以窺測到他不少心跡。該歌曰：

> 余當九歲方省事，祖父享年八十二。二十三上榮華日，伯父享年七十七。三十三上覺婪耽，慈父享年七十三。古今百歲七旬少，觀此遞減怎當甘。三十六上寐中寐，便要分他兄活計。豪氣衝天恣意情，朝朝日日長波醉。壓幼欺人度歲時，誣兄罵嫂慢天地。不修家業不修身，只恁望他空富貴。浮雲之財隨手過，妻男怨恨天來大。産業賣得三分錢，二分吃著一酒課。他每衣飲全不知，余還酒錢説災禍。四十八上尚争强，争奈渾身做察詳。忽爾一朝便心破，變成風害任風狂。……②

此歌大致勾勒了王重陽東行以前的生活經歷。從歌詞内容來看，大致作於其五十二歲離開活死人墓之後、五十五歲東行遊歷之前。王重陽開篇便提到自己祖父、伯父、父親的壽數不斷遞減的事，這很可能極大地促動了他的"不甘之心"，引發了他對人生的一些深刻思考。從歌詞内容可見，三十六歲之前是王重陽的"榮華日"。從三十六歲與其兄分家到四十八歲，則是王重陽恣意瘋狂的階段，用他自己的話説，就是"豪氣衝天恣意情，朝朝日日長波醉。壓幼欺人度歲時，誣兄罵嫂慢天地。不修家業不修身，只恁望他空富貴。浮雲之財隨手過，妻男怨恨天來大"。這一時期，可能也正是王重陽外表最爲瘋狂、内心最爲痛苦的階段，雖然他逐漸對人生有了些深刻覺悟，但是始終没有找到真正的心靈歸宿。在這一時期，他與家人的關係好像也惡化到了不可收拾的地步，這從"妻男怨恨天來大""家財蕩盡愈無愁"兩句就可見出。

王重陽對妻子兒女的態度一直都不怎麽好，跟他們的關係好像也在逐漸惡

---

① (金)王嚞:《重陽全真集》卷五，白如祥輯校:《王重陽集》，第 82 頁。

② (金)王嚞:《重陽全真集》卷九，白如祥輯校:《王重陽集》，第 137～138 頁。

化。王重陽對家人的態度,在他的許多詩詞中都有所體現。比如其《述懷》詩曰:“妻女千斤鐵,兒孫萬秤銅。”[①]其《活死人墓贈甯伯功》詩曰:“家人便是燒身火,乾了泥團却變塵。”[②]而在《惜黄花》一詞中,王重陽説得更爲直接:

> 昨朝酒醉,被人縛肘。橋兒上,撲到一場漏逗。任叫没人扶,妻兒總不救。猛省也、我咱自咒。　兒也空垂柳,女空花秀。我家妻,假作一枚花狗。我謹切堤防,恐怕著一口。這王三、難爲閑走。[③]

類似這樣的例子在王重陽的詩文集中還有很多。在這些詩文當中,凡是涉及妻子兒女的,從來都没有過什麽好的言語。可能正是類似於《惜黄花》詞中,酒醉之後“任叫没人扶,妻兒總不救”之事,使王重陽逐漸醒悟,最終毅然决然地拋下了所謂的恩山愛海。

衆多傳記之所以很少記載王重陽入道之前的事蹟,或者即便是記載了,也盡是一些美善之言,大概是因爲嗜酒、賭博、不修家業等行徑,不大符合高大上的教祖形象,所以他們一致選擇了闕如或爲尊者諱。但是,這些事蹟其實正好體現了王重陽從覺悟到入道的心路歷程,對於我們深刻認識王重陽是很有幫助的。

2.王重陽的遇仙入道與師承譜系

關於遇仙時間,王重陽在《遇師》中説:“四旬八上得遭逢,口訣傳來便有功。”[④]關於遇仙地點,王重陽在一首《畫堂春》詞中具體説道:“雲水王三悟悟,甘河鎮、祖師遇遇。”[⑤]至於遇仙的收穫,除了王重陽所説的飲“仙酎”之後“因此通玄妙”之外,還有所謂的“秘訣”或“秘語”。比如,在一首《酹江月》詞中,王重陽説道:“頓悟如如緣合後,深謝真師垂顧。秘訣親傳,依從做徹,達了憑遭遇。”[⑥]在另一首《鶴冲天》詞中王重陽也道:“往昔得遭逢,親師父。此則專來教,長生訣、頻頻顧。”[⑦]從這兩首詞的意思來看,傳秘訣之事應該發生在王重陽第二次遇仙時,這時他已“頓悟”“合緣”,所以這次其所遇之仙纔“專來教,長生訣”。這樣來看的話,甘河鎮飲“仙酎”就很有可能是第一次遇仙的事。王重陽在《卜算子·雪中作》一詞中也提到了“秘訣”的事,然而該詞却衹是説,“因仰至人言,遂獲真仙

① (金)王嚞:《重陽全真集》卷一,白如祥輯校:《王重陽集》,第22頁。
② (金)王嚞:《重陽全真集》卷二,白如祥輯校:《王重陽集》,第35頁。
③ (金)王嚞:《重陽全真集》卷五,白如祥輯校:《王重陽集》,第89頁。
④ (金)王嚞:《重陽全真集》卷二,白如祥輯校:《王重陽集》,第29頁。
⑤ (金)王嚞:《重陽全真集》卷一二,白如祥輯校:《王重陽集》,第187頁。
⑥ (金)王嚞:《重陽全真集》卷三,白如祥輯校:《王重陽集》,第57頁。
⑦ (金)王嚞:《重陽全真集》卷一一,白如祥輯校:《王重陽集》,第160頁。

訣"[1],並未明確説是所遇仙人所授。也就是説,王重陽可能是通過訪道、讀書或者其他渠道獲得了"秘訣",而並不是所謂遇仙所得。至於王重陽遇仙所得的所謂五篇"秘訣",保留至今。其中最後一篇明確寫道:"九轉成,入南京。得知友,赴蓬瀛。"[2]文中所提到的事情,就像預言一樣在王重陽的身上得到了應驗。

在一些詩詞中,王重陽明確提到了自己的師承譜系。比如,王重陽在《了了歌》中道:"漢正陽兮爲的祖,唐純陽兮做師父。燕國海蟾兮是叔主,終南重陽兮弟子聚。爲弟子,便歸依,侍奉三師合聖機。"[3]再如,其《酹江月》詞道:"正陽的祖,又純陽師父,修持深奥。更有真尊唯是叔,海蟾同居三島。弟子重陽,侍尊玄妙,手内擎芝草。"[4]在這些詩詞中,王重陽把自己的師承譜系説得十分清楚,即他的師祖是鍾離權,師父是吕洞賓,師叔是劉海蟾。但是,王重陽在《贈王哥》一詩中却説道:"修行學道並無師,只要心中自己知。"[5]王重陽既然這樣明確地對别人説,那反過來,或許也可以説王重陽並没有真正意義上的師父。總之,王重陽不僅在詩詞中詳述了自己的遇仙情況,而且還清楚地叙述自己的師承譜系,即其師祖是鍾離權,師父是吕洞賓,師叔是劉海蟾。這些内容在金元時期的相關傳記中也得到了很好的繼承和發展,是構建王重陽宗教叙事的重要基石。但根據一些材料看,王重陽又或許並没有真正意義上的師父。

(三)小結

王重陽存世的詩文數量可觀,這些詩文中有不少與其生平事蹟相關的零散材料。通過這些散見在王重陽詩文集中的材料,可以完整地勾勒出其一生的大致行藏。而在王重陽的自我形象塑造中,神化的痕跡還不是很明顯。相比之下,各種傳記對王重陽入道前的事蹟往往語焉不詳,對其入道後的事蹟則又不斷地虚構和神化。鑒於對神仙人物的追述往往漸趨神化,想要考察一些王重陽事蹟的本來面目,最可靠的文獻應該就是他的詩文集。此外,即便是早期相關傳記當中的宗教神化内容,大多並非憑空産生,而是在繼承詩文"自傳"的基礎之上又做了進一步的發揮。

---

① (金)王嚞:《重陽全真集》卷七,白如祥輯校:《王重陽集》,第 109 頁。
② 白如祥輯校:《王重陽集》,第 333 頁。
③ (金)王嚞:《重陽全真集》卷九,白如祥輯校:《王重陽集》,第 129 頁。
④ (金)王嚞:《重陽全真集》卷三,白如祥輯校:《王重陽集》,第 57 頁。
⑤ (金)王嚞:《重陽全真集》卷一〇,白如祥輯校:《王重陽集》,第 143 頁。

二、形成期的“他傳”:馬鈺對王重陽的追述與神化

同時代的人以及早期的全真弟子們,對王重陽有過一些追述與神化。這些追述、神化介於萌芽期的“自傳”與成熟期的“他傳”之間,構成了王重陽叙事的又一個新階段。其後的許多碑刻、傳記,多由早期全真弟子所提供的“行狀”寫定。但是這些行狀現在基本上已經不存,難以具體考訂。所以,介於“自傳”與“他傳”之間的追述與神化,往往還充當了“行狀”的角色。比如,馬鈺對王重陽所做的神化,大多都出現在了相關的王重陽傳記當中。

相對於瑣碎的詩詞“自傳”,時人與弟子所做的一些追述與神化,往往補充了不少細節,有些還可藉以準確考訂“自傳”相關事蹟的繫年。馬鈺、丘處機等弟子對王重陽的神化,王處一對於馬鈺的神化,都屬於較早對傳主進行宗教神話建構的努力。在尹志平弟子段志堅編《清和真人北遊語録》中,尹志平對王重陽與全真七子的追述,往往也在平實之中蘊涵著神秘的宗教體驗。所以,總的來看,在王重陽的詩詞“自傳”後,時人與弟子(尤其是弟子)所做的追述,宗教神化的傾向越來越重。因爲相關碑刻、傳記大多根據全真弟子們所提供的“行狀”寫定(或功能類似行狀的作品,如弟子所作之語録、遊記),所以王重陽的叙事與形象嬗變,與弟子們所做的追述、神化密切相關。這也是王重陽叙事的一個新階段,具有承上啓下的過渡作用。

(一)馬鈺對王重陽的大力神化

除了遇仙與師承有自我神化之外,王重陽還在一首《壽期》詩中寫道:“害風害風舊病發,壽命不過五十八。”[①]預言自己的仙逝之期,也算是自我神化。除此之外,他的詩詞“自傳”則平實質樸,少有神異。作爲王重陽的主要弟子,全真七子在詩文集中對王重陽多有提及,但相對來説,最集中、最有代表性的則是馬鈺的詩文集。

王重陽仙逝後,馬鈺帶領譚處端、劉處玄、丘處機去了長安。見到王重陽在關中收的弟子史處厚後,馬鈺寫了十首名爲《贈史處厚》的七言絶句詩。在該詩的序中,馬鈺記述了許多與王重陽相關的事蹟,對王重陽在汴京仙逝時的情景,描寫得尤爲詳細:

> 重陽真人欲往寧海,親筆畫一畫圖與醴泉縣弟子史公密收之。鈺預夢

---

① (金)王嚞:《重陽全真集》卷二,白如祥輯校:《王重陽集》,第29頁。

南園一仙鶴從地湧出,經月,有重陽師父到來,指鶴起處要修庵居。鈺又夢叅從師父入一山,翌日,師父訓鈺小字山侗。鈺隨師父到南京,至年終,師父要歸逝,鈺求辭世頌,師父言:"我在關中吕道人庵壁上預前寫下。"鈺覆知師父:"鈺有三願。一欲將師父《全真集》印行。"師父曰:"長安决了。""二願欲與師父守服三年。"師父曰:"劉蔣村有我舊庵基址可住。""三願勸十方父母捨俗修仙。"師父言罷昇霞。[①]

首先,馬鈺提到,王重陽去往山東之前曾畫過一幅畫,並交由史處厚秘密保管。接著,他又回憶往昔自己夢到"南園一仙鶴從地湧出",月餘之後王重陽到來,"指鶴起處要修庵居"。後來,馬鈺又夢到自己和王重陽一起入一山,第二天,王重陽就"訓鈺小字山侗"。再後來,馬鈺隨王重陽去了開封,到年終之時,王重陽突然仙逝。其中"出神入夢"的記載,被金元時期的相關傳記吸收。對於王重陽即將仙去之時的情景,馬鈺的記述比後來的許多傳記還要詳細。

另外,王重陽仙逝後,馬鈺還非常明智地選擇了"以神道設教"的宣教策略。其中,大力神化創教祖師王重陽,就是該策略的重要組成部分。[②] 比如,馬鈺的《丁酉下元日出環墻》詩道:"舞得來來真個促,識得亘初真面目。師父師叔下界來,嘉期直指在西北。"[③]按該詩所説,1177 年十月十五日馬鈺走出環墻去西北行化,是受俱已仙逝的師父王重陽與師叔和玉蟾的指示。這種對王重陽的神化,頗類王重陽把自己的東行度人説成是奉吕洞賓的師命,或許馬鈺正是主動繼承並發揮了這一傳統。馬鈺的《再遇》詩小注道:"師父重陽憫化妙行真人、師叔玉蟾普明澄寂真人。"該詩又進一步道:"纔過扶風回首促,特訪岐陽誇瞽目。再遇本師得大丹,教立東西南與北。"[④]可知,馬鈺西行遊化途經岐陽時,再次遇到了師父王重陽與師叔和玉蟾,這次再遇使得馬鈺的修行更加精進。馬鈺還在《滿庭芳·贈嚴公》一詞中提到王重陽曾在夢中授予他秘密仙方道:"昨宵夢裹,幸遇重陽。授予秘密仙方。"[⑤]此外,馬鈺還有許多詩詞,集中記述王重陽的一些神異之事。比如,他的《滿庭芳·讚重陽真人顯異》詞道:

憫化真人,重陽師父,頭頭物物皆通。歸期預指,語話似心風。果應南

---

① (金)馬丹陽:《洞玄金玉集》卷一,趙衛東輯校:《馬鈺集》,濟南:齊魯書社,2005 年,第 2～3 頁。

② 詳見韓占剛:《馬鈺以"神道設教"的宣教策略》,詹石窗主編:《老子學刊》第 17 輯,成都:巴蜀書社,2021 年,第 107～117 頁。

③ (金)馬丹陽:《洞玄金玉集》卷一,趙衛東輯校:《馬鈺集》,第 9 頁。

④ (金)馬丹陽:《洞玄金玉集》卷一,趙衛東輯校:《馬鈺集》,第 9 頁。

⑤ (金)馬鈺:《丹陽神光燦》,趙衛東輯校:《馬鈺集》,第 220 頁。

京行上，昇霞後、教訓臧公。（師父重陽真人當日昇霞，至暮時分，臧公在南京遇之，尚不知昇霞，猶以爲生，後方知之，其速有如此者。）岐陽鎮，頂冠下界，爲我再傳功。　華亭城西現，救予疾苦，氣布身中。在文登雲上，顯出慈容。縣宰尼厖虎見，經頃刻，復返天宫。真實事，古今希罕，自是足人崇。[①]

又，馬鈺的《滿庭芳·讚重陽真人出現》詞道：

古郡登州，望仙門外，畫橋車馬難通。重陽師父，對衆顯家風。預説逢何必壞，經一紀、太守何公。嫌嶮峻，令人折毁，命匠别興功。　文登重出現，白龜蓮上，端坐空中。宰公尼厖虎，得遇真容。忽見回身側卧，祥雲動、復往仙宫。人争畫，家家供養，處處總欽崇。[②]

又，馬鈺的《滿庭芳·重陽真人昇霞之前》詞道：

重陽師父，遇吕真人。養成神内之神。心起慈悲不住，開闡良因。時時出神入夢，化人人、要出迷津。登州北，有布王曾見，海裏騰身。　華表巨才高氏，在東牟郊外，或見其真。曾共南京針李，中都開樽。當初幻軀在日，尚如斯、出現頻頻。况今也，得成蟬蜕，永占長春。[③]

又，馬鈺的《滿庭芳·重陽真人昇霞之後》詞道：

重陽師父，預指南京。果然得赴蓬瀛。四假凡軀棄下，真性超昇。濬儀橋邊出現，勸臧公、早做修行。垂教語，遮性命事大，名利休争。　更有丹州大薛，在終南一遇，端的分明。劉蔣張翁得藥，身體康寧。昆明池西人見，向空中、舞袖輕輕。因得道，做神仙，久視長生。[④]

馬鈺所述王重陽生前、身後的神異之事，概括如下：(1)王重陽生前曾多次出神入夢，度化弟子；(2)王布曾看見王重陽在登州城北（概指“蓬萊閣”）的海裏翻騰身體；(3)高巨才在東牟（今煙臺牟平）郊外見到過王重陽的真神；(4)王重陽生前曾與南京（今開封）的李針在中都（今北京）喝酒（按：王重陽生前可能並未去過北京，馬鈺這麽説是在神化王重陽）；(5)登州望仙門外有畫橋險峻難通車馬，王

---

① （金）馬丹陽：《洞玄金玉集》卷一〇，趙衛東輯校：《馬鈺集》，第148頁。

② （金）馬丹陽：《洞玄金玉集》卷一〇，趙衛東輯校：《馬鈺集》，第154頁。按：王重陽的《驀山溪·于公索神龜詞》道：“任燒任烙，旋旋聚清凉，能曳尾，會摇頭，獨上白蓮蕊。”[（金）王嚞：《重陽全真集》卷三，白如祥輯校：《王重陽集》，第53頁]馬鈺所記王重陽端坐在白龜、蓮花之上顯異的事，很可能源於王重陽的詩詞。

③ （金）馬鈺：《丹陽神光燦》，趙衛東輯校：《馬鈺集》，第214頁。

④ （金）馬鈺：《丹陽神光燦》，趙衛東輯校：《馬鈺集》，第214頁。

重陽曾對衆人預説該橋“逢何必壞”,十幾年後,太守何公嫌該橋嶮峻,令人拆毁,命工匠重新興建;(6)王重陽預知自己將會在南京(今開封)仙逝;(7)王重陽仙逝的當日傍晚,臧公在南京(今開封)濬儀橋邊遇見了王重陽,王重陽勸臧公早做修行;(8)在 1177 年的十月十五日,馬鈺按已經仙逝的師父王重陽與師叔和玉蟾的指示去西北行化,西行遊化途經扶風縣與岐山縣之間的岐陽鎮時,再次遇到了王重陽與和玉蟾,這次王重陽“頂冠下界”,還傳給馬鈺修行功法,使其修行更加精進;(9)王重陽曾在夢中授予馬鈺秘密仙方;(10)王重陽仙逝後曾在華亭(今甘肅平凉市華亭縣)城西顯現,爲馬鈺治病;(11)王重陽仙逝後,丹州薛大曾在終南山遇見王重陽;(12)王重陽仙逝後,劉蔣村的張翁曾獲王重陽賜藥,身體康寧;(13)王重陽仙逝後,有人在昆明池西(今西安市長安區斗門鎮東南的昆明池遺址)見到他揮舞著衣袖,在空中輕輕飛動;(14)王重陽仙逝後曾在文登顯異,於空中端坐在“白龜蓮上”,祥雲忽動,回身側卧,復往仙宫。文登的縣宰尼厖虎親見此事,當時還有人争著圖畫王重陽的真容,“家家供養,處處欽崇”。

綜上,馬鈺對王重陽的追述充滿了神秘色彩。從全真七子現存的詩文來看,馬鈺對神化王重陽之事似乎最爲上心,這與他作爲王重陽大弟子以及全真掌教的身份完全相符。另外,這些内容多被金元時期的相關傳記吸收,是構建王重陽叙事的重要基石。

(二)小結

王重陽的叙事不僅涉及金元時期的相關碑刻、傳記,更涉及他本人所作的詩詞、弟子們的追述,以及早期的圖像、畫傳、宫觀建設等諸多方面。其形象嬗變也是持續完成的,而不是一蹴而就的;是立體、多元的,而不是平面、單一的;是統一的,而不是割裂的。從萌芽期的詩詞“自傳”,到弟子們的追述與神化,再到早期的碑刻、傳記,以及相關圖像、畫傳、宫觀建設等,其教主形象逐漸豐滿、完善。具體來説,在王重陽的自我形象塑造中,神化的痕跡尚不明顯,通過其詩詞“自傳”還原出來的,基本上還是普通高道的形象。王重陽仙逝後,馬鈺利用“以神道設教”的策略,將全真道初步發揚光大。與此同時,王重陽的弟子們,尤其是馬鈺,還做了許多神化王重陽的工作。至此,王重陽的形象由萌芽期的高道形象,初步過渡爲充滿宗教神性的祖師形象。此外,早期全真弟子所作的語録(如《丹陽真人語録》《清和真人北遊語録》),也有不少神化王重陽的内容。這些内容在萌芽期的詩詞“自傳”之後,構成了一個新的階段,即過渡期的追述與神化。這些追述與神化的内容,爲金元時期的相關碑刻、傳記的書寫打下了良好的基礎,其將王重陽的祖師形象塑造得更加豐滿。另外,金元時期的相關圖像、畫傳,以及祖師遺蹟上的宫觀建設,還對王重陽形象的塑造起到了重要的補充作用。最終,它們形成了一個統一的有機體,彼此相輔相成,共同推動王重陽的叙事與形象嬗變。

三、從"自傳"到"他傳":王重陽叙事與形象嬗變

從最初的詩詞"自傳",到早期弟子們的追述、神化,再到成熟的碑刻、傳記,王重陽的叙事與形象一直處在動態發展當中。伴隨著從"自傳"到"他傳"的轉變,尤其是《金蓮正宗記》與《七真仙傳》的修訂刊行,金元時期的王重陽叙事與形象也趨於成熟、定型。

(一)"自傳"與"他傳"之比較

作爲全真教主,王重陽的詩詞"自傳"不僅相對完整,而且還具有一定的代表性。明瞭起見,下面就將馬鈺等人的追述,以及《金蓮正宗記》《七真仙傳》等重要叙事文獻,與王重陽的"自傳"擇要進行對比。

1.名號

自傳:名喆,字知明,小名十八郎,因爲讚賞菊花的堅操,便以重陽子爲號;去寧海州後,改名爲嚞,字智明。此外,王重陽還自稱"王三""害風""王風"或"王害風",還有"無憂""可勤""没地埋"等號。

追述:無。

《終南山神仙重陽真人全真教祖碑》:名喆,字知明。……聖朝天眷間,收復陝西,英豪獲用,真人於是捐文場,應武舉,易名德威,字世雄…… 後别號重陽子。①

《金蓮正宗記》:先生諱中孚,字允卿。……密授真訣,更名曰嚞,字曰知明,號曰重陽子。②

《七真仙傳》:師姓王,名嚞,字知明,號重陽子。……始名中孚,字允卿,易名世雄,字德威。後入道,改稱焉。……親戚惡之曰:"害風來。"師受而不辭。關中謂狂者爲害風,因以自呼。③

按:自傳較詳細,他傳也有所補充。

2.排行

自傳:在家排行老三,小名爲十八郎。

① 白如祥輯校:《王重陽集》,第321～322頁。
② 白如祥輯校:《王重陽集》,第332頁。
③ (金)張邦直等撰:《七真仙傳》,臺灣大學圖書館藏本。

其他:均無。

3.入道以前的生活

自傳:不修家業不修身,喜愛喝酒、賭博,是個放蕩不羈的浪子,與其家人的關係也逐漸惡化。

追述:無。

《教祖碑》:會廢齊攝事,秦民未附,歲又饑饉,時有群寇劫真人家財一空。其大父訴之統府,大索於鄰里三百餘户,其所亡者金幣,頗復得焉,又獲賊之渠魁,真人勉之曰:"此乃鄉黨饑荒,譬如乞諸其鄰者,亦非真盗也,安忍陷於死地?"縱捨使去。里人以此敬仰真人愈甚。咸陽、醴泉二邑,賴真人得安。[①]

《金蓮》:膂力倍人,才名拔俗,蚤通經史,晚習弓刀。當廢齊阜昌間,獻賦春宫[官],迕意而黜。復試武舉,遂中甲科。[②]

《仙傳》:師自幼不群,及長,體貌雄偉而美須髯,倜儻尚義,不拘小節。弱冠,業進士,係學籍,好屬文,才思敏捷。然頗喜弓馬。金天眷初,應試武舉。始名中孚,字允卿,易名世雄,字德威。後入道,改稱焉。初,阜昌,撫治河外,不及於秦,歲屢饑,人至相食。時,咸陽、醴泉惟師家富魁兩邑,其大父乃出餘以賙之。遠而不及者,咸來劫取。鄰里三百户餘,亦因而侵之。家財爲之一空。有司率兵卒悉捕獲,將置之法。師曰:"鄉人饑荒,拾路所得,忍置之死地乎?"有司賢之,釋不問。人服其德。[③]

按:自傳較深刻真實,他記也有所補充,但他傳大多衹記載王重陽的一些美善之事,可能是有意爲尊者諱。

4.入道的原因和心路歷程

自傳:幼慕清閒,性本慈悲,後來對生死有所感悟,逐漸看淡仕途、看破人情冷暖與妻子親情。

追述:無。

《教祖碑》:天遣文武之進兩無成焉,於是慨然入道,改今之名字矣。[④]

《金蓮》:當廢齊阜昌間,獻賦春宫[官],迕意而黜,復試武舉,遂中甲科。逮乎四十有七歲也,喟然歎曰:"孔子四十而不惑,孟子四十而不動心。吾今已過之矣,尚且呑腥啄腐,紆紫懷金,不亦太愚之甚乎?"遂辭官解印,黜妻屏子,拂衣塵

① 白如祥輯校:《王重陽集》,第 321～322 頁。

② 白如祥輯校:《王重陽集》,第 332 頁。

③ (金)張邦直等撰:《七真仙傳》,臺灣大學圖書館藏本。

④ 白如祥輯校:《王重陽集》,第 321 頁。

外,類楚狂之放蕩焉。[①]

《仙傳》:後正隆四年,忽自歎曰:"孔子四十不惑,孟子四十不動心,予猶碌碌如此,不亦愚乎!"自是之後,性少檢束。[②]

按:自傳較深刻。

5.辭家修道

自傳:王重陽辭家修道時,他的妻子有過阻攔,甚至還説要跟隨他一起,但遭到了王重陽的拒絶。離家之後,王重陽在活死人墓苦修兩年多。之後,他又填了墓,去劉蔣村結庵(與和德瑾、李靈陽同住)。

追述:無。

《教祖碑》:後别號重陽子,於南時村作穴室居之,名曰活死人墓。[③]

《金蓮》:先生遂歸劉蔣,自構一庵,題其牓曰活死人墓。又以紙牌立於墓上,曰王害風靈位。[④]

《仙傳》:後别構庵於南時村,起封高數尺,壙深丈餘,以"活死人墓"名之,又號曰"行殰",以方牌掛其上,書云"王害風靈位"。又於庵四隅各植海棠梨一株。同庵和公怪而問之,師曰:"吾欲使它日四方教風爲一,亦如此植。"三年,遷居劉蔣北之水中央。肆口皆塵外語,鄉人素待以害風,故莫審其意。[⑤]

按:自傳較詳細,他傳也有所補充。

6.在終南的傳道度人活動

自傳:最晚在活死人墓修行時,王重陽就已經開始傳道度人。甯伯功是王重陽早期的理解與支持者之一,王重陽也有心想度化他。後來,王重陽還試圖勸其兄長入道,兄長死後,他没有去祭拜,轉而想勸其侄兒入道。當時,在周圍的人眼裏,王重陽是一個害風的反面典型,所以他在終南一帶的傳道並不被人信服,雖然最終並非一無所獲,但並没有達到他的預期。

追述:無。

《教祖碑》:無。

《金蓮》:無。

---

① 白如祥輯校:《王重陽集》,第332頁。

② (金)張邦直等撰:《七真仙傳》,臺灣大學圖書館藏本。

③ 白如祥輯校:《王重陽集》,第322頁。

④ 白如祥輯校:《王重陽集》,第333頁。

⑤ (金)張邦直等撰:《七真仙傳》,臺灣大學圖書館藏本。

《仙傳》:師嘗留題甘河云:"閑來矯首滄溟上,釣出鯨鯢未是雄。"[①]

按:自傳較詳細,他傳大多缺載。《仙傳》所引也是王重陽在詩詞中的自述。

7.燒毁茅庵,準備東行

自傳:在劉蔣村居庵數年之後,王重陽突然放火燒了茅庵。在準備東行時,王重陽曾在甘河鎮乞化"自肯錢"。這前後,出於對他的關心與不捨,友人還曾偷了他的脚引,想要挽留他。

追述:無。

《教祖碑》:大定丁亥四月,忽自焚其庵,村民驚救,見真人狂舞於火邊,其歌語傳中具載。又云三年之後,别有人來修此庵,口占詩有"修庵人未比我風流"之句。凌晨東邁過關,攜鐵罐一枚,隨路乞化,而言曰:"我東方有緣爾。"[②]

《金蓮》:忽一日自焚其庵,鄰家争來救火,先生但婆娑而舞。人問其故,答曰:"三年之後,别有人修。"[③]

《仙傳》:俄一夕自焚其庵。村里驚救之,師方舞躍而歌曰:"數載殷勤,謾居劉蔣,庵中日日塵勞長。豁然真火瞥然開,便教燒了歸無上。奉勸諸公,莫生悒怏,我咱别有深深況。惟留灰燼不重遊,蓬萊路上知來往。"人問其故,答曰:"三年之後,别有人來修此。"遂東行。……及行,辭諸道友,皆與之歌詩,所以寓其微意,而人不悟也。攜鐵罐乞食而行,曰:"我於東方有緣耳。"[④]

按:自傳較詳細,他傳内容多從自傳而出。至於王重陽在甘河鎮乞化"自肯錢",友人偷脚引挽留他等生動的細節,他傳多缺載。

(二)全真祖師叙事模式的形成與全真仙傳典範的確立

1263 年左右,《金蓮正宗記》《七真仙傳》這兩部重要的全真祖師傳記先後删改、修訂完成。這兩部傳記不僅均有全真道的官方背景,而且對之前的各種相關叙事文獻多有參考。至此,全真祖師的相關事蹟基本定型,甚至每位祖師在教内的地位也逐漸確立,他們的叙事與形象也趨於定型。晚出的《金蓮正宗仙源像傳》(約 1324 年)也有全真道的官方背景。這部晚出的全真祖師傳記對《金蓮正宗記》《七真仙傳》,以及其他相關叙事文獻均有參考,剪裁得體,邏輯嚴密,是一部水平很高的全真祖師傳記簡編。除了依據全真道的發展,對各位祖師的地位做了調整之外,内容上其實並没什麼新的發揮,即《金蓮正宗仙源像傳》中的全真

---

① (金)張邦直等撰:《七真仙傳》,臺灣大學圖書館藏本。

② 白如祥輯校:《王重陽集》,第 322 頁。

③ 白如祥輯校:《王重陽集》,第 334 頁。

④ (金)張邦直等撰:《七真仙傳》,臺灣大學圖書館藏本。

祖師宗教敘事並没有超出《金蓮正宗記》與《七真仙傳》的框架。這幾部有著官方背景的全真祖師傳記，除了均采用了詩讚、評論等明顯的外在形式外，其内在所遵循的宗教敘事模式其實也是大致相同的。這種敘事模式，無疑是在之前相關敘事文獻的基礎上形成的，但却並非完全承襲，而是有了新的變化，標誌著全真祖師傳記典範的正式形成。下面就以《金蓮正宗記》《七真仙傳》的王重陽傳爲例，對其敘事模式加以分析。明瞭起見，就通過比較兩部傳記敘事主題詞的形式，來進一步總結它們的敘事模式。

	《七真仙傳》	《金蓮正宗記》
王重陽	1.神異降生	無
	2.自幼非凡	無
	無	1.家世顯貴
	3.相貌特異	2.相貌特異
	4.文韜武略	3.文韜武略
	5.德行高尚	無
	6.看破世俗	4.看破世俗
	7.遇仙點撥	6.遇仙點撥
	8.拋家入道	5.拋家入道
	9.苦志修行	7.苦志修行
	10.雲遊傳道	8.雲遊傳道
	11.生前神蹟	9.神秘仙逝
	12.神秘仙逝	10.生前神蹟
	無	11.死後顯異

按：主題詞的序號，基本上以它們在相關傳記中的出現順序爲準。若同一主題在文中出現兩次以上，則以第一次出現爲準。

因爲馬鈺、丘處機、王處一等全真祖師的傳記跟王重陽的情况基本一致，所以這裏就不再一一列舉了。通過上述敘事主題的對比，進一步驗證《七真仙傳》與《金蓮正宗記》存在敘事上的互補。另外，通過上述分析也可以看出，《七真仙傳》與《金蓮正宗記》的敘事内容、敘事順序、敘事模式大致相同。總而言之，雖然這兩種傳記存在敘事上的互補（互見、詳略），但若單純從敘事主題來看，二者還是高度吻合的。也就是説，從敘事的視角出發，二者對於之前諸多敘事文獻的參考,有著大致相同的取捨。除却傳主的一些特殊經歷(比如丘處機的西行),他們的傳記其實有著許多共同點,即《七真仙傳》與《金蓮正宗記》采取了大致相同的叙事模式。而通過上述分析,可將兩部傳記所采用的叙事模式進一步概括爲:家世顯貴—祖上積德—神異降生—自幼非凡—相貌特異—德行高尚—看破世俗、慕道心切—遇師或仙點撥—抛家入道—苦志修行—(爲王之賓)—雲遊傳道—生前神蹟—神秘仙逝—逝後顯異。這一叙事模式的建立,標誌著全真祖師叙事的成熟。之後的諸多碑刻、傳記,不僅没有跳出《金蓮正宗記》與《七真仙傳》的叙事框架,而且沿襲了這一"套路化"的叙事模式。

(三)小結

與最早的詩詞"自傳"相比,全真弟子所做的追述、神化,以及早期的碑刻傳記,有删改、避諱和進一步的神化。另外,"他傳"當中的相關事蹟的叙事雖然更加清晰、系統,但是因爲篇幅有限,没有做到事無巨細、全部收録。因此,"自傳"當中有不少材料可補相關傳記之不足,同時保留了不少相關事蹟的細節。介於兩者之間的追述與神化,也包含不少叙事材料,其中一些不見於相關傳記,或者比相關傳記更加豐富。簡而言之,這些追述、神化的叙事材料,有些類似於行狀或材料彙編。

總之,無論是萌芽期的詩詞"自傳",還是過渡期的追述神化,抑或是形成期的碑刻、傳記,都有其自身的特色與不可替代的價值。對這些早期的叙事文獻作深入梳理和辨析,可以考察出王重陽叙事與形象嬗變的過程,理清相關事蹟的來龍去脈。而單純從叙事的角度來看,"自傳"所塑造的是較爲樸素的高道形象,而"他傳"樹立的則爲充滿宗教神異的祖師或神仙形象。可以説,全真祖師的叙事至"他傳"纔真正走向成熟。另外還需注意的是,"他傳"當中的宗教神化内容,不少是在此前的"自傳"基礎之上形成的。

從"自傳"到"他傳",王重陽的叙事與形象逐漸走向成熟。隨著較早的兩部官方祖師傳記《金蓮正宗記》《七真仙傳》的修訂完成,不僅王重陽的叙事模式基本定型,全真仙傳的典範也得以確立。此後的相關碑刻、傳記,均没有超出它們的叙事框架。另外,雖然這兩部重要的全真祖師傳記存在明顯的叙事互補,但它們所包含的叙事主題却是高度一致的,在對王重陽形象的塑造上,它們實際上采用了相同的叙事模式。

(責任編輯:秦國帥)

金元時期平度雲山道教考

□張義生　陳湘博

摘要：在金代以前，平度雲山有興國觀，證明自隋唐始便一直有道教在此傳承。金元時期，平度處於全真道形成並興起的登、萊之地，馬鈺曾在平度德真觀修煉，"長春子"石刻表明丘處機有可能到訪過雲山。根據今平度雲山觀附近《雲山老人歸真記》所載，真正使雲山道教在金元時期獲得較大發展的，是丘處機弟子王抱玄。他師事丘處機近三十年，在丘仙逝後雲遊二十餘年，自創五觀之功。晚年隱居平度雲山十四載，修造擴建宫觀，尤其是他與徒弟李志常、許志部等調伏陰陽、修習内丹，頗有所得。

關鍵詞：平度　雲山觀　《雲山老人歸真記》　王抱玄　丘處機

作者簡介：張義生，青島大學馬克思主義學院副教授，主要從事嶗山道教研究；陳湘博，青島大學歷史學院碩士研究生。

今青島平度，金元時稱膠水縣，正位於全真道形成並興起的登、萊之地。傳説馬鈺東歸路經平度，曾居於今平度崇德宫（元時稱德真觀，今之平度博物館所在地），《道光平度州志》述其"遊關西東歸，道經膠水德真觀，喜其清幽，遂環堵爲修煉之所，題仙吟數十首"[①]。又"1986 年在崇德宫大殿東側出土的一通殘碑中亦有'馬丹陽愛其幽静，養真此中'之文"[②]。光大全真教門之丘處機，有《登膠水北山》詩云："憑高望南海，極目天蒼蒼。天際白雲起，凌空飛杳茫。"[③]這些證據表明，全真七子中至少有馬鈺和丘處機曾來到平度活動傳教。王處一《雲光集》中有《贈膠水孫哥》[④]詩，即使不能確定他曾赴平度傳道，也可以説明他在平度有較

① （清）吴保、吴慈修，（清）李圖、王大鑰纂：《道光重修平度州志》卷二二，《中國地方志集成・山東府縣志輯》第 43 册，南京：鳳凰出版社，2008 年，第 321 頁。

② 吴紹田主編：《源遠流長的東萊文明：平度歷代碑刻研究》，濟南：山東人民出版社，2004 年，第 40 頁。

③ 趙衛東輯校：《丘處機集》，濟南：齊魯書社，2005 年，第 47 頁。

④ 白如祥輯校：《譚處端 劉處玄 王處一 郝大通 孫不二集》，濟南：齊魯書社，2005 年，第 281 頁。

多的全真信衆①。

但是目前學術界對金元全真道高道在平度的活動,缺乏深入的挖掘與研究,僅趙衛東在《金元全真道教史論》中論述了丘處機弟子范志敦道行宗派②,涉及元初平度大澤山全真道的發展歷史,而牟鍾鑒等著《全真七子與齊魯文化》一書對平度雲山觀略有介紹③。我們通過查閲文獻和田野調查,發現與平度雲山有關的一些新的材料,故對金元時期平度雲山道教作進一步研究。

一、金代以前平度雲山道教的發展

平度雲山位於今平度市區東北約 20 公里,海拔約 388 米,主峰名雲峰。《道光重修平度州志》載"雲山,在州東北五十里"④,且有平度十景之一"雲山翠竹"⑤;又"天將雨,則雲出,故名"⑥。因此,雲山以雨前煙雲繚繞而得名,又以山中翠竹而聞名。平度籍明代宣德五年(1430)進士毛宗魯有《雲山翠竹》詩歌詠雲山美景:"斷巖如削凌層空,雲邊擁出青芙蓉。千花萬卉秋爛漫,獨有修竹盈山中。翠梢檀欒森如束,凌霜傲雪凝寒玉。疑若湘江兩岸秋,回首清風滿林谷。"⑦詩歌讚美雲山懸崖峭壁,如刀砍斧劈;翠竹森森,宛若置身湘江。

雲山中最著名且唯一流傳至今的道觀爲雲山觀。《乾隆萊州府志》載:"州北五十里,雲氣靉靆,境甚靈異,中有雲山觀,産竹成林,蒼翠可愛。"⑧又載:"雲山觀,在州東北五十里,至正元年建。"⑨府志似乎認爲雲山觀建於元至正元年(1341),但從現存石刻來看,雲山觀的歷史更爲久遠,而且規模也更爲宏大。

在今雲山觀後西側山石上,有一處摩崖石刻,其中心位置有"興國觀"(見圖 1)三個大字,周圍又有"蓬萊""大唐""程"等五字(見圖 2)。因此,今之雲山觀

---

① 據《續平度縣志》(《中國地方志叢書・華北地方・第六十一號》,臺北:成文出版社,1976 年,第 199 頁),崇德宫中除了有馬鈺書題名爲《和師韻》的《蘇幕遮》詞碑刻,其陽面還有長生子劉處玄書"蓬萊"二字,或劉處玄亦曾在平度傳道。

② 趙衛東:《金元全真道教史論》,濟南:齊魯書社,2010 年,第 319~321 頁。

③ 牟鍾鑒等:《全真七子與齊魯文化》,濟南:齊魯書社,2005 年,第 355~356 頁。

④ (清)吴保、吴慈修,(清)李圖、王大鑰纂:《道光重修平度州志》卷一,第 30 頁。

⑤ (清)吴保、吴慈修,(清)李圖、王大鑰纂:《道光重修平度州志》卷一,第 29 頁。

⑥ (清)吴保、吴慈修,(清)李圖、王大鑰纂:《道光重修平度州志》卷八,第 95 頁。

⑦ 青島市文物事業管理局編,聯方選注:《青島旅遊詩選注》,青島:青島出版社,1992 年,第 236 頁。

⑧ (清)嚴有禧纂修:《乾隆萊州府志》卷一,《中國地方志集成・山東府縣志輯》第 44 册,南京:鳳凰出版社,2008 年,第 35 頁。

⑨ (清)嚴有禧纂修:《乾隆萊州府志》卷八,第 187 頁。

可能在元以前被稱爲“興國觀”，其歷史也可以追溯至唐。蔡虹等在《青島宗教文化研究》一書中認爲今之“雲山觀即古之興國觀”①，將其創建時間確定爲隋末。

圖 1②

圖 2

當然，還存在另一種可能，即興國觀可能在元代之前被毁，在至元年間重修後改名爲雲山觀。如《大澤山攬勝》一書中認爲：“雲山觀建於元至正元年（公元 1341 年），後毁於戰亂。此前，唐朝時曾在此建一觀，稱興國觀。”③因此，無論是與雲山觀一脈相承的興國觀，還是興國觀經重修易名雲山觀，都證明金代以前雲山是有道教活動、道教傳承的。

在“興國觀”摩崖石刻之上方的石臺上，今建有一小廟（見圖 3），内祀女媧娘娘，前有一通石碑，其朝南一面字跡多已磨滅（見圖 4），朝北一面則有北斗七星遺蹟，被人用水泥填充（見圖 5）。石碑或爲金元以前興國觀之遺蹟，昭示著興國觀有朝真拜斗的法事。

---

① 蔡虹、崔曉林、朱道存：《青島宗教文化研究》，北京：宗教文化出版社，2018 年，第 148 頁。
② 拓片高 184 厘米，寬 65 厘米。本文所引拓片圖片皆來自平度市博物館微信公衆號。
③ 孫覆海、高維光編著：《大澤山攬勝》，濟南：濟南出版社，1992 年，第 37 頁。

圖 3

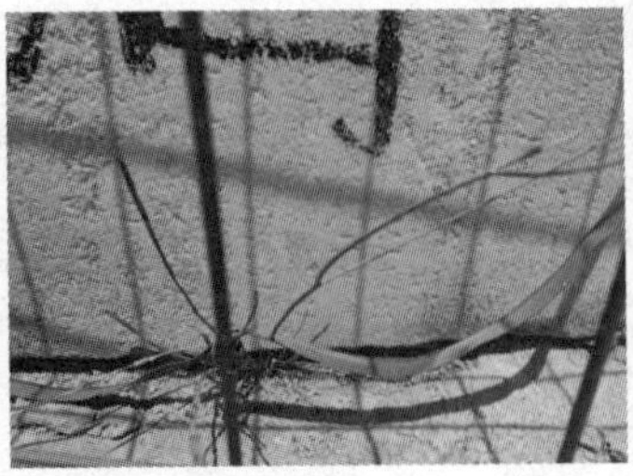
圖 4

圖 5

二、金元時期平度雲山道教與丘處機

金元之際,全真道在膠東地區勃興,時平度爲萊州管轄。全真道祖師王重陽與全真七子來往於登、萊之間,布道傳教。處於其間的雲山道教,也獲得了極大的發展。今之雲山雲山觀周圍留有道教摩崖石刻二十餘處,如"披雲"(見圖 6、圖 7)、"仙人嵓"(見圖 8)、"道山"(見圖 9)、"洞天"(見圖 10)等,應爲金元時期所留存,從中可以看出金元雲山全真道之盛况。

圖 6①

圖 7

圖 8②

① 拓片高 138 厘米,寬 38 厘米。
② 拓片高 72 厘米,寬 29 厘米。

圖 9[①]

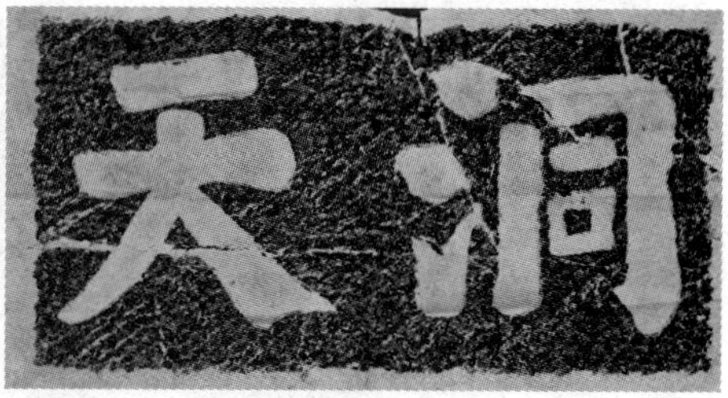

圖 10[②]

蔡虹等在《青島宗教文化研究》中引 1987 年版《平度縣志》資料認爲,雲山觀"元朝前王重陽在此修真養性;丘處機曾隨師學藝於此觀"[③],似乎全真道祖師王重陽和全真七子之一丘處機來雲山觀修道確鑿無疑。但事實是否如此呢?

首先,王重陽來雲山觀修道,從現存文獻資料中找不到相關證據。但爲什麼會有這種訛傳呢? 這與後文所論及的居於雲山觀的高道王抱玄有關。王重陽本人是否到過雲山,並無直接證據證明。

其次,從丘處機所存詩歌來看,他有可能到過雲山。丘處機曾寫《登膠水北山》詩,因平度北之群山中並無"北山"之名,今平度之大澤山、雲山等均屬於平度北方之山,所以丘處機所作詩歌並不能排除爲雲山而作的可能,且其内容爲"憑高望南海,極目天蒼蒼。天際白雲起,凌空飛杳茫"[④],也與煙雲繚繞之雲山的自然環境相類似。相較於更接近膠東半島北部渤海之大澤山而言[⑤],大澤山東南方的雲山似乎與詩中所言之"憑高望南海"更匹配。因此,從丘處機的詩作看,其到訪雲山並非没有可能。

最後,從雲山所存"長春子"石刻來看,丘處機也有可能到訪過雲山。今雲山觀後、"興國觀"三字摩崖附近山石上,有"長春子"(見圖 11、圖 12)三字石刻。

---

① 拓片長 148 厘米,寬 73 厘米。

② 拓片長 122 厘米,寬 68 厘米。

③ 蔡虹、崔曉林、朱道存:《青島宗教文化研究》,第 148 頁。

④ 趙衛東輯校:《丘處機集》,第 47 頁。

⑤ 《大澤山攬勝》(第 12 頁)述及大澤山有"望海樓"遺蹟,"坐亭北眺,浩浩森森的渤海就在眼前"。可見從大澤上能够眺望北方之渤海。

圖 11[①]

圖 12

比較嶗山白龍洞上丘處機刻詩二十首(見圖 13)中的"棲霞長春子書"(見圖 14)手跡,從書體、筆畫和氣韻來看,雲山觀"長春子"三字應爲丘處機真跡無疑。真常子李志常在《長春真人帖跋》中評價其師書法曰:"筆力勁健,氣質渾厚,深得晋人之妙處。觀其臨紙□筆,未始介意,率爾成字,不爲法度所困,翛然有蹈大方遊太漠之象。"[②]今人評價丘處機書法"以'柳體'爲基礎,參以顔、魏之長處,落筆如刀劈斧斫,剛勁挺拔,可以看出顔書的深厚雄强,魏碑的剛挺古拙。其撇、捺、勾、點均方長而大,顯得穩健大方"[③]。尤其是雲山觀和白龍洞"長春子"(見圖 13)石刻中的"長""春"二字,捺筆畫如出一轍,確實方長而大;"子"的竪勾筆畫獨具特色,長而圓潤,寫法一致。白龍洞二十首詩是丘處機在金章宗明昌六年(1195)昌陽醮罷,第一次訪嶗時所作,於金章宗泰和戊辰(1208)上石。從這個角度講,雲山觀"長春子"摩崖石刻也可能是丘處機來此遊訪留題後上石的。

---

① 刻石高 63 厘米,寬 33 厘米;拓片高 72 厘米,寬 37 厘米。

② 陳垣編纂:《道家金石略》,北京:文物出版社,1988 年,第 459 頁。

③ 王樹春:《嶗山白龍洞題壁詩》,《書法》1995 年第 6 期。

圖 13

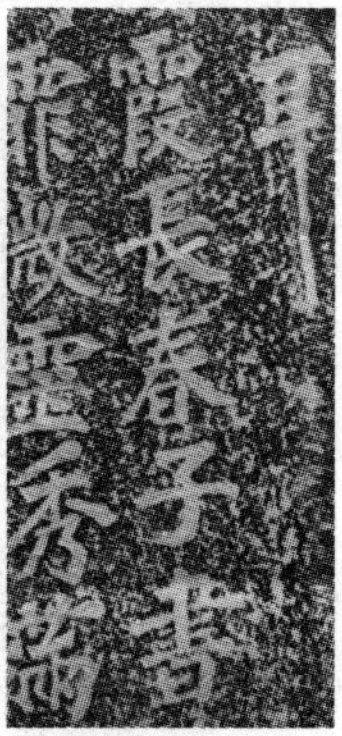

圖 14①

綜上所述，金元時期平度雲山道教雖有長足發展，但是没有證據資料表明全真祖師王重陽曾來此修道。但從詩作和石刻等資料看來，全真七子中的丘處機是有可能到訪過雲山的。

三、金元時期平度雲山全真高道王抱玄

金元之際，全真道崛起於登、萊之間，除了全真七子外，全真道第三代亦高道輩出，且多有活躍於登、萊之地者，如住持平度磐石上清宫的范志敦即丘處機高足。地近萊州的平度是否還有其他全真道第三代高道的活動呢？《全真七子與齊魯文化》一書在述及平度雲山觀時寫道："據傳王重陽孫子王抱玄與李志常、許志部在此修煉。"②《青島宗教文化研究》在記述雲山觀時有"重陽祖師之孫王抱玄隱居得道歸真於此"③之語。兩書均認爲雲山觀有王重陽之孫在此活動，誤以法孫爲血親之孫，實際上是全真道第三代高道王抱玄在雲山修道。何以會産生這種誤會呢？這與現存於雲山的摩崖石刻《雲山老人歸真記》的内容密切相關。

《源遠流長的東萊文明：平度歷代碑刻研究》一書這樣介紹《雲山老人歸真記》的位置、大小、布局和書法特色："此摩崖刻石在平度城東五十里雲山興國觀東北側一峭壁上。刻面高 175 厘米，寬 158 厘米，楷書 14 行，每行 17 字不等，共 205 字，字徑約 9 厘米。書法類寫經體，平穩方整，氣象莊嚴，不温不火，盡脱人間

① 圖 13 和圖 14 均由致力於嶗山石刻傳拓和研究的李繼偉先生提供。
② 牟鍾鑒等：《全真七子與齊魯文化》，第 355 頁。
③ 蔡虹、崔曉林、朱道存：《青島宗教文化研究》，第 148 頁。

塵俗氣。”[1](見圖15)

圖15

經識讀、比較和整理,《雲山老人歸真記》石刻内容如下:

雲山老人歸真記」

大雲山興國觀者,乃是特賜崇真大師王」公鍊心養道之處也。此王公者,是□重陽」祖師之孫,□真教神仙之嗣,親書道號曰」歸一子[2],法名抱玄,□□[3]師左右三十餘年矣」。師歸蓬萵,自慕尋真二十其齡。首創五觀」之功。年將暮矣,志隱雲山。與徒李志常、許志部」三人同志,各鍊丹心十四年矣。德馨環海,道」震華夷,出神妙用,異顯驚人。生擒猛虎於萵」前,倒跨蒼龍超碧落。如□[4]壽祺八十於一歲」,數満功圓,在道六十餘四載。□□[5]日來宣,王」、李二人同時歸真於

---

① 吴紹田主編:《源遠流長的東萊文明:平度歷代碑刻研究》,第115頁。

② 吴紹田主編《源遠流長的東萊文明:平度歷代碑刻研究》一書中(第117頁)“號”作“蹟”,“歸一”作“歸真”,“子”作“王”,今據拓片及上下文改正並重新斷句。

③ 吴紹田主編《源遠流長的東萊文明:平度歷代碑刻研究》一書中(第117頁)“□□”作“隨”,少一字,應爲兩字,通過拓片難以辨識。

④ 吴紹田主編《源遠流長的東萊文明:平度歷代碑刻研究》一書中(第117頁)“□”作“時”。

⑤ 吴紹田主編《源遠流長的東萊文明:平度歷代碑刻研究》一書中(第117頁)“□□”作“□”,應爲兩字。

一日。雙鸞伏地,赤鳳摶」空,清霞紫氣,馥馞馨香,顯跡殊多。聊爲記耳」。

己未年春和日」

石刻中記載“此王公者,是□重陽祖師之孫”,所以纔有前文以王抱玄爲王重陽血親之孫的觀點,而《源遠流長的東萊文明:平度歷代碑刻研究》一書也認爲“金、元時道教全真派創始人王重陽之孫王抱玄”[①],且將“□□師左右三十餘年”認作“隨祖師左右三十餘年”[②],同樣以王抱玄爲王重陽血親之孫。但是《源遠流長的東萊文明:平度歷代碑刻研究》一書隨後進行了考證:“如果王抱玄真是王重陽之孫而卒於‘己未’(或稍前),則此‘己未’祗能是蒙古憲宗九年即1259年,他活了81歲,則是生於1179年。而王重陽早在九年前就‘歸真’了,他豈能‘隨祖師左右三十餘年’?”這又否定了他爲王重陽血親之孫,不過其證據“隨祖師左右三十餘年”應該不正確,認作“祖”字,含義大變。

實際上,之所以會産生王抱玄爲王重陽血親之孫的誤解,乃是由於不瞭解全真道師徒等同於父子的宗教傳統。《玄門掌教大宗師真常真人道行碑銘》中有“重陽裔孫,長春嫡子”[③],《汧陽玉清萬壽宫洞真真人于先生碑並序》中有“丹陽嫡子重陽孫”[④],都顯示全真道已經確立了師徒即父子的倫理關係。石刻言“此王公者,是□重陽祖師之孫,□真教神仙之嗣”,實際上指王抱玄是重陽祖師之徒孫,“□真教神仙”之嫡傳。那這個“□真教神仙”又是重陽之徒“全真七子”中的哪一位呢?綜合來看,祗能是丘處機。因石刻上石時間爲己未年,也即1259年,所以此時丘處機並未被追贈“長春演道主教真人”(1269),也未被加封爲“長春全德神化明應真君”(1310),故石刻中祗用了“□真教神仙”。

《長春真人西遊記》卷上載:“上問鎮海曰:‘真人當何號?’鎮海奏曰:‘有人尊之曰師父者、真人者,曰神仙者。’上曰:‘自今以往,可呼神仙’。”[⑤]所以“神仙”的名號,來源於成吉思汗對丘處機的尊稱。而前文所提及的平度雲山“長春子”石刻,也有可能是王抱玄及其弟子,因屬於丘處機一脈而刻意爲之。

因此,綜合來看,王抱玄並非王重陽血親之孫,極有可能是丘處機的嫡傳弟子,實際上是全真教第三代高道。

關於丘處機親書其道號爲“歸一子”,法名“抱玄”,這確實與全真第三代高道

① 吴紹田主編:《源遠流長的東萊文明:平度歷代碑刻研究》,第115頁。
② 吴紹田主編:《源遠流長的東萊文明:平度歷代碑刻研究》,第115頁。
③ 陳垣編纂:《道家金石略》,第580頁。
④ 陳垣編纂:《道家金石略》,第509頁。
⑤ 趙衛東輯校:《丘處機集》,第218頁。

多以“道”“德”“志”爲法號首字有異。不過,考之丘處機的弟子,確有例外,如畢知常、于善慶等,故丘處機親賜道號歸一子、法名抱玄,仍合於情理。

在確認王抱玄爲丘處機弟子、全真道第三代高道後,我們擬以《雲山老人歸真記》爲主要依據,對王抱玄的生平、道行和弟子分别進行探究。

第一,王抱玄的生平在石刻中有粗略描述,我們根據石刻内容予以仔細梳理。

首先,關於王抱玄的生卒年。因石刻爲“己未年春和日”上石,故“王抱玄”應在己未年春或早於己未年去世。考之元初己未年,又衹能是 1259 年,即蒙古憲宗九年。如爲 1199 年或 1319 年,都不可能成爲丘處機的弟子並從其遊三十餘年。如以己未年爲卒年,而其“壽祼八十於一歲”,則王抱玄應生於 1178 年,即金世宗大定十八年,少丘處機約 30 歲。

其次,關於王抱玄入道拜師之年。石刻記録王抱玄“師左右三十餘年”“自慕尋真二十其齡”“各鍊丹心十四年”“在道六十四歲”,將前三個記録中的數字相加,正爲 64,則可知其於 17 歲即 1195 年(金明昌六年)前後入道。對於王抱玄入道前的父母、家庭、名諱等,石刻並無記載。金明昌二年(1191),丘處機“東歸棲霞,乃大建琳宫”[①]。所以,王抱玄應是丘處機東歸棲霞後所收之徒。

再次,關於王抱玄“□□師左右三十餘年”。從金明昌六年(1195)王抱玄拜師丘處機入道,至丘處機金正大四年(1227)仙逝,正爲 32 年。但是丘處機於 1220 年正月即啓程西行覲見成吉思汗,直至 1224 年纔返回燕京,再未回到山東。而王抱玄並不在陪同丘處機西行的弟子之列,所以石刻中“□□師左右三十餘年”應該是有所誇大,實際上陪伴其師丘處機的時間應爲二十八年前後,並不到三十年。

最後,關於丘處機仙逝後王抱玄的事蹟活動。“師歸蓬島,自慕尋真二十其年。”也即在其師丘處機離世後,王抱玄開始四處雲遊,求真悟道,時間長達二十年左右。而在其 67 歲前後,“年將暮矣,志隱雲山”,最終決定歸隱今平度雲山。由此可見,無論是從金明昌六年拜師從遊丘處機,還是最終歸隱雲山,王抱玄的主要活動地點都在膠東登、萊之地。從這一特點可以看出,王抱玄很可能是金元時期山東籍全真高道,甚至很可能其家鄉就在膠東。而時間到了己未年(1259 年,蒙古憲宗九年)前後,王抱玄“功成數滿”,飛昇仙逝,朝廷特賜“崇真大師”尊號,並葬於今平度雲山雲山觀附近。

---

① 趙衛東輯校:《丘處機集》,第 413 頁。

第二,王抱玄的道行在《雲山老人歸真記》中的記載較爲簡略,主要涉及"五觀之功""鍊丹心十四年"等。《歸真記》中明言王抱玄有"首創五觀之功",此段文字有兩種含義:其一爲王抱玄在四處雲遊過程中,首先開創修建了五座道觀;其二爲王抱玄在全真道修行方法上,首先開創了全真道五觀的功法。從上述兩種含義的任何一種,應該看到王抱玄的道行較高。而後敘其個人"鍊丹心十四年",長期注重修行内丹功法,因此纔有"德馨環海,道震華夷,出神妙用,異顯驚人"等殊勝境界的描述,也有"生擒猛虎於咢前,倒跨蒼龍超碧落"等調和陰陽、擒虎跨龍的内丹修煉感悟。而在仙逝之時,則"雙鸞伏地,赤鳳摶空,清霞紫氣,馥郁馨香,顯跡殊多",天有異象,紫氣東來,似飛昇而去。這些無疑都是對王抱玄道行的進一步神化。

第三,關於王抱玄的弟子,《雲山老人歸真記》主要記載了李志常和許志部兩位。其中與王抱玄同日歸真的弟子李志常較爲特殊,因他與隨從丘處機西行的真常子李志常法名相同。二者是否爲同一人呢?根據《玄門掌教大宗師真常真人道行碑銘》記載,真常子李志常在戊寅(1218)夏六月拜師丘處機前,"初隱東萊之牢山,復徙天柱山之仙人宮。宮之主者曰湯陰李仙,見公儀觀魁偉,音吐不凡,大加賞異"[①]。可見,真常子李志常在雲遊時,曾經到過今平度天柱山,主要活動於今即墨、平度等地,頗受天柱山仙人宮宮主湯陰李仙的推重和賞識,並建議其往從丘處機。李志常拜見丘處機,"師一見器許,待之異常"[②]。此後,他還隨從丘處機西行。丘處機仙逝後,他又輔佐掌教尹志平。在尹志平之後,又接任掌教直至去世。在這期間,教内事務纏身,他不可能隱居雲山。考之金元時期,以李志常爲道名者甚多[③],如《終南山碧虛真人楊先生墓銘》中記載碧虛真人楊明真"正大二年清明日,語門人李志常,即祖墳預建壽塔"[④],爲另一"李志常"。因此,與王抱玄歸隱雲山、各煉丹心、同日歸真的李志常並非真常子李志常。

至元五年戊辰(1268)正月泰安所立《會仙觀記》中有"孟養浩,潁州人,韓抱一,鹿邑人,師事葆真崇道大師王抱玄,蓋出於廣德□□真人陶公苗裔也"[⑤]。可見,孟養浩和韓抱一是王抱玄的弟子。二人的主要活動時間,與平度高道王抱玄

---

① 陳垣編纂:《道家金石略》,第 578 頁。

② 陳垣編纂:《道家金石略》,第 578 頁。

③ 不僅以"李志常"爲道號者多有重出,以"真常子"爲道號者也不在少數,如《渾源縣真常子劉君道行記》(《道家金石略》,第 493 頁)、《真常子李真人碑銘》(陳垣編纂:《道家金石略》,第 467 頁),等等。

④ (元)李道謙集:《甘水仙源録》卷四,《道藏》第 19 册,北京:文物出版社、上海:上海書店、天津:天津古籍出版社,1988 年,第 752 頁。

⑤ 陳垣編纂:《道家金石略》,第 591 頁。

的生平並不衝突,如“歲壬辰,有道士孟養浩、韓抱一、王若虛、李道誠四人者,因遊歷過此,遂慨然有卜居終隱之志,且承居者段德輩懇留,乃駐錫焉”①。壬辰年爲 1232 年,正是王抱玄雲遊之時,他還没有歸隱平度雲山觀。但是二人的封號並不一致,平度雲山高道王抱玄是“特賜崇真大師”②兩字師號,孟養浩、韓抱一之師“葆真崇道大師”是四字師號,且《會仙觀記》中王抱玄是“廣德□□真人陶公苗裔”,似乎並非丘處機弟子。因此,《會仙觀記》所載的王抱玄極有可能並非平度雲山高道歸一子王抱玄,孟養浩和韓抱一也並非歸一子王抱玄一系弟子。

在金元時期,平度雲山觀的規模較大③。在今雲山觀前方崖壁上有“雲峰庵”(見圖 16)石刻,重立時間爲“大朝丙午年”。“大朝”即元朝改元之前蒙古汗國所用之國號,丙午年即 1246 年,正是王抱玄開始歸隱雲山十四年之初。所以,作爲雲山觀一部分之“雲峰庵”,很可能是王抱玄主持重修的。也正是高道王抱玄的到來,纔帶動了金元時期雲山道教的大發展。

圖 16

① 陳垣編纂:《道家金石略》,第 591 頁。

② “崇真大師”號並非獨有,應是朝廷廣泛頒賜之號,如中統二年九月之《崇真大師靈祠記》(《道家金石略》,第 543 頁)濟南高道周慶安受封崇真大師。而山東掖縣《加封披雲真人制祠碑》(北京圖書館金石組編:《北京圖書館藏中國歷代石刻拓片匯編》第 48 册,鄭州:中州古籍出版社,1989 年,第 49 頁)也言披雲真人曾被“賜號曰崇真”。

③ 平度《民俗志》(第八章民間信仰)載,“雲山觀盛時曾有四宫、一殿、一庵,即太清宫、上清宫、下清宫、三清宫、老子救苦殿、雲峰庵”。

縱覽金元時期平度雲山高道王抱玄的一生：他早年入道即師事丘處機近三十年；在丘處機仙逝後，又雲遊二十餘年，首創五觀之功；晚年隱居平度雲山十四載，修造擴建宫觀，雲峰庵極有可能就是他重修的。尤其是他與徒弟李志常、許志部等調伏陰陽、修習内丹，頗有所得。可以説，金元時期平度雲山全真道的興盛，與丘處機弟子王抱玄的住持和努力是分不開的。

（責任編輯：胡常春）

全真南傳與元代江南文人的全真書寫

□左丹丹

摘要：元朝時期，全真教以苦行、遊方的方式在江南開展弘法活動，大力弘揚“文以弘道”的傳教策略，其中以詩詞唱和及全真文集刊刻活動尤爲突出。在繼承傳統的同時，南傳全真亦呈現出傳奇化與在地化的新變。透過分析全真南下的宣教活動及江南文人對全真教的宗教觀察，可以窺見内丹南北宗合流、儒道合流的歷史軌跡。

關鍵詞：全真南傳　江南文人　以文弘道　宗教書寫　在地化

作者簡介：左丹丹，湖北大學文學院講師，主要從事元代文學、全真道研究。

隨著元軍南下的步伐，北方全真教也逐漸向南方弘傳。早在1260年，南宋宣慰孫嗣舉投降元廷，武當山便被納入元廷管理體系，武當山道士魯洞雲隨即北上雲遊，師從全真高道。魯洞雲返回武當山後，在原南宋境内建立了第一個全真教基地，元廷統一全國後武當全真教徒便向江南三行省滲透。這種南方道士北遊的問道軌跡在元朝一直頗爲盛行，如元代後期，南方人依然認爲“後來群仙籍，往往在北州。至今燕趙間，斯道良可求”①。南方道士北上向全真教徒問道的同時，北方全真教徒也紛紛南下弘教。全真道士趙道淵於至元十九年(1282)在鎮江創建奉真道院②，拉開了全真教在南方建觀度人的序幕。在北上士人筆下，全真教是御用宗教形象，其發展得到元廷的大力支持；但在南方士人筆下，南下全真教的發展却屬於“民間弘傳”。這一“民間弘傳”特質來源於南方士人的一種宗教觀察，不僅揭示了全真教南傳的發展軌跡，而且也揭示了全真教在南方發展的

---

① (元)邵亨貞：《全真師鄭無用北遊》，楊鐮主編：《全元詩》第47册，北京：中華書局，2013年，第374頁。

② (元)俞希魯：《奉真道院記》，王宗昱編：《金元全真教石刻新編》，北京：北京大學出版社，2005年，第237頁。鄭元祐《遂昌雜録》提到羅蓬頭寓居杭州西北羊角埂上全真小庵，亦是全真教南下的早期證據，但其形制和道院仍然有很大的區别。

在地化特質，即弘揚傳統的同時走向新變。

一、全真南傳及其與南方文人互動概況

根據筆者的文獻考稽，早在成宗朝，南方士人與全真教就已開展大規模互動，主要體現爲北方道士南下，與南方士人進行文字上的交流。程鉅夫、任士林、馬臻題詠甘河遇仙宫，或與吾丘衍《終南道士問漢碑》中的終南道士有關。馬臻《送仲澤邢講師回汴梁》《送孫大方講師回汴梁朝元宫》《送姬講師回京》，孫履道《次韻華陽道士四首》等詩歌的創作，與孫履道等朝元宫道士紛紛南下江南密切相關。由於馬臻的詩集是嚴格按照時序、節序編排的[1]，筆者得以根據這一信息確認甘河題詠詩創作於成宗即位的 1294 年，邢講師、孫履道等朝元宫道士南下北回的時間應該是 1295、1298 年。方回《全真教隨喜》、任士林《〈重陽王真人憫化圖〉叙》、趙孟頫《〈玄風慶會録〉序》、姚雲《〈玄元十子圖〉序》、趙龠《〈七真仙傳〉序》，則與大德年間長春宫道士路道通南下錢塘、刊刻全真祖師文集密切相關。黄石翁爲《玄元十子圖》作跋時曾指出："路爲余言，汴梁孫大方真人，昨遊錢塘，摹本欲刻而未遂。"[2]此跋寫於 1307 年，而根據路道通爲《七真仙傳》所作序可知，1303 年他就已經在錢塘。這也可以佐證孫大方南下的時間應該是馬臻編年詩集所顯示的 1298 年。此一時期，尚未見南方士人爲全真教南方宫觀撰寫碑文的記載。[3] 趙孟頫《南涇道院記》、鄧文原《新建南涇觀記》提到嘉興人創建南涇道院，但除了創建者名張全真之外，兩篇碑文没有提供任何有關全真教的信息。從第三十八代天師書寫的該道院院名來看，這個道院應該屬於正一派。這一時期創建的全真宫觀有金陵全真道院、婺源中和道院以及池陽、建德、鄱陽的雲隱堂，由因病出家修道的趙定庵修建。趙定庵爲遼陽人，出家前襲父職擔任江陰許浦奕管軍總管、昭勇大將軍。不過，這一信息來源於唐桂芳創作於惠宗朝的《重建中和道院碑》。

從武宗到文宗時期(1308～1332)，南方士人開始與南方本土全真道士交遊，並記載了不少宫觀的創建信息。劉壎《閱〈全真集〉》、吴萊《觀孫太古〈周天二十

---

[1] 吴光正、曹磊:《元代南方道士馬臻的宗教實踐與詩歌創作》,《江漢論壇》2019 年第 7 期。

[2] (元)黄石翁:《〈玄元十子圖〉序》,《道藏》第 3 册,北京:文物出版社、上海:上海書店、天津:天津古籍出版社,1988 年,第 258 頁。

[3] 明嘉靖《仁和縣志》卷一一謂杭州仁和縣玉陽庵爲 1269 年奉敕建,並視爲全真教南傳第一庵。其時,杭州尚爲宋朝京師所在地,全真教奉敕建庵的説法應該出於後世附會。

八宿星君像圖〉》顯示,南方士人已經開始閱讀全真教典籍。楊載《寓長春道院春雨即事呈鄭尊師二首》《題墨竹四首爲鄭尊師作》,朱思本《次韻奉酬心淵師見寄二首》《送董文壽還山(文壽嘗師金野庵學道)》,張雨《遊重陽庵詩》反映的是南方士人參訪全真宮觀與全真教徒交遊唱和的情形。此外,李泂《遊廬山記》提到自己訪桂心淵不遇的情形。關於這類交往情形的記載不是很多,但顯示出南方全真教尤其是桂心淵這類全真道士已經引起士人的關注。楊載《長春道院記》、袁桷《野月觀記》、吴澄《崇仁縣仙遊昭清觀記》、黄溍《容成太玉道院記》分别記載了南方本地全真信士、道士創建宫觀的情形:將家子鄭道真慕北方全真之學,拒襲父職,於永嘉學道後,返回錢塘,興建長春道院;約 1310 年,趙宋王孫趙與慶從北方全真道士修行,在浙江天台委羽山建野月庵;1325 年,江西崇仁縣信士陳祥、姚時升與祥符觀道士黄守正修繕昭清觀,迎請全真道士余希聖掌觀事;1320～1330 年,僑居永嘉的廣信朱君某、玄妙觀提點曹君某、郡人王君某創建容成太玉道院,迎請全真道士住持。這類建觀記載不多,但顯示出全真教已經在南方落地生根。

惠宗時期(1333～1368),元代南方士人與南方全真教徒的互動異常頻繁,顯示全真教已經成爲江南的重要道教教派。虞集《紫山全真長春觀記》、唐桂芳《重建中和道院碑》、邵亨貞《潘鍊師松庵序》、劉楚《長春道院記》等是對全真教道觀建設的記載。其中特别值得注意的是劉楚的《長春道院記》,它記載了元末戰亂中江西安成武功山全真道士避難江西興國爲當地縣令挽留,並爲之創建長春道院的經過。這表明,即使在戰亂時期,全真道士還有能力隨緣建觀。虞集《非非子幽室志》、楊維楨《改危素桂先生碑》表明南方全真道士已經能够請到元代文壇的核心人物爲自己樹碑立傳了。這一時期,元代南方士人(含寓居南方的北方士人)與全真教互動,最大的特色便是頻繁地唱和題贈,留存至今的便有虞集、李隼、杜本、薩都剌、鄭元祐、成廷珪、楊維楨、李存、倪瓚、張昱、邵亨貞、李曄、王逢、張羽、劉崧、趙奕、郭翼、陸大本、張率性、王國器、蔣堂、王務道、唐珙、王蒙、劉正卿、楊車、孫華、蘇大年、孫莘、黄公望、張世昌、郭南軒等人的唱和題贈之作。其中,僅虞集辭官回到江西爲全真教徒寫下的詩(詞)文作品便有二十四首(篇),它們一定程度上反映了江西全真教道士的活動。丁鶴年在元末避禍浙東、明初返回武昌,也寫下了系列詩歌,如《贈全真李止水(止水,故成順王門人也)》《贈劉全真》《觀鄭高士坐圜》反映的是戰亂年代浙東的全真教情形。劉崧《方丘生自號蒲衣道者,由安成武功山避亂贛之興國邑,令陳文彬爲築長春道院以居之》《留别方丘生》《贈全真徐本山(當淮兵作時,本山負其師以逃,凡八遇難,皆先幾而免,轉徙千里至贛之興國,與余會於治平觀,因贈以詩)》,劉楚(即劉崧)《長春道院記》,

陳謨《方丘生隱居玄洲題曰小蓬萊》,辛好禮《贈道者方丘生》反映的是江西全真道士逃避戰亂、尋求發展的情形。可以説,整個元代後期,江南士人對全真教的觀察和交往,始終保持著濃厚的興趣。

元代中後期文士最認可的全真道士應該是金志揚。《歷世真仙體道通鑑續編》卷五"金蓬頭"傳云:"金蓬頭,永嘉人也,名志陽,號埜庵。素蓬頭一髻,世因以爲號。生而不群,自幼果敢,大志不羈。甫長,慕道棄世,慮若焚溺,遂師全真道士李月溪。月溪乃真常李真人之徒,真常又長春丘真人之高弟也……所受弟子則勞養素、郭處常、李西來、張天全、殷破衲、方方壺,皆以道聞於世。"[①]清卞永譽《式古堂書畫彙考》收録有道一、王國器、蔣堂、王務道無爲、唐珙、薛羲、王蒙、鎦正卿、虞集(邵亨貞代書)、張雨、楊車、孫華、桂心淵、趙奕、鄭元祐、蘇大年、鄭玄輔、孫莘、黄公望等二十人爲金志揚畫像所作的讚辭。這是一個頗具代表性的士人創作群體。道一、薛羲、桂心淵、張雨、黄公望爲道士:道一生平不詳,薛羲即龍虎山玄教道士薛玄羲,桂心淵爲金蓬頭朋友,張雨爲茅山上清派道士,黄公望爲全真道士,均名滿天下。王國器、王蒙、趙奕來自趙孟頫家族:王國器爲趙孟頫女婿,王蒙爲王國器兒子、趙孟頫外甥,趙奕爲趙孟頫三子,身世顯赫。虞集、鄭元祐、劉正卿等爲元廷職官:虞集爲館閣大員,乃元代文壇領袖;鄭元祐曾任平江路儒學教授、江浙行省儒學提舉;劉正卿爲北人,南下爲行臺掾,深受南士賞識。蔣堂、王務道、唐珙、邵亨貞、孫華、蘇大年等人則是飽讀詩書的隱士,以學問、詩書聞名於世。唐珙在讚辭後題云:"至正廿四年歲甲辰七月朔旦,訪鄭無用鍊師,出其師金野庵先生小像徵讚,走筆書於上,雷門唐珙。"[②]這表明,鄭無用是金蓬頭的弟子,金蓬頭畫像讚的徵題是他組織的,他能够網羅到上述群體爲金蓬頭題讚,足見金蓬頭在南方士人中的地位。

金志揚的弟子中有三人頗具特色,即以繪畫名世的黄公望、倪瓚和方從義,他們通過參與書畫鑒賞、文學雅集的方式擴大了全真教在江南文人圈的影響力。黄公望(1269～1354),字子久,號一峰、大癡道人、井西道人,浙江富陽人。至元中,浙西廉訪使徐琰辟爲書吏,後受張閭貪酷案牽連入獄,出獄後即從金志揚學道,時已到知天命之年。倪瓚,字元鎮,號雲林、幼霞,無錫人。倪瓚乃一代富豪,家中建有清閟閣、雲林堂、逍遥仙亭、朱陽賓館、雪鶴洞等,用以廣招賓客。受兄長倪文光影響,中年拜金志揚爲師。晚年因戰亂,疏散家財,浪跡太湖、柳湖一

① (元)趙道一編修:《歷世真仙體道通鑑續編》,《道藏》第 5 册,第 447～448 頁。

② (清)卞永譽纂輯:《式古堂書畫彙考》第 9 册,杭州:浙江人民美術出版社,2020 年,第 4376 頁。

帶。方從義,字無隅,號方壺、金門羽客、鬼谷山人,江西貴溪人。早年入道,曾拜金蓬頭爲師,隨從多年。生卒待考,不過文獻顯示他在 1378 年還有活動,顯然是一高壽道人。這三個人以擅長繪畫出現於元代政壇、文壇和士人圈,可謂“一代交遊在縉紳”。富豪出身的倪瓚交往的都是富豪、政要和名士,方從義的畫作很多是投贈給地方政要和名流的,黄公望出獄後主要依靠富豪、政要資助進行繪畫創造,其畫作收藏、題跋也體現了這個特點。以黄公望爲例,他的交遊圈包括如下一些人:徐琰、張閭、閻復、楊載、楊維楨、姚文奂、曹永、班惟志、李可道、徐元度、張夔、孟栻、曹知白、金志揚、莫月鼎、張雨、冷謙、方從義、趙孟頫、王蒙、倪瓚、吴鎮、朱肅、陸復、張渥、王淵、袁易、杜本、王逢、范居中、陶宗儀等。[①] 這是一個涵蓋高官、富豪、道士、隱士、名士、畫家、書法家、文學家在内的交遊群體,涉及當時士人交往的各個層面,而且是當時的高端階層,可以想見此三個人在江南的政壇、文壇、士人圈中的影響力。

二、南方民間文人對全真教的認識

在南方士人的觀察和記録中,苦行乃全真道士的一大突出特徵,亦即全真道士在南方弘教的過程中,發揚了全真教的苦行傳統。虞集在爲江西全真道士余岫雲作墓志銘時就指出:“昔者,汴宋之將亡,而道士家之説詭幻益甚。乃有豪傑之士,佯狂玩世,志之所存,則求返其真而已,謂之全真。士有識變亂之機者,往往從之,門户頗寬弘,雜出乎其間者亦不可勝紀。而澗飲穀食,耐辛苦寒暑,堅忍人之所不能堪,力行人之所不能守,以自致於道,頗有所述於世者不無也。”[②]在他看來,余岫雲便是這樣“堅忍人之所不能堪,力行人之所不能守,以自致於道”者。而劉志玄的老師金志揚“往龍虎山先天觀後石崖上,結草以居,人跡罕到。……如此者將二十年”[③]。如此艱苦的環境,金志揚居然能前後生活近二十年,這在虞集看來簡直是奇蹟。

全真教兩大苦行方式給江南士人留下了深刻印象。其一爲坐圜。坐圜是全真教徒修煉心性的一種方式,目的是摒除自身與外界的一切聯繫,徹底去除世俗對自身的干擾,在長期的獨處中提升自身的修行境界。丁鶴年《觀鄭高士坐圜》詩云:“凝身危石踞,屏息遊絲摇。電光射玄關,龍虎聲咆哮。大君寂不動,萬象

① 陳履生:《黄公望的交遊及對其思想、藝術的影響》,《美術研究》1986 年第 4 期。

② (元)虞集:《非非子幽室志》,李修生主編:《全元文》第 27 册,南京:鳳凰出版社,2004 年,第 662 頁。

③ (元)虞集:《紫山全真長春觀記》,李修生主編:《全元文》第 27 册,第 24 頁。

俱來朝。甘露降瓊田，五色發靈苗。何必入青冥，然後爲逍遥。”[①]這是他在元末避難浙東時觀察到的坐圜景象：在北方，全真教徒是在隔離塵世的建築——圜堵中修行，來到南方後，便利用南方的地理環境，置身於山巖中獨坐，體悟自然大道，追求逍遥遊的境界。大肆建觀度人之後，全真教又在宫觀内發展出鉢堂這樣一種修行場所，並被全真教徒移植到了南方。這一修行建築引起了江西宜黄邑人鄒廷佐的巨大興趣：“皇慶初，遊於臨川，見有爲全身之道者，作宫以容其同學，有堂以遊息，至日如歸，曰雲堂。又爲静坐修習之處，以槃水置大盂，穴其底如針端，引水上升，俟水滿以爲坐者起止之候，曰鉢堂。”[②]由於極爲歎服雲堂、鉢堂這種建築形制和修行方式，鄒廷佐回到老家後便立即加以模仿，創建長春觀，並先後迎請金志揚、劉天素住持，最後自己也出家苦行。

其二爲乞討。乞討是王重陽引導弟子拋棄世俗欲望、摒除世俗價值觀、鍛造宗教品格的一種修行方式，最後演變成全真教徒的一種生活方式。這種苦行方式也被全真教徒傳到了南方。虞集觀察到，江西崇仁仙遊山有“余岫雲師者居之，終日與人相接，而不失其介，其中毅然不可犯，而未嘗與人有競意。日使童子挈一簞入市，人家見爲岫雲僮也，輒與飯一小器，日向中，簞稍滿即還。師弟子主僕烹水瀹而食之。而江東、西高雅之流，或道過，或徑詣，無不即岫雲之室者，分簞食共食，無愧容，無德色”[③]。從這一記載可知，全真教徒乞討苦行的修行方式、生活方式已經爲當地居民所接受，並加以護持；當地的高雅名流還非常尊重這種方式，甚至能够和全真道士共進乞來之食。俞希魯筆下的京口全真道士趙道淵師徒的乞討苦行甚至俘獲了大批信衆：“淵擎瓢乞食於市。市之民稔淵之行，每晨，輒儲盂飯庭廡間，以俟其至。至則不告主人，輒持飯去，以爲常。仰食者咸取給焉。其徒于道清，實左右先後之。清廣顙聃耳，貌甚古，且端慤疏達，有才幹。童丱從淵遊，攻苦食淡，雖居城市，而門逕闃寂如深山窮谷，由是信而歸者衆。”[④]正是在這批信衆的支持下，趙道淵、于道清師徒用乞討所得，花四十餘年修復了玄帝廟旁的道院，並命名爲奉真道院。俞希魯爲奉真道院作記，對這種方式大加讚賞，甚至認爲這是道教的一種創新：“故能以無爲爲有爲，而終歸於無爲。是豈枯槁一曲之士，拒人絶物，區區老死岩穴間者，所可同日語乎！”[⑤]

① （元）丁鶴年：《觀鄭高士坐圜》，楊鐮主編：《全元詩》第 64 册，第 369 頁。
② （元）虞集：《紫山全真長春觀記》，李修生主編：《全元文》第 27 册，第 23 頁。
③ （元）虞集：《非非子幽室志》，李修生主編：《全元文》第 27 册，第 663 頁。
④ （元）俞希魯：《奉真道院記》，王宗編：《金元全真教石刻新編》，第 237 頁。
⑤ （元）俞希魯：《奉真道院記》，王宗編：《金元全真教石刻新編》，第 238 頁。

在南方士人的觀察和記録中,全真教徒還弘揚了全真教隨緣任運的遊方傳統。爲讓弟子隔斷家緣、世緣,王重陽要求弟子遠離家鄉修行,這一苦修方式鍛造了全真教徒“雲水道人”的形象,遊方於是發展成爲全真教的修行方式、生活方式乃至弘道方式。在南方士人的詩歌中,我們經常看到這樣的詩句:“已見結廬依紫翠,又聞振袂出煙蘿。先經海若搏烏兔,還向羅浮醉象犧。”[①]“玄元孫子玄都客,汗漫長遊宇宙間。”[②]南方士人的碑記提到全真教徒時,總是會記載其漫遊經歷。如吴澄指出,余希聖“遍歷羅浮、天台、武當、東嶽等處,亦嘗一造京師”[③]。虞集謂余岫雲“年十五,辭親入道於宜黄縣南華山昭福觀。既而歎曰:‘托兄弟以養親,從師以入道,果爲何事耶?’辭其師以去,遍歷江漢、淮海,渡河循山東,遊乎齊魯,至於燕趙之間,兩遊華陰,入終南,登太白,而後還乎武當、衡嶽、羅浮,出武夷,過天台,計其所見,必有異於人者矣”[④]。余希聖即余岫雲,他的遊方足跡遍布全國,其目的一在於尋師訪道,二在於把遊方當成修行。

更爲驚異的是,全真教徒在雲遊中能够隨緣任運、結緣建觀。趙定庵棄職出家後,一瓢一笠,浪跡湖海,在金陵創建全真道院,在池陽、建德、鄱陽創建雲隱堂,在婺源創建中和道院,並度弟子住持。趙定庵遊方建觀有其世襲軍官這一背景作依託,蒲衣道者方丘生的遊方建觀乃至在戰亂中建觀則完全可以歸於機緣。他原本是儒生,從元代大儒吴澄學習,走的是學而優則仕的道路,可惜此路不通,衹好到武夷山拜金志揚的弟子李西來爲師。後來,他開啓了自己的雲遊生活:

> 久而去之,居龍虎聖井山之天瑞庵。又去之,浮游江湖,見東魯能仁叟,參明性命一致之要,其説與金契。復歷叢林,究境宗旨,遊四祖,見平川濟公玄解木牛之機,登雲居,見小隱太公,竟悟斬苗之旨。□復告之曰:“龍蛇混雜,必須尋個休歇處。”後得安成之武功山而休焉。武功者,晋葛仙翁錬丹處也。日月之所蔽虧,風雷之所震撼,懸崖絶磴,人跡罕至,生築室其巔,若將終身。一日忽棄之去,衆咸駭之。未幾兵起,武功毁焉。去而之豫章,止快活林,復曰:“兹城繁庶已極,詎宜久居。”又去之,將歷崆峒,踰梅嶺,登羅浮,以絶于南海焉。其言曰:“吾教以清净無爲爲宗旨,以一瓢一笠爲身具,然昔有丘長春吾宗師者,啓神武不殺之機,有功於生靈多矣。今其教將自北而南乎?”

---

① (元)杜本:《贈全真憑無名》,楊鐮主編:《全元詩》第 28 册,第 174 頁。
② (元)丁鶴年:《贈全真李止水(止水,故成順王門人也)》,楊鐮主編:《全元詩》第 64 册,第 362 頁。
③ (元)吴澄:《崇仁縣仙遊昭清觀記》,李修生主編:《全元文》第 15 册,第 277 頁。
④ (元)虞集:《非非子幽室志》,李修生主編:《全元文》第 27 册,第 663 頁。

這則材料提供了兩方面的信息：一是方丘生一路雲遊，一路參訪，不斷提升自己的宗教素養；二是方丘生采用雲遊的方式弘道，一路雲遊，一路弘法，甚至打算效法全真教宗師丘處機救濟蒼生。他在元末戰亂中宣揚丘處機"啓神武不殺之機，有功於生靈多矣"的功業，打算"歷崆峒，踰梅嶺，登羅浮，以絶於南海也"，也是試圖在戰亂中承擔起救世濟民的宗教使命。他遊方到江西興國，受到令尹陳侯的尊重和禮遇，並爲之創建長春道院。讓人驚訝的是，這個縣令居然懂得用全真教的遊方傳統挽留方丘生："子雲水徒也，凡一山一水無不可以遊息者，何拘拘乎羅浮之求哉。"[①]由此可見，全真教徒以實際行動建構了自身的形象，全真教的遊方傳統已經紮根於南方士人的心靈深處。

全真教以苦行、遊方的方式在南方開展弘法活動的同時，也在大力弘揚"文以弘道"的傳教策略。這種"文以弘道"的實施主體，早期是南下的全真高道，後期是南方本土成長起來的全真道士，這兩類弘道主體均將與南方代表性士人開展文學互動作爲重要的弘法手段，對於推進全真理念，功不可没。

三、全真教與南方文人的詩文互動——以詩詞唱和及全真文集刊刻活動爲例

如前所述，早在成宗朝全真高道便南下開展文學弘法活動。其中代表性的活動有二：一是以甘河遇仙宫爲題向南方士人徵題，二是南下杭州刊刻全真祖師文集。甘河遇仙，是全真教創教祖師得道的關鍵性經歷，經過幾代全真教徒的弘傳，已經成爲全真教的創教神話。全真教以此向南方士人徵題，自然免不了要向南方士人講述這一創教神話，從而使全真教的神話和理念得以在南方弘傳。全真教徵選寫作對象也具有很强的戰略性。這個徵題活動應該有不少人參與，但留存至今的詩作僅三首，就這三首的作者也足以讓我們對全真教的弘教眼光刮目相看。一爲時任福建閩海道肅政廉訪使程鉅夫，此前曾代世祖求賢江南，舉薦了包括趙孟頫在内的衆多江南名流，既是元廷的重臣，更是南方士人的引薦者；二爲籍籍有文名的任士林，浙江奉化人，大德間教諭上虞，後講道會稽，授徒錢塘，乃未遇士人中的佼佼者；三爲以世家子弟身份出家的馬臻，馬臻出身南宋世家，他交遊的主要對象是杭州的遺民群體，因此可視爲南宋遺民的代表。這三個人可以代表朝代更替之際南方的大多數士人，他們的詩作在當時的影響力可想而知。

---

① (元)劉楚：《長春道院記》，李修生主編：《全元文》第 57 册，第 365 頁。

《玄風慶會圖》載有全真子南下杭州刊刻全真祖師文集的緣起:“大都大長春宫僉請本宫道士路道通募緣重刊祖真文集,寄單杭州路玄妙觀,命工綉梓起運,歸宫印行,開悟後學,祝讚皇風,應十方道友,奉道會首,遠近客旅,有願請贖,流傳四方,弘揚宗教者,除收紙墨工本鈔外,並不增受板課,謹白!”①黄石翁所撰《〈玄元十子圖〉序》還指出:“路爲余言:汴梁孫大方真人,昨遊錢塘,摹本欲刻而未遂。此版將歸亳州太清,以垂永久。”②可見,南下杭州刊刻全真祖師文集乃全真教教内共識。路道通請杜道堅爲《玄風慶會圖》作序時指出:“‘此書在處,真人所在。’乃募緣翻梓流布,意望覽者,得象忘言,得意忘象,盡在《玄風慶會》中,知天有此道,人有此道,豈曰小補。”③可見,無論是主持刊刻的全真教徒路道通,還是爲全真高道文集作序的江南高道,均將刊刻全真文集作爲弘道的重要舉措。

根據路道通刊刻的諸書序跋和疏文推算,其南下時間應該在 1302 年前後。《玄風慶會圖化緣疏》署“朝請大夫、婺州路同知總管府事李衎撰”,根據清嵇曾筠雍正《浙江通志》卷一五五的記載可知,李衎任婺州路同知總管府事的時間爲 1301～1305 年。張與材《玄元十子圖》1305 年序謂:“長春路道通,寓錢塘,集衆緣刻之。既成,以摹本至,稽首爲之讚。”④是則,路道通在 1305 年已經刊印了《玄元十子圖》,張與材衹是在重刊本上作讚而已。這兩則材料顯示,路道通南下杭州應該發生在 1305 年之前。趙孟頫《玄風慶會圖》序作於 1304 年暮春,路道通、趙龠《七真仙傳》跋作於 1303 年春天,這又將南下的時間推進了兩年。黄石翁《〈玄元十子圖〉序》云:“往年平潮之役,石翁獲從教主,後見南谷老師袖‘玄元十子圖傳’以獻,教主不奪所好,書軸尾而歸之。後數年,長春路明真壽諸梓,於是四方學者,隱然得之儀象之間。路爲余言:汴梁孫大方真人,昨遊錢塘,摹本欲刻而未遂。”⑤根據前文的考據可知,孫履道遊錢塘的時間爲 1298 年;根據袁桷《信州自鳴山加封記》可知,張天師平潮之役發生在 1299 年,“後數年”最少應該爲兩年。由此可知,路道通南下錢塘應該發生在 1302 年。

路道通南下刊刻的“祖真文集”應該包括全真祖師的别集和傳記。前者應該包括王重陽、馬丹陽、丘處機、王處一、譚處端、郝大通、劉處玄的别集,因爲在此

---

① (元)史志經編集:《玄風慶會圖》,王卡主編:《三洞拾遺》第 16 册,合肥:黄山書社,2005 年,第 419 頁。

② (元)黄石翁:《〈玄元十子圖〉序》,《道藏》第 3 册,第 258 頁。

③ (宋)杜道堅:《〈玄風慶會圖〉序》,王卡主編:《三洞拾遺》第 16 册,第 396 頁。

④ (元)張與材:《〈玄元十子圖〉序》,《道藏》第 3 册,第 257 頁。

⑤ (元)黄石翁:《〈玄元十子圖〉序》,《道藏》第 3 册,第 258 頁。

後不久,南方士人已經在閲讀全真祖師的文集。如,劉壎《閲〈全真集〉》中的《全真集》應該就是《重陽全真集》,吴萊《觀孫太古〈周天二十八宿星君像圖〉》提到的《周天二十八宿星君像圖》應該就是《太古集》中的内容。後者包括《重陽王真人憫化圖》《玄風慶會圖》《七真仙傳》,其中《重陽王真人憫化圖》已經亡佚,《玄風慶會圖》殘存一卷,《七真仙傳》存有抄本。另外,路道通還刊刻了包括道教早期祖師在内的《玄元十子圖》。

路道通化緣刊刻全真祖師文集的方式,不僅顯示了全真教以文弘道的策略,更顯示了全真教擬借助這一方式向南方各類群體進行全方位滲透的宗教意圖。這一意圖首先體現在對序跋、讚辭的徵題上。《重陽王真人憫化圖》已亡佚,僅存任士林一序;《七真仙傳》今存清代抄本,根據序跋可知,張本、李仁卿、李鼎、王鶚、彭志祖、孟攀鱗之序寫作於北方,路道通南下之際曾請北方士人宋渤寫序,到南方後又曾請杜道堅、趙侖、張與材、黄仲圭寫序。《玄風慶會圖》有李道謙原序、史志經原跋,路道通南下之際曾請宋渤作序,南下後又先後請趙孟頫、杜道堅、黄仲圭寫序。《玄元十子圖》有趙孟頫原序,路道通刊刻時又請張與材、姚雲、黄仲圭、黄石翁、杜道堅作讚、作序。這些序跋、讚辭作者總計 17 人,其中北方士人 5 人,且均爲顯宦;北方全真教高道 4 人,其中一人還是全真教祖庭重陽萬壽宫住持;南方高道 3 人,張與材還是南方道教領袖;南方士人 4 人,趙孟頫時任江浙儒學提舉;南方正一派信衆 1 人,乃一方會首。這樣一個作者陣容對於推介全真祖師文集無疑起到了非常重要的作用。

這些文人在序跋、讚辭中對全真教的讚頌,爲全真教在南北的弘傳樹立了良好的形象。李衎在《〈玄風慶會圖〉化緣疏》中論述了丘處機雪山論道的意義,將丘處機界定爲孔李通家,並指出:"按圖索驥,睹形相而神仙之功可知;以筆爲刀,尚雕刻而詩文之妙逾顯。"[①]趙孟頫的《〈玄風慶會圖〉序》亦指出:

> 古者聖人之興,常有至人以輔之,故黄帝問道於空同,西伯得師於岐山,傳記所書,不可誣也。欽惟聖元,肇造區夏,爰有長春真人,豹隱山東,奉詔而起,不憚萬里之險,三年之久,以清静慈儉之道,爲聖主陳之。當是時,君臣之相得,雖廣成之於軒轅,藏史之於文王,不是過也。故能使好生之德,洽于四海;延洪之祚,誕保萬年。豈非天哉。[②]

趙孟頫此序將丘處機類比爲古之聖人,强調成吉思汗與丘處機之間的君臣相得,

① (元)李衎:《〈玄風慶會圖〉化緣疏》,王卡主編:《三洞拾遺》第 16 册,第 390 頁。
② (元)趙孟頫:《〈玄風慶會圖〉序》,王卡主編:《三洞拾遺》第 16 册,第 394 頁。

强調丘處機大濟蒼生的功德,以及全真教際遇元廷而獲得的御用宗教地位,將丘處機和全真教的地位和貢獻擡到了無以復加的地步。江浙儒學提舉的這一評價,對於塑造丘處機和全真教的形象、對於全真教在江南地區的弘傳,具有重要意義。

不僅如此,路道通還通過化緣刊印的方式,將刊刻祖師文集這一活動本身變成了向南北社會各階層弘傳全真教的重要舉措。《玄風慶會圖》的副文本就清晰地揭示了這一舉措。化緣之前,路道通禮請時任婺州路總管府事的北方士人李衎作化緣疏,並請龍虎山正一派天師張與材在疏尾印押。方回《全真教隨喜》詩云:"全真遺教契清寧,蕭散無爲養性靈。百歲萍蓬無定跡,一身土木已忘形。陳言不用《參同契》,秘法何須急律令。中有異人殊未測,倏然輕舉上青冥。"[①]隨喜即布施之意,詩中又提到"全真遺教""陳言不用《參同契》"等,因此可以推知,這是爲傳布全真遺教的書籍而布施,且方回卒於 1309 年,生當《玄風慶會圖》刊刻之時。因此,筆者認爲此詩是爲路道通化緣刊刻《玄風慶會圖》而作。《玄風慶會圖》開列的一份長長的助緣名單表明,爲刊刻《玄風慶會圖》而化緣本身也成了弘道的成功舉措。這份名單包括:杭州路玄妙觀庫堂知事 6 人;奉道會首題名助緣 6 人,南人、北人均有;大都奉道助緣奉道會首 13 人,這個名目有點不符邏輯,因爲名單中包括南方地方官 4 人,元廷宮廷事務官 9 人,這 9 人中有不少出身於南宋宮廷的宦官;助緣題名 30 人,這些人屬於南北各地的宮觀住持和道官,涉及全真、太一、正一、玄教等道派,其中南方道派領袖包括正一派天師張與材,玄教宗師張留孫、嗣師吴全節、高道王壽衍,茅山派宗師王道孟、高道梁大柱等。在正文的每一個圖文故事標題下,又單列一位助緣的信官或信士。《玄風慶會圖》總共 64 個圖文故事,意味著開列了 64 位(個)信徒(家庭)的助刊名單。這份 100 多人的助緣名單波及南北乃至西北的道教徒、信徒和士人,足以説明這場以文弘道的運動,其聲勢是多麽的壯觀。

全真教以文弘道的宣教傳統爲南方成長起來的全真教教徒所繼承、發揚光大。從前文的介紹可知,南方本土全真教徒在元代後期與元代文壇展開了頻繁的詩文唱和活動,筆者在此處僅舉三個實例加以説明。其一便是虞集和作全真馮尊師的《蘇武慢》。虞集在《〈鳴鶴餘音〉叙》中指出:

> 會稽馮尊師,本燕趙書生,遊汴,遇異人,得仙學,所賦歌曲高潔雄暢。最傳者《蘇武慢》二十篇,前十篇道遺世之樂,後十篇論修仙之事。會稽費無

① (元)方回:《全真教隨喜》,楊鐮主編:《全元詩》第 6 册,第 507 頁。

> 隱獨善歌之，聞者有凌雲之思，無復留連光景者矣。予山居，每登高望遠，則與無隱歌而和之。無隱曰：公當爲我更作十篇。居兩年，得兩篇半，殊未快意也。昭陽協洽之年嘉平之月，長兒冋之官羅浮，予與清江趙伯友，臨川黄觀我、陳可立、吴文明，平陽李平，幼子翁歸，泛舟送之。水涸，轉鄱陽湖，上豫章，遇風雪，十五六日不能達三百里。清夜秉燭，危坐高唱，二三夕得七篇半。每一篇成，無隱輒歌之。馮尊師天外有聞，必能乘風爲我一來聽耶。明年，舟中又得一篇，並《無俗念》二首。後三年，仙遊山道士彭致中采集古今仙真歌辭，並而刻之，與瓢笠高明共一笑之樂也。道園道人虞集伯生叙。[1]

費無隱本來不認識虞集，他結識虞集，與幫助朋友刊刻《醫書集成》密切相關。虞集爲《醫書集成》作序時道出了個中原委："南行御史臺侍御史張公起巖，見而悦之曰：'子宜得蜀郡虞伯生氏之序，則當助子刊行矣。'後數年，始能來爲余道之。"[2]費無隱善於社交，他來到臨川崇仁後，和虞集交遊。虞集爲他寫下了《足痛吟寄費隱》《贈(羽士)費(無)隱》《費隱雙桂亭》《寄費無隱》等詩歌，足見兩人交情之深。費無隱擅長歌唱全真馮尊師的《蘇武慢》，而《蘇武慢》又非常契合虞集晚年的心境，因此在陪伴虞集的過程中，費無隱敦促虞集進行和作，彭致中又在此基礎上收集古今仙歌，匯而刻之。無論是虞集追和馮尊師《蘇武慢》，還是彭致中刊刻《鳴鶴餘音》，均在元代和明清産生了重要的影響，可視爲全真教以文弘道的典範之作。

其二是活死人窩詩卷的製作。楊維楨《題互盧子詩》序云："互盧子者，豫章道士胡道玄氏也。道玄自號曰'活死人'，命其居曰'尸居'，居之户曰'死關'，關之外限以榷，榷之側有窩焉，自謂虚舟以活死爲之載者也。蓋玩弄大塊以遊乎方之外，海内名士多遺之奇文章。余既爲作《活死人志》，而又以薛外史之卷來徵詩，又爲賦是解。"[3]明蔣一葵《堯山堂外紀》則曰："鄱陽道士胡道玄，嘗以一舟往來洪之東湖，扁曰活死人窩。成廷珪爲賦詩。"[4]很顯然，這一行徑，模仿自全真教祖師建活死人墓修行的典範舉措。由於其舉止異乎常態，江南士人紛紛題詠，龍虎山玄教道士詩人薛玄羲甚至持卷徵題。這一詩卷中的作品，留存至今的，除了上述楊維楨、成廷珪之詩外，還包括虞集《寄題鄱陽胡仙伯活死人窩》、鄭元祐《活

① (元)虞集:《〈鳴鶴餘音〉叙》,《道藏》第24册,第256頁。

② (元)虞集:《〈醫書集成〉序》,李修生主編:《全元文》第26册,第239頁。

③ (元)楊維楨:《題互盧子詩》,楊鐮主編:《全元詩》第39册,第288頁。

④ (明)蔣一葵:《堯山堂外紀》卷七五,明刻本。又見成廷珪:《道士胡道元常以一舟往來洪之東湖,其自扁有曰"活死人窩",爲賦此》,楊鐮主編:《全元詩》第35册,第392頁。

死人窩(爲番陽胡道玄賦)》、李存《寄詠胡道士活死人窩》。胡道士的行徑以及由此激發的詩卷製作,無疑有利於宣揚全真教的宗教觀。

其三是遊仙詩卷的製作,其組織者爲昆山玉峰清真觀道士余善。余善,字復初,號昆丘外史,乃顧瑛玉山草堂常客,楊維楨詩歌創作上的弟子。關於余善的教派屬性,楊維楨在詩序中多次提及,其《桃核歌序》云:"道人余筠谷爲余道長春真人事。"又曰:"余善與余談邱真師嘗火蒸三日夜,開如故。"根據這一線索,陳銘珪認爲余筠谷即余善,並將之判爲全真教徒。[①] 余善組織的遊仙詩被收入清卞永譽《式古堂書畫彙考》中,題曰"元人遊仙詞卷"。該詩卷收録了唱和者的題記,交代了整個唱和過程:信州長官趙季文率先創作遊仙詩,部署鄭元祐和作十首,並寄給茅山道士張雨;張雨和作十首,書寫後交給好友余善收藏,時在 1346 年;1360 年,余善向鄭元祐出示張雨舊作,並請鄭元祐書寫他的詩歌以及張雨的和作;此後,余善先後向郭翼、陸大本、釋凈圭出示鄭元祐書寫的手卷,並向他們徵題,又獲得三十首詩歌;1362 年,余善又向王逢出示詩卷並徵題,王逢和作十首;同時,王逢還抄録其父親在信州時的和作,並指出"因記憶早歲侍先君庫使在信州時,嘗和郡經歷張率性《遊仙詞》四首,今廿年矣"[②];1363 年春,余善將自己的和作交給楊維楨,楊維楨邊讀邊點評,認爲余善之作得自己之真傳。由此可知,這次遊仙詩創作風潮開始於 1343 年的信州,唱和者包括趙季文、張率性、鄭元祐和王逢的父親;張雨和鄭元祐之作交給余善收藏後,由余善在 1360～1363 年先後向郭翼、陸大本、釋凈圭、王逢徵題,自己也和作了十首。這批遊仙詩的創作以及手卷的製作、流傳,在道教文學史上應該是一種非常突出的現象,表明全真教以文弘道傳統在南方取得了重要成果。

四、南方文人筆下的全真教變異現象

南方道教有著悠久的傳統,其各派在元代的發展也呈現蓬勃之勢。全真教南下尋求發展,在弘揚傳統的同時,不得不適應南方的道教傳統;南方人接受全真教時,也帶著自己對道教的固有理解。因此,在南方士人的筆下,全真教南傳有一個在地化的過程,全真教在南方弘揚其傳統的同時,也在慢慢變異,具體表現在以下幾個方面。

① (清)陳教友:《長春道教源流》卷八,《藏外道書》第 31 册,成都:巴蜀書社,1994 年,第 147～148 頁。
② (清)卞永譽纂輯:《式古堂書畫彙考》第 5 册,第 1906 頁。

其中一個重要的變異便是全真教的傳奇化。其一是全真教祖師救世業績的傳奇化。全真道士總是在宣揚丘處機的如下業績：

吾全真之教，自重陽王君，一傳爲邱神仙，首爲太祖皇帝所知，召見龍墀，啓神武不殺之旨，有功於中原生靈多矣。其教之盛，非偶然也。①

余聞北方人以全真名教，始重陽王真人。金之衰也，諸侯割據，山東鼎沸。王真人之貌異於常人，慨然有拯天下之志。天數奪其計，其徒壯士叛己，因絶食居山中。積數年，有道爲神仙，度弟子七人，丘真人最後出。本朝聞其賢，遣貴臣劉仲禄迎至漠北，謂太祖皇帝受命於天，爲萬姓除殘賊，必毋多殺。上感其言，斬刈之威，大爲衰止。繇是山東之人，始有生殖之望焉。夫爲道者，無爲而無不爲，唯善藏其用，則可以功濟天下。古之人有知之者，子房是也。今丘真人以度世爲業，而能盡力匡維，有補於萬億年之鴻緒，絜功盛大，詎讓子房哉？……第丘真人之道，顯重於世，故學者推之以爲祖焉。②

在此，王重陽出家的因緣已經傳奇化了：他在金末舉兵，欲拯救天下，結果部下叛變，後來纔因遇異人而出家創教。這是爲了凸顯王重陽的救世情懷而編造歷史。丘處機無疑繼承了這一救世情懷，兩則材料都大肆宣揚丘處機“一言止殺”的功績，認爲他的功勞可以和張良媲美。

其二是全真宗師宗教事蹟的傳奇化，也主要體現於對丘處機的書寫中。楊維楨《桃核杯歌》序云：“道士余筠谷，爲予道長春真人事。世祖皇帝幸長春館，真人方晝寢，盤桓久之，始寤。上曰：‘真人何之？’對曰：‘臣赴蟠桃宴。’上曰：‘有徵乎？’曰：‘有。’乃袖出桃核，大如盌。上神之，玩不去手，命左右持去。真人請剖而爲杯，一以奉上，而自留其一。上命置萬億庫，永爲我家鎮國之寶。時館閣先生未有歌詠。筠谷請曰：‘此我朝奇事，當得老鐵史奇語以傳世。’”③顧嗣立《元詩選》丘處機小傳還引述了楊維楨的一段話：“余善與余談丘真師嘗火蒸者三日夜，開如故。賜堇酒者連觥，腹不潰，貌不變。如入内時，命弟子開方丈池，既歸池中，以爲死，池中湧沸，復起言笑。其道行如此。”④賜飲堇酒一事本來是王處一的傳奇故事，在這裏被嫁接到了丘處機身上；夢遊月宮帶回桃核、火蒸三日而毫無

① （元）虞集：《紫山全真長春觀記》，李修生主編：《全元文》第 27 册，第 24 頁。

② （元）楊載：《長春道院記》，李修生主編：《全元文》第 25 册，第 572 頁。

③ （元）楊維楨：《桃核杯歌》，楊鐮主編：《全元詩》第 39 册，第 106 頁。

④ （清）顧嗣立：《元詩選》二集卷二五，《景印文淵閣四庫全書》第 1471 册，臺北：臺灣商務印書館，1986 年，第 183 頁。

損傷,都近乎神話,講的人神乎其神,聽的人覺得也煞有其事,並行諸歌詠。這些傳奇故事對世人確乎産生了影響,錢塘將家子鄭道真之所以棄官修行,就是因爲他深信全真宗師的這種特異功能。他告訴楊載,“僕幼時聞北方人爲全真教,其祖師則長春丘真人,得鍊氣養神之道,入火不焦,入水不濡,出入有無,變化不測,壽無所止極,與天地終始,心甚慕焉”,覺得自己“苟學道有功,得如丘真人,雖貴爲王侯,猶不足比擬”。[①]

其三是南方全真道士事蹟的傳奇化。在南方士人的筆下,這些全真道士先知先覺,料事如神。鄭元祐在《遂昌雜録》中記載了羅蓬頭的幾則前知故事,並不無惋惜地指出,“羅蓋仙者,惜其事遺落,故所聞止此”[②]。可見,鄭元祐對羅蓬頭的預測能力是深信不疑的。全真高道金志揚在龍虎山先天觀石崖上結草庵修行,“山下人有痼疾,扶攜請求,君問而視之,即愈。自是有疾苦者,不憚勤勞而至”[③],“或有妒者,謀以藥毒之。師預知,命其徒鑿池儲水。果服,浴而出之,安然。今名吐丹井”[④]。全真道士余岫雲“在温州寓同學者之舍,州郡命方士禱旱不應。或曰:‘此君不凡,當可得雨。’群起之。岫雲曰:‘欲雨乎?’是日雨霑足,亦不見其有所爲也”[⑤]。能治病、祈雨、前知、不死,幾乎無所不能。在南方士人的筆下,全真高道往往行跡詭異、神秘莫測。如桂心淵“數飛躡曾崖,與豹同行。好事者莫能蹤跡之,樵人有見之山南,同日又有見之山北者。山中人酒熟,曰:‘願安得桂先生飲之。’俄先生至,欣然就飲,所飲者家以爲吉徵。尊官顯人過江上者,咸願見先生,先生見不見,人莫測也”[⑥]。這是士人爲全真高道撰寫的墓碑,已經徹底顛覆了人們對碑文的認識。總之,這類神異行跡、特異功能,已經徹底改變了北方全真教的“苦修頭陀”形象。

另一大重要的變異便是全真教在南傳的過程中逐漸與南方本土宗教合流,最終形成天下道教由正一、全真構成的基本認知。這種合流,體現在如下幾個層面。

首先是學道淵源上的南北合流。元代江南最爲著名的全真高道金志揚就是南北兼修的典型。趙道一指出,“金蓬頭……慕道棄世,慮若焚溺,遂師全真道士

---

① (元)楊載:《長春道院記》,李修生主編:《全元文》第 25 册,第 572 頁。
② (元)鄭元祐:《遂昌雜録》,《景印文淵閣四庫全書》第 1040 册,第 385 頁。
③ (元)虞集:《紫山全真長春觀記》,李修生主編:《全元文》第 27 册,第 24 頁。
④ (元)趙道一編修:《歷世真仙體道通鑑續編》卷五,《道藏》第 5 册,第 448 頁。
⑤ (元)虞集:《非非子幽室志》,李修生主編:《全元文》第 27 册,第 663 頁。
⑥ (元)楊維楨:《改危素桂先生碑》,李修生主編:《全元文》第 42 册,第 53 頁。

李月溪。月溪乃真常李真人之徒,真常又長春丘真人之高弟也"[①],這是在强調金志揚的全真即内丹北宗譜系。稍後的張宇初則認爲,"金蓬頭……知慕道,棄世慮,遂師全真李月溪。月溪,白紫清徒也。一見器之,命遊燕趙齊楚求正焉"[②],這是在强調金志揚的内丹南宗譜系。從這一學道譜系可知,金志揚體現了内丹南北宗的合流。以金志揚爲代表的南北修習方式吸引了無數南方道士。太上清正一萬壽宫住持提點張友霖年輕時入龍虎山學道,"時桂心淵隱匡廬,金志陽居武夷,二人者,世號爲真仙翁,修丹之士依之者成市,公皆躡屩擔簦,往拜其坐下,傳其三皇内文九鼎丹法所謂延齡度世者,頗領其幽玄"[③]。危素指出,元代著名道士畫家方從義"早棄塵事,深求性命之學,從先生最久"[④],這個先生便是延祐中在龍虎山修行的永嘉金蓬頭。方從義儘管拜金蓬頭爲師,但他始終被視爲龍虎山正一派道士。第四十二代天師張正常羽化前還特意囑咐方從義:"吾無以報國家寵恩,爾等宜左右我子孫,以贊寧謐之化命。"[⑤]可見,正一派道士學習全真派道法並無什麽宗教上的禁忌。撫州宜黄長春觀住持劉天素乃"金君弟子也。後聞許旌陽凈明之旨於西山,劉玉真先生與金説契居豫章五靈道院"[⑥]。金君即全真高道金志揚,劉玉真即凈明道宗師,劉天素兼修全真道、凈明道可知也。玄教道士薛玄卿告訴虞集:"有番易[陽]胡道玄先生,人間所謂神霄野客者也,得侍宸之真傳,年二十餘,道行關陝、荆襄、江漢、淮海、閩浙之間。……遇異人於武當大頂天柱峰,得修仙之道,遍遊名山洞府,而歸江東西之間,從蓬頭金公遊,甚相契許,他人莫之測也。"[⑦]侍宸即神霄派祖師王文卿,蓬頭金公即全真高道金志揚,由此可知,胡道玄兼修神霄派和全真派道法。總之,北方全真教與南方道教的合流起始於内丹南北宗的合流,後在金志揚這類高道的影響下,南方各大符籙道派中的不少道士也紛紛兼修全真教道法。

其次體現爲管理體制上的南北合流。全真教南下時,南方各道派本來就已各有自己的宫觀體系;與此同時,元政府又任命張天師主管江南道教,後來又任

---

① (元)趙道一編修:《歷世真仙體道通鑑續編》卷五,《道藏》第 5 册,第 447 頁。

② (明)張宇初:《峴泉集》卷四,《道藏》第 33 册,第 231 頁。

③ (明)宋濂:《太上清正一萬壽宫住持提點張公碑銘》,陳垣編纂:《道家金石略》,北京:文物出版社,1988 年,第 1234 頁。

④ (元)危素:《山庵圖序》,李修生主編:《全元文》第 48 册,第 194 頁。

⑤ (明)宋濂:《四十二代天師正一嗣教護國闡祖通誠崇道弘德大真人張公神道碑銘》,陳垣編纂:《道家金石略》,第 1241 頁。

⑥ (元)虞集:《紫山全真長春觀記》,李修生主編:《全元文》第 27 册,第 23 頁。

⑦ (元)虞集:《靈惠冲虚通妙真君王侍宸記》,李修生主編:《全元文》第 26 册,第 697 頁。

命張留孫、吴全節等玄教掌教主管江淮荆襄等處道教。因此,全真教要在江南發展,不得不尋求南方道教的理解和支持,其管理也自然納入了南方道教體制之中,形成了管理上的雙重體制。全真道士趙定庵元大德二年(1298)秋在婺源溪山創建中和精舍,正一教主、三十九代天師賜額曰"全真中和觀"。這是正一教管理全真觀庵的明證。全真道士劉天素住持的撫州宜黄長春觀,"改延祐之年,嗣漢三十八代天師名之曰長春道院。而神仙演道掌教苗真人,自京師出文書護之,名曰長春"[①],這就體現了全真掌教、正一天師共同管理、護持的宗教體制。

最後體現爲宗教理念上的南北合流。元代南方士人對南北宗教進行觀察時,對内丹南北宗有著清晰的認識,並且認爲他們之間應該合流。王褘指出,"今也煉養、服食,其術具傳,而全真之教兼而用之。全真之名昉於金世,有南北二宗之分。南宗先性,北宗先命"[②]。他是站在儒家的立場批評"道家之説雜而多端",但也承認全真已經包含内丹南北宗。這種認爲内丹南北宗在走向合流的看法很普遍,如袁桷就指出,"養生説有二焉。北祖全真,其學首以耐勞,苦力耕作,故凡居處服食,非其所自爲,不敢享。蓬垢疏糲,絶憂患慕羡,人所不堪者能安之。調伏攝持,將以復其性。死生壽夭,泊然無繫念,駸駸乎竺乾氏之學矣!東南師魏伯陽,其傳以不死爲宗,本於黄帝。韜精鍊形,御六氣以游夫萬物之表。其壽命益長者謂之僊,而所傳確有派系,先儒深有取焉。夫人之所受爲命,其夭閼戕賊,必不能盡其年。過於厚者,非自裕也。盡性知天,踐形以全其正,斯二者,俱得之矣"。正是出於這種兼修南北内丹的認識,他建議修全真之學已經十餘年的趙虚中:"嘗聞張平叔産是州,王子晋居桐柏山,二人皆以不死傳。信盡性可以至命。虚中得至静之説,願取平叔書讀之,將見王子而肅之矣。道無異同,不偏於一者則盡善。"[③]陳謨《方丘生隱居玄洲題曰小蓬萊》詩云:"玄洲故是小蓬萊,鼇背煙消五色開。月鼎雲中分藥送,蓬頭海外寄書來。"[④]莫月鼎爲神霄派高道,蓬頭爲全真派高道。詩人爲全真派道士方丘生居室題詩時居然希望神霄派、全真派高道均能給方丘生送藥、寄書,可見在南方士人的理解中,不僅内丹南北宗之間可以合流,内丹派和符籙派之間也可以交流。

在這樣一種南北合流的氛圍中,元人慢慢形成了道教一分爲二的認識。如唐桂芳在元末撰《重建中和道院碑》,開頭就指出:"世稱黄老修真鍊性,以澹泊爲

① (元)虞集:《紫山全真長春觀記》,李修生主編:《全元文》第27册,第23頁。
② (元)王褘:《叢録》,李修生主編:《全元文》第55册,第728頁。
③ (元)袁桷:《野月觀記》,李修生主編:《全元文》第23册,第443～444頁。
④ (元)陳謨:《方丘生隱居玄洲題曰小蓬萊》,楊鐮主編:《全元詩》第45册,第360頁。

宗。漢踵秦暴虐之弊,曹參用蓋公言,而齊大治。後繼何相,載其清静,見於畫一之歌。至竇太后,令諸王大臣,悉誦老子言,其一時崇尚如此。厥後曰正一,曰全真,源遠而末益分矣。"[①]王袆在《叢録》中也指出,老子之學"自其學一變而爲神仙方技之術,再變而爲米巫祭酒之教,乃遂流爲異端矣。然而神仙方技之術又有二焉,曰鍊養也,曰服食也。此二者,今全真之教是矣。米巫祭酒之教亦有二焉,曰符籙也,曰科教也。此二者,今正一之教是矣"[②]。儘管這兩個人對老子之學的流變分别抱持肯定和否定的態度,但均認爲道教發展到元代已經呈現正一、全真兩大派别二分的趨勢。正是這種認識,使得朱元璋後來從管理體制上將道教分爲正一派和全真派,從此奠定了道教一分爲二的發展趨勢。

[本文爲國家社科基金青年項目"元代文人的全真教書寫研究"(項目編號:23CZW020)階段性成果]

(責任編輯:秦國帥)

① (元)唐桂芳:《重建中和道院碑》,李修生主編:《全元文》第51册,第731頁。

② (元)王袆:《叢録》,李修生主編:《全元文》第55册,第728頁。

從《乾元觀碑》看閻祖派興起及全真道在茅山的傳播

□孫亦平

摘要:乾元觀作爲江蘇道教茅山聖地中的代表性宫觀之一,從齊梁到北宋,有著不同的名稱和規模,上清派在此長期傳播,培育了陶弘景、李含光、朱自英等富有宗教情懷的道門領袖。保留至今的《乾元觀碑》記載了明代全真道閻祖派在茅山乾元觀的興起與傳承。全真道龍門派傳入茅山後,乾元觀雖然也受其影響,但還是保留了自己的閻祖派傳統。從此,茅山道教呈現出"三宫"傳正一道,"五觀"中則出現了白雲觀、玉晨觀和德祐觀傳全真龍門派,乾元觀與仁祐觀則傳全真龍門派岔支閻祖派的獨特景象,這大概與閻希言先於王常月來到乾元觀有關。

關鍵詞:《乾元觀碑》 全真道 閻祖派 龍門派 茅山乾元觀

作者簡介:孫亦平,南京大學哲學系、宗教學系教授,博士生導師,江蘇省民族宗教研究會副會長、國家圖書館"文津講壇"特聘教授,享受國務院特殊津貼專家。

乾元觀位於江南人文之鄉金壇境内,茅山東麓鬱岡峰前,是一座有著兩千多年歷史的道教名觀,素有"秦漢神仙府,梁唐宰相家"之美譽。從保留至今的"李真人煉丹井"可知,其源頭可追溯到秦代李明真人曾來此修道。從齊梁到北宋,乾元觀有著不同的名稱和規模,上清派在此長期傳播,培育了陶弘景、李含光、朱自英等富有宗教情懷的道門領袖,後成爲全真道閻祖派的傳播地。茅山乾元觀的興起與傳承歷經千年風雨以及近代以來的戰亂和動蕩,在抗日戰争時已基本毁廢。改革開放後,乾元觀經過艱辛恢復,仙境重輝,再暢宗風,成爲今天江蘇茅山道教中的一個重要宫觀,由此讓人想起了宗教學家伊利亞德對宗教聖地的闡述:"每一個神聖的空間都是一個顯聖物。"[①]雖然人間的風雨可以摧毁"神聖的空間"上的房屋建築,但它本有的宗教文化傳統却猶如"顯聖物"一樣,能够促使後來人再接再厲,采用各種有形或無形的方式將其信仰與文化傳承下去。本文以

① 孫亦平主編:《西方宗教學名著提要》,南昌:江西人民出版社,2002年,第475頁。

保留至今的《乾元觀碑》爲例，探討全真道閻祖派在茅山乾元觀的興起與傳承，以展現明清時期江南全真道的獨特地位和文化影響。

一、江蘇乾元觀與閻道人閻希言

南宋金元時期，戰爭動亂，南北對峙，茅山道教也受到衝擊，乾元觀曾有的800多間房屋逐漸荒廢。傳統道派衰落，而新道派紛紛崛起，其中影響最大、傳播最廣的就是王重陽所創的全真道。全真道之所以能够在短時間裏得到廣泛傳播，甚至代表了宋元以後中國道教發展的新走向，其一是因它在信仰和教義上具有新特點[①]，其二是丘處機西覲成吉思汗擴大了全真道的社會影響，其三則與全真道龍門派努力向江南地區的傳播有關。到明代時，閻道人閻希言（？～1588）在乾元觀開展弘道活動，使乾元觀逐漸成爲江南全真道的重要宫觀。

回顧歷史，乾元觀從齊梁到北宋，有著不同的名稱和規模，從東晋士人楊羲與許謐、許翽父子創立了道教史上影響深遠的上清派，到上清派第九代宗師陶弘景在此修建鬱岡玄洲齋室，傳上清經法，開上清派茅山宗。陶弘景在茅山隱居40年，致力於實踐自己得道成仙的生命理想，不僅從教義理論及醫藥學、化學、生理學和地理學等方面推動了道教的發展，而且以出世心態做入世之事，使乾元觀成爲著名的“山中宰相府”。

乾元觀在唐代時爲紫陽觀，在此開展傳道活動的是上清派第十三代宗師李含光，他在司馬承禎去世後，受唐玄宗之命繼續留居王屋山陽臺觀，修補上清諸經真跡。後李含光稱疾，乞歸茅山修習上清經法，唐玄宗特下詔賜茅山紫陽觀以居之，並賜諸多法物，使乾元觀展現出皇家宫觀的氣象。今天的乾元觀之名得於宋代。宋真宗大中祥符間（1008～1016），上清派第二十三代宗師朱自英因爲宋真宗祈嗣，得生宋仁宗，故頗得二帝尊寵，奉旨住持玉清昭應宫[②]，並在茅山建“九層壇”[③]傳道行法。宋仁宗天聖三年（1025）敕建“集虚庵”，後改敕“乾元觀”，此名一直沿用至今。

---

① 參見孫亦平：《論早期全真道心性論的理論指歸——從人的本真的生命存在中去追求生命的超越》，《南京大學學報》（哲學・人文・社會科學）1997年第4期。

② 玉清昭應宫是北宋真宗趙恒（968～1022）爲收藏“天書”，於大中祥符二年（1009）在皇城西北天波門外耗費鉅資修建的宫觀，主要供奉道教的玉皇、聖祖（宋真宗塑造出來的趙氏祖先——趙玄朗）、太祖、太宗的塑像，屬於皇家宫觀，由此可見朱自英在當時道門中的地位。

③ 《茅山志》卷七記載：“九層壇，有二。其一在乾元觀，朱觀妙所築。一爲上清宗壇。”（《道藏》第5册，北京：文物出版社、上海：上海書店、天津：天津古籍出版社，1988年，第588頁）

茅山上清派在元朝併入正一派,爲三山(龍虎山、閣皂山、茅山)符籙之一,"元時江南爲正一掌教,河北爲全真掌教"①,全真道在江浙一帶的發展並不興盛。乾元觀是如何成爲江南全真道的道場的?

據《金蓋心燈》,龍門正宗第五代由張静定律師和沈静圓宗師並列,開始向江南地區傳播。張静定(? ～1522),號無我子,浙江餘杭人,先於天台山修道,故有記載説他是天台人。張静定精入玄元經典丹訣,著述頗多,因皆不滿意而毁棄,後受人指點,西去四川青城山訪道,遇周玄朴。周祖見其向道心誠,遂收爲弟子。張静定得戒法後,仍歸天台山隱居。沈静圓(? ～1465),號頓空,江蘇句容人,先在天台山遇張静定而有修道之志,後於明正統十三年(1448)去青城山,"遇大拙周祖,受授宗旨、戒律,改名静定矣"②。明代宗景泰二年(1451),他南行至天台,居桐伯山。明英宗天順三年(1459),至金蓋山,居書隱樓修道,後傳法於趙真嵩、衛真定。"自周律師傳張、沈二人,始有律師、宗師之分。"③從此,律師與宗師各自傳法,使龍門正宗分爲兩派,且每代都有數人承擔,改變了過去"單傳秘受,不能廣行"的局面,並使龍門派在江蘇的傳播範圍逐漸擴大,在有著上千年歷史的上清派傳播地茅山紮根。第六代律師趙真嵩又傳王常月,第六代宗師衛真定則傳沈常敬。

第七代律師王常月和第七代宗師沈常敬都曾在乾元觀活動,但在他們之前,先有長春真人丘處機第十四代傳人閻希言於明嘉靖、萬曆年間從陝西南下江蘇,以茅山乾元觀爲活動中心,創立了全真龍門岔派"閻祖派"。

閻希言,又稱閻道人,來茅山之前曾雲遊名山修道,因行蹤飄忽,雖生平不詳,但行事獨特。笪蟾光《茅山志》卷九記載:"閻道人者,不知何許人也。其投刺,人稱希言,人與之書,亦稱希言。頂一髻,不巾櫛,粗布衫而無袙服,履而不襪。"閻道人的長相是,"疏眉目豐,輔重頤,色正紫,腰腹十圍,叩之如鐵,重可三百斤,行步輕捷,雖少壯不啻也。盛暑赤裸而曝日中不汗,窮冬鑿冰而浴。又令人積溺缶中浴之,出使自乾,嗅之殊不覺膻臊。以故所至者異之,目爲道人。以其不巾櫛也,又目之閻蓬頭,諸慕道者咸以耆呼矣"④。後來閻道人來到茅山,看到已經荒廢的乾元觀,於是遊走金陵權貴之門,募資建成殿閣,以乾元觀爲基地進行收徒傳教活動。

① (清)陳教友:《長春道教源流》卷六,《藏外道書》第31册,成都:巴蜀書社,1994年,第118頁。
② 《金蓋心燈》卷一,《藏外道書》第31册,第179頁。
③ 《金蓋心燈·龍門正宗流傳支派圖》,《藏外道書》第31册,第166頁。
④ (清)笪蟾光審編:《茅山全志》卷九,《藏外道書》第19册,成都:巴蜀書社,1992年,第866頁。

二、《乾元觀碑》記載的閻祖派

參考保留到今天的《乾元觀碑》，我們可以更好地瞭解閻祖派在茅山的傳播。閻希言立足於有著悠久歷史的乾元觀，開始收徒傳教弘道的活動，標誌著全真道龍門派支派——閻祖派的創立。這在客觀上打破了正一派獨掌茅山的格局，爲之後茅山的五觀——德祐觀、仁祐觀、玉晨觀、白雲觀、乾元觀逐漸轉化爲全真道觀打下了基礎。

《乾元觀碑》高 1.95 米（不含底座），寬 1.04 米，厚 0.22 米。此碑的殊勝之處是，正反兩面碑文並非同時鐫刻。正面《乾元觀記》刻於明萬曆庚寅年（1590），背面《乾元觀天心庵碑記》刻於清乾隆乙丑年（1769），天心庵是乾元觀奉祀香火院。安放於乾元觀中的《乾元觀碑》長期以來被放倒在地作石桌用，這使其成爲 1938 年乾元觀遭日寇焚毁後唯一幸存且保存基本完好的歷史文物，後來又躲過"文化大革命"一劫，但石碑正面的字跡風化侵蝕嚴重，識讀難度大於背面。

1993 年，乾元觀修復後，《乾元觀碑》重新立於乾元觀大院。《乾元觀記》以行楷作書，少數字爲草體，且古異體字較多，個别字太冷僻，疑其獨創。雖然字跡模糊不清，但經過專家的辨别，其全文如下：

乾元觀記

茅山乾元觀，蓋有閻蓬頭像，云蓬頭者即希言道人，以仙化而藏其骨也。其徒李合坤，既請王元美大司寇讚而傳之，夫復請余讚。且曰：先生知吾師乎？疏眉目、豐輔、重頷、腹便便，垂見者比於彌勒佛，不巾不櫛，人稱爲蓬頭。盛夏暴日，隆冬卧雪，寒暑頓忘。或問：師六十歲乎？曰：然。問：百歲乎？曰：然。二百歲乎？曰：然。問：貫山西人乎？曰：然。問：曾爲元時總管乎？曰：然。大都不言其壽與所自出也。曾過王司寇弇山園中，師言曾有妻室，淫過成疾，遇異人得坐功不死，上記其姓，餘俱忘却。王公且信且疑，獨見渠文章愛之不置耳。

萬曆十六年十月二十三日，宿百户毛俊家，三沐登座，諸弟子求遺教。師曰："惟精惟一，允執厥中。"請益。曰："窮理盡性，以至於命。吾去矣。"諸弟子曰："師去乾元觀乎？"師曰："太虚我家，何必乾元觀乎！"其意已屬之矣。且觀廢，遺碑斷而爲三。一夕，將毁於火，風雨晦冥，雷大作，碑復立，皆有神異。而師復修之，建鉢堂五，左曰香積廚，右曰水雲居，堂後小園曰踵息，横列環堂三座,曰妙元、曰若鏡、曰若昧。東北有静室,名麟溪庵,蓋鴻臚丞高君洧所創也。庵後即鬱岡之絶頂,觀前有庵曰一真,有池曰洗心,大旱不涸,其字非人間筆。池之步五有古燕洞,八仙石,仙橋屏列其右,名曰徼妙洞天。距里許即三吴通衢,行人險阻,乃構茶庵,爲遠行者憩肩之助,其名曰甘露庵。觀之大略如此,願先生一言以垂永永。

余觀三茅所稱華陽洞天,金陵地肺,蓋天下第一名山,而得道之士,若展上公、魏元君者甚衆,獨以茅氏三真君得名耳。陶弘景,晋之高士也,梁武帝召之不出,大事必訪山中宰相。緣於地靈,前後有李明丹井,李含光集虚庵。而觀創於宋時,則因真宗祈胤生仁宗,而主教事者,朱自英也。乾元之設舊矣,其待希言而興乎!

昔伏羲氏畫卦始於乾,仰則觀象於天,俯則觀法於地,觀鳥獸之文與地之宜,近取諸身,遠取諸物,而元者善之長也。乾道變化,各正性命,保合太和,乃利貞。天下之動,貞夫一,一者即中也,堯舜之允執是也。道人臨終而語"精一",所謂"窮理盡性,以至於命"是也。悟道一篇,孔門洙泗之教,孟軻氏七篇之旨也。其有得於乾乎?有得於元乎?希言深於《易》者也,儒而道、道而仙,吾安能窺其際哉。王元美比於洪崖毛仙,又進於柱下。假令質希言於蓬島,然耶?否耶?江本實、李合坤,皆高第弟子,請勒諸石。異代有希言者復出乎,當深感於余言。

萬曆庚寅秋日,賜進士第、通議大夫、大理寺卿、前應天府尹、敕專管漕務督理盧鳳,淮揚梁儲,提督四川學校、沔陽陳文燭王叔撰。門人蔡拱日書丹。句容縣縣丞陳嘉詔立石。建業朱時修錫。

萬曆十六年(1588),閻希言羽化於乾元觀,傳有弟子舒本住、江本實、王合心等。《乾元觀記》立於萬曆十八年(1590)秋日,其文由時任南京大理寺卿陳文燭(1525～?)所作,展現了茅山乾元觀的振興與閻祖派創始人閻道人的努力有關:"茅山乾元觀,蓋有閻蓬頭像,云蓬頭者即希言道人,以仙化而藏其骨也。"[①]當年閻希言來到茅山乾元觀,此觀已成廢墟。祇有舒道人在此結茅而棲,堅心修煉了10多年。閻希言與舒道人在乾元觀相遇後,即立志振興古乾元觀,而往來於江南。

再聯繫清笪蟾光(1623～1692)《茅山志》卷九所撰閻道人小傳看:閻道人初到茅山乾元觀時,見僅存山門及丙舍,於是遊説金陵諸多公卿名士,依靠衆多贊

① 《茅山乾元觀》編委會編:《茅山乾元觀》,内部資料,第26頁。

助，修復了乾元觀殿堂樓閣，並進行收徒傳教的活動，將全真道龍門派傳入茅山，創立龍門岔支閻祖派。閻道人住茅山50餘年，於乾元觀中栽植桃杏，美化環境，又引山泉灌溉水田，年穫稻米三四十石，使乾元觀在經濟上實現自給自足，同時也成爲一方清静的修道勝地。

萬曆十二年(1584)冬天，時任應天府尹、南京刑部右侍郎的文學家王世貞(1526～1590)上茅山，與閻道人相見。據王世貞當時的觀察，閻希言"頗好作有爲功德"，以一種强烈的傳教使命感希望復興茅山全真道派的道脈。"原先乾元觀在句容、金壇兩縣境内的田産，此時已被勢豪侵占。在王世貞等江南士紳的影響之下，南京及茅山附近的公卿大夫或自己'歸其侵地'，或采取行政手段，而使這些被侵田産歸還於乾元觀。"①閻希言還通過修路、造林、引水、種田等，重振乾元觀。爲擴大茅山的社會影響與名聲，閻希言還走出茅山，到處尋求、收集社會名流的題字。閻希言還到王世貞的太倉弇山園拜訪，拿出有當時名士題贈詩文的簿册，請王世貞題字。王世貞提筆寫下"野鶴孤雲"四大字，並作詩贈之，同時囑咐好友詩人胡應麟(1551～1602)也寫詩贈之。由此可見，閻希言並非僅是山林隱修者，他還通過搜集名人題贈來擴大茅山道教的社會影響，表現出相當的社會活動能力。

閻希言深知王世貞在當時朝廷及文人圈中的影響及左右社會輿論的能力，萬曆十六年(1588)又專程到南京請求王世貞爲自己寫傳記。當時王世貞問他："名觀不名道人，可乎？"即我衹寫乾元觀，不宣揚你閻道人，可以嗎？閻希言馬上回答："安可不名道人！吾固賴子傳耳。"②因此，王世貞撰寫《閻道人希言傳》介紹閻道人學道經歷及對振興乾元觀的貢獻。《長春道教源流》更是將閻道人置於全真道龍門派發展中，對其生平事蹟進行介紹：

> 閻道人者，名希言，號亦曰希言。不知何許人，自言家山西，有妻室，生一女。年二十七八時，成瘵幾死，遇師誨以坐功，得無恙。嘉靖乙未、丙申間，去家學道。後從太和山至勾曲之乾元觀時，似六十許人。或曰已百餘歲，或曰元時嘗爲某路總管。希言皆漫應之，終不測其何如人也。頂一髻，不巾櫛，人因稱爲閻蓬頭。身著粗布夾衫。……盛暑裸暴日中，不汗，窮冬鑿冰而浴。……或叩以延年沖舉之術，不應。惟勸人行陰騭，廣施與，勿淫

① 王崗：《明代江南士紳精英與茅山全真道的興起》，趙衛東主編：《全真道研究》第二輯，濟南：齊魯書社，2011年，第68頁。

② (元)劉大彬編，(明)江永年增補，王崗點校：《茅山志》上册，上海：上海古籍出版社，2016年，第748頁。

勿殺,勿憂勿恚,勿多思而已。乾元觀故址,初僅有門及丙舍,道人遊金陵公卿間,彙貲成諸殿閣。山徑左右皆植桃李,春時若錦繡,益斥南畔田,引山泉溉之,成稻田數十畝。住觀五十餘年。①

王世貞也對閻道人一生積極傳道的貢獻評價甚高:"道人遊行人間者五十餘年,灼然著聲者垂四十年。出無恒嚮,詣無恒主,宿無恒夕,忽然而來,忽然而去,無住無主,無戀爲本,無相爲宗,其真有道者耶。"②但閻道人臨終遺教却説:"窮理盡性,以至於命。齊家治國平天下。"其以儒家積極入世精神做弘道工作,亦道亦儒,將出世與入世精神樸實地結合起來,故《乾元觀記》篇末所言"希言深於《易》者也,儒而道、道而仙,吾安能窺其際哉",是其儒道雙修的明證。

另外,《江寧府志》中也有閻道人傳記,並將之作爲明代"四羽士"之一,可見閻道人在當時當地的社會影響。明代大學者顧起元(1565～1628)欣賞道教隱逸文化,在南京修建遁園以修身養性。他在講述明代南京故事的《客座贅語》卷八《四羽士》中説:

余眼所見與耳所聞四羽士,皆三十年來遊南都,與縉紳往還灼灼有名者也。閻蓬頭希言,嘗在弇州先生司馬署中。先生躬爲余言:"其亡甚異人者。且言初至猶矯健,後稍弱且泄瀉,不久蜕於毛百户家矣。"先生爲其像讚,有曰:"希言希言,蓬頭蓬頭,吾能臆其名與貌,而不能詰其修。能睹其去,而不能測其來由。能辨其爲散仙,而不能定其品與流。我不子從,子不我留,呵呵,休休!"似涉微諷。其後十餘年,閻弟子李徹度者來。李曾止余亡弟周南所,其人瀟灑出塵,所教人在固後天之氣,以養先天而已。人有行之者,亦多效。③

在展現了閻希言與弟子李徹度、醒神子、彭仙翁與江南官吏縉紳交流傳道的景象後評價道:"此四羽士,第其品,閻爲最,李次之,彭又次之。醒神子,人言爲社日生,當可信,其品最下,不足信。獨怪士之風靡而走其門者,何也? 嗟乎! 以世間心漫求之,彼亦漫應之,即旦暮遇猶千里矣。世間那有揚州鶴哉。"④可見儒士眼中閻祖派道士的形象。

---

① (清)陳教友:《長春道教源流》卷七,《藏外道書》第 31 册,第 132 頁。
② (明)王世貞:《閻道人希言傳》,《弇州山人續稿》卷六三,臺北:文海出版社,1970 年,第 3434 頁。
③ (明)顧起元撰:《客座贅語》,南京:南京出版社,2009 年,第 226 頁。
④ (明)顧起元撰:《客座贅語》,第 227 頁。

三、閻祖派與全真道在茅山的傳播

自劉大彬集《茅山志》以後，茅山上清派宗師的傳承已不見經傳。明初正一派中的龍虎宗因得到帝王的支持，在京城金陵（今江蘇南京）一帶傳播。到明代中期，以茅山爲基地的傳統上清派勢力也明顯下降，茅山上原有的"三宮五觀"，僅山上的"三宮"還在香火相承，"五觀"却是逐漸蕭條。這從茅山"五觀"之一的乾元觀院内的《乾元觀碑》碑文可見一斑。

明嘉靖至萬曆年間，閻希言在乾元觀收徒傳教。此時，傳統的上清派茅山宗雖歸於正一派，但勢力已明顯衰退，衹能維持"三宮"而無暇顧及"五觀"了，這正好給了"閻祖派"在茅山興起並傳承的機會。《諸真宗派總簿》記載："邱祖復字岔派分支，茅山乾元觀。"[①]其宗派傳承譜系是，"復本合教永，圓明寄象先，修成龍緒業，歷代嗣宗傳"20字，但據説閻祖派譜系原有40字，現僅存25字，即在《諸真宗派總簿》所列的20字之後再加上"童心容易得"[②]。起始五輩"復本合教永"恰與龍門派第十四代至第十八代相合，並根據道號而形成宗派道脈傳承，故"閻祖派"爲龍門派"復"字輩岔支分派。

《道統源流志》也稱閻希言是龍門岔支派茅山派第一代祖師："閻守真律師，名復真，號守真，律名復本。出家茅山乾元觀，爲龍門岔支派茅山派第一代祖師。"[③]但也有人認爲該書"把閻希言變成龍門正宗的律師，並給他'復真'、'復本'的法名、律名，這毫無任何明代甚至清初文獻的支持，不足爲信"[④]。閻希言是不是龍門正宗的律師還需進一步研究。但從江蘇道教的視域看，閻希言的弟子較多，有的還離開茅山到外地去進行傳教活動，可見閻祖派在傳至第三、四代時，頗受江南士紳的關注與支持。

到了清代，笪重光編纂《茅山志》時主要吸收了王世貞《閻道人希言傳》的觀點，認爲閻希言在乾元觀培養出了一批道士，其中收録了舒本住、江本實、王合心、李合坤的生平傳記，爲今天瞭解閻祖派在茅山的傳播提供了寶貴的資料。

舒本住，又稱"舒道人，晚而慕道，浪跡諸名勝，至三茅鬱岡之下，見有宋朱真人《幽光顯揚碑》，仆於荆榛中。土人取石爲灰，碎其碑，將負去，忽雷雨晦冥，若

① 《白雲觀志》，《藏外道書》第20册，成都：巴蜀書社，1992年，第576頁。

② 《茅山乾元觀》編委會編：《茅山乾元觀》，第14頁。

③ 莊嚴居士輯：《道統源流志》（下），無錫：中華印刷局印刷，第19頁。

④ 王崗：《明代江南士紳精英與茅山全真道的興起》，趙衛東主編：《全真道研究》第二輯，第40頁。

見有人榛合立之者。道人異之,乃倚碑結茅而棲,堅意精心,凡十餘年。而道人閻希言者,始來自終南,豐腹重頷,不冠不履。舒知其不凡,拜爲師,遂相與胼胝,興復古乾元云。然則舒道人者,其觀妙之守孫也,名本住,號一庵,金陵人。與江文谷同爲希言高足弟子,享年九十有六"①。從這一記載可見,舒道人來到茅山乾元觀時,宮觀房舍已成廢墟,那塊著名的講述上清派第二十三代宗師朱自英修道歷程的《幽光顯揚碑》還被當地山民粉碎了以燒石灰。舒道人爲保持之,倚碑結茅而棲居,堅心修煉十多年,直到遇見從終南山來的閻希言,遂拜之爲師。閻希言與舒道人一起振興古乾元觀,通過修繕宮觀、收徒傳教等活動,逐漸創立全真龍門岔支"閻祖派"。

王崗在點校《茅山志》時,查閲了李維楨供田記及遊記、顧起元《遊三茅山記》、鄒迪光《遊茅山記》及王復禮《武夷九曲志》等,認爲其中"分别記載了閻希言徒孫蕭合乾(乾陽)、王合中、黄合賢"②。這幾位是接續舒本住而成爲閻祖徒孫的,可能是根據閻祖派的傳承譜系"復本合孝"排列下來的。乾元觀道士黄合賢應是閻希言的徒孫輩,但《武夷山志》則明確提出黄合賢直接師事閻希言:"黄合賢,號知白,大梁人。少好道,入三茅山。有閻希言者,三百餘歲矣。合賢師事之,獲秘授,逾七旬,顔如童子。晚創知白庵於七曲三隱臺。萬曆初,有懿旨,擇高真檢《道藏》,僉舉合賢應召。旋受寵褒,後無疾而化。"③這裏説閻希言修道獲長生而有三百餘歲,纔成爲黄合賢之師,明顯有著神化色彩。但值得注意的是,這段資料中提及黄合賢在萬曆初年,應"擇高真檢《道藏》"的懿旨,參與了第五十代天師張國祥奉旨檢修《道藏》的工作,可見他也是一位博學有才的高真。

江本實(1545～1606),又稱江道人,亦作姜本實,號文谷,蘇州玉田人。早歲棄家學道,萬曆壬午(1528)至鬱岡師希言。"嘗言人生未嘗無死,有盡刑骸,人死未嘗無生,當存精氣。乃於洗心池旁培小阜祀重陽,因叠石塞牖,趺坐於中。謂其徒:'每日向牖呼之,應則已,不應則入,收斂遺蜕。'凡呼之三年,乃不應,啓石視之,坐蜕矣。故稱爲活死人墓。所著有《華陽真誨》行於世。"④據于孔兼

① (清)笪蟾光審編:《茅山全志》卷九,《藏外道書》第 19 册,第 866～867 頁。清曹襲先纂修《句容縣志》(《中國方志叢書・華中地方・第一三三號》,臺北:成文出版社,1974 年,第 347～348 頁)中也有相似的記載。

② (元)劉大彬編,(明)江永年增補,王崗點校:《茅山志》上册,第 675 頁。

③ (清)董天工修撰,方留章等點校:《武夷山志》,北京:方志出版社,1997 年,第 597 頁。

④ (清)笪蟾光審編:《茅山全志》卷九,《藏外道書》第 19 册,第 867 頁。

(1548～1612)《道人江文谷傳》記述，閻希言昇仙前將乾元觀事務委予江本實管理，江本實成爲閻祖派在乾元觀的第二代住持。在他的領導下，乾元觀建立雲水居作爲雲遊全真道士掛單修煉的場所，乾元觀也發展成江南全真道的十方叢林之一。

王合心(1567～1618)，又稱"王小顛，道名合心，常州宜興人。生而慧辨，通儒術。弱冠居金沙，即悦水雲之士，作方外遊，遍諸名山，訪高流，見閆希言，師事之，叩昇舉事。……先生且學博而才敏，構詞用意出人意表"[①]。王合心遇閻希言後，閻希言授以秘訣，雖以弟子相待，但去世前却將衣鉢傳給江本實，並命王合心師事江本實，聽其教誨，然後要求江本實再傳給王合心。這樣，王合心在師承排列上就有了"復考文谷而祖希言"的特殊地位，故有"此云師事閻希言，疑當爲師事閻希言之徒"之説。

李徹度(1510～1619)，黟縣人，本名夢仙，法名一了，嘉靖三十五年(1556)棄家入道，去武當山修道七年，在那裏恰好遇到閻希言，兩人一起共證修真。李徹度在來茅山之前有一段豐富的求道經歷："李道人，黟縣人，父母皆夢一道人入門而生，名夢仙，以正德庚午年生。"李徹度本是有妻有妾的俗人[②]，後受丘長春十代孫的指點，"棄妻子，雲遊西粤湘山，楚太和山，散髮嘯歌，衆莫之識。時閆希言在山，獨識之，相得甚歡，朝夕修證。閆往茅山，李忽投清凉澗中，捧腹大笑，從此遂不衣，嚴冬亦然。故以赤肚名，十年遊終南，又十年遊匡廬，三年始入茅山。而閆先一年尸解矣"[③]，後來閻希言先離開武當山去了茅山。

李徹度以善治病而聞名，求醫者絡繹不絶，因教授簡學易懂的丹法，當地士紳從之如雲，在仙傳中以"李赤肚"而知名。據明代李日華《六研齋三筆》卷四記載："李赤肚禁人泄氣，遇腹中發動，用意堅忍，甚有十日半月不容走泄，久之則氣亦静定，不妄動矣。此氣乃穀神所生，與我真氣相爲聯屬，留之則真氣得其協佐而日壯。輕泄之，真氣亦將隨之而走。"[④]錢謙益(1582～1664)曾爲其表兄作《顧行之七十壽叙》，其中在講述其仲舅學仙之事時還特别提及："仲舅好長生冲舉之術，延致閻希言、李赤肚輩，皆百歲以外登真度世之人。"[⑤]在與閻希言分别 23 年

① (清)笪蟾光審編:《茅山全志》卷九,《藏外道書》第 19 册,第 867 頁。

② 《赤肚李道人傳》載,李赤肚,名夢仙,父親去世時,年僅十歲。"稍長修父業,收息江湖,輒遊酒人聲妓之間,揮金無所惜。年四十,挾妓王鳳仙居蕪湖,病羸,瀕死。"後遇高人醫治,病愈。從此看破紅塵,自棄妻子,出家爲道士,雲遊天下。

③ (清)笪蟾光審編:《茅山全志》卷九,《藏外道書》第 19 册,第 867 頁。

④ (清)俞樾撰:《茶香室叢鈔》第三册,北京:中華書局,1995 年,第 1077 頁。

⑤ (清)錢謙益:《錢牧齋全集》(八),上海:上海古籍出版社,2003 年,第 544 頁。

後,李徹度去茅山尋找他,但他已於一年前羽化了。李徹度欲拜江文谷爲師,但江道人因他與閻希言之間亦師亦友的關係而不受,他"遂拜空而師閻"①。這種説法背後隱含著李徹度依據過去在武當山的學仙經歷想歸入閻祖門下,但江文谷却不願以師輩自居的信息。但據記載,李徹度到乾元觀後,按閻祖派的派字改爲李合坤,還是歸入江文谷的"合"字輩弟子。因此,從保留下來的資料看,關於李徹度的輩分有不同説法:其一是閻希言的弟子,如《乾元觀記》記載"希言道人,以仙化而藏其骨也。其徒李合坤,既請王元美大司寇讚而傳之";其二是屬於閻祖派三代"合"字輩。

李徹度來到茅山後,主持並完成了乾元觀的修復工作,更與京城官吏文人交往密切,擴大茅山乾元觀的社會影響。鄭汝璧、董其昌、朱謀垔等都有詩贈李徹度,其中形象地描繪了李徹度於茅山修道的狀態,例如朱謀垔《送李徹度師還山》:"九十仙真歲月賒,居然福地領煙霞。來驂緱嶺峰頭鶴,去采華陽洞口花。神守一元觀竅妙,心從九轉煉丹砂。關門令尹休相托,騎出青牛是故家。"②李徹度也請名家寫《乾元觀記》。正是在金陵士紳的支持下,乾元觀纔得以重振,並獲得明神宗頒賜《道藏》,提升了乾元觀在茅山乃至全國道教中的影響力。李徹度有弟子李教順、閔君竹、王我虛、曹薰在史傳中留下信息,其中李教順在萬曆中後期任乾元觀知觀。據顧起元《茅山重建乾元觀記》記載,李徹度最後坐茅山燕口洞三年,於萬曆己未(1619)八月,年一百十五歲而化。

李教順是李徹度的法嗣,閻祖派第四代。明人李鼎、李維楨、顧起元和明神宗皆記載李教順在萬曆中後期擔任乾元觀最高的道職"知觀"。王世貞在《閻道人希言傳》中稱:"道人以甲申之冬,過我弇中,酒間忽謂余:吾家山西,二十七八時,行販燕市,資足自給。有妻室矣,而淫往往,房室過度,成瘵且死,而遇我師誨之,坐功得無恙。"③笪重光《茅山志》卷九也記載了王世貞到茅山訪問時,還於夢中見過李道人:"王荆石先生宿大茅峰,夢一道人坐斯洞,覺而馳至,遂肅拜焉。"④一是酒間,一是夢中,給人以恍惚之感。實際情況究竟如何呢?若依《閻道人希言傳》之記載,李教順本是全真道長春派的第十一代傳人,但皈依到閻希言門下後,"定名若干字,世以相承,總爲一家,無復分異"。他將自己的輩分延後,改爲"教"字輩,成爲閻希言所傳的長春派的第十六代弟子。爲何要等到第四代李教

① (清)笪蟾光審編:《茅山全志》卷九,《藏外道書》第 19 册,第 867 頁。
② 《茅山乾元觀》編委會編:《茅山乾元觀》,第 64 頁。
③ (明)王世貞撰:《閻道人希言傳》,《弇州山人續稿》卷六三,第 3435 頁。
④ (清)笪蟾光審編:《茅山全志》卷九,《藏外道書》第 19 册,第 867 頁。

順時,茅山全真道派纔來定輩字呢?對此有人解讀爲:“乾元觀全真道原先固然有長春道派的身份認同,也使用龍門字派。但爲了尊崇閻希言復興乾元觀及建立茅山全真道派之功,李教順很有可能定了新的以閻希言爲宗師的字派。當然,李教順和乾元觀其他道士都明白他們這一支全真道派淵源於長春道派。把閻希言系茅山全真道派説成是龍門或長春門下‘復’字岔支派,是順理成章的事。這便是閻祖派派詩的來龍去脈。”[①]李維楨本人去過茅山乾元觀,並應李教順要求爲乾元觀寫了《供衆田記》,他能這樣説自然是有其根據的。

另外,據日本學者五十嵐賢隆所記《宗派别》,與閻祖有關的道派還有二茅派。從名稱上看,二茅派繼承了茅山道教的信仰,但在明代又受乾元觀閻祖影響而形成了自己的傳承譜系:“二茅派:茅山乾元觀閻祖。留傳:復虚興道,富德從仁,世理真常,教本可思,克成大業,畢定久昌。”[②]若參考藏於北京白雲觀的《諸真宗派總簿》,其中收有二茅派[③],可見其派詩與五十嵐賢隆所記一致,衹是簡單地將其歸在二茅真君茅固的名下,並未將其與閻祖相聯繫。

閻祖及其弟子紮根乾元觀進行弘道活動,“在閻祖等人的影響下,茅山道院‘三宫五觀’中的五觀逐漸改習全真,俱尊乾元觀爲五觀之首、全真宗祠,茅山唯一的子孫叢林”[④],這客觀上擴大了全真道在江南地區的社會影響,並改變了上清派統治茅山道教的基本格局,形成了“三宫”傳正一與“五觀”習全真的景象。就笪重光《茅山志》看,除了沿襲劉大彬《茅山志》中的第四十五代宗師外,其餘收録的道士没有一個是正一道士,由此即可窺見明代後期全真派在南傳過程中把江南道教名山茅山作爲其傳道的首選之地。

同時,乾元觀的興盛也與明萬曆年間明神宗的支持及頻繁往來有關。王錫爵撰《乾元觀記》中記載:“壬子後,復賜孔雀、玉皇、東嶽、玄範諸經,衮衣繡幢,醮資若干緡。”[⑤]“壬子”即萬曆四十年(1612),這年,明神宗曾賜給乾元觀各種道經,並提供舉行道教齋醮科儀所需用品和經費。

從史料記載看,“閻祖派”傳承四代,至“教”字輩以後的相關記載就稀少了,但筆者在文獻查找和田野調查時發現了一些碑文,可作爲我們今天瞭解乾元觀

① 王崗:《明代江南士紳精英與茅山全真道的興起》,趙衛東主編:《全真道研究》第二輯,第 41 頁。

② [日]五十嵐賢隆:《太清宫志》,郭曉峰、王晶譯,濟南:齊魯書社,2015 年,第 52 頁。

③ 《諸真宗派總簿——道教宗派源流》記爲“復虚與道”,其中“與”可能是“興”的誤寫。參見吴信汝主編:《道教精粹》下册,北京:綫裝書局,2016 年,第 963 頁。

④ 《茅山乾元觀》編委會編:《茅山乾元觀》,第 15 頁。

⑤ (清)楊世沅輯:《句容金石記》卷一〇,《石刻史料新編》第 2 輯第 9 號,臺北:新文豐出版公司,1979 年,第 6584 頁。

如何延續"閻祖派"傳承譜系的實物證據。

第一,萬曆三十四年(1606)所立的《皇明重興乾元祖文谷姜公墓碑》上有"第五代當家錢永成、都管王永虛立"的題字。此碑至今仍保留在乾元觀内的"活死人墓"旁,墓主姜文谷,即江本實,下面的落款時間是"萬曆三十四年歲次丙午冬日"[①]。立碑者是當時的乾元觀當家錢永成、都管王永虛,他們是閻祖派第五代"永"字輩。

第二,錢謙益所撰《書建玉皇閣疏後》中有張充符崇禎十七年(1644)任乾元觀住持的相關記載。"乾元觀在小茅山西北鬱冈山下。自充符張尊師住持,崇飾尊嚴,殿宇巋然,而玉皇殿閣未就。中常侍李君捐貲締構,又爲文以唱導。充符書來,請余記其後。"[②]錢謙益所説的"充符"是字而非法名。據考,在龍門字派内,"充"字對應的法名應該是"圓",是全真道龍門派第十九代[③],即乾元觀"閻祖派"傳承譜系中的第六代。當時正值明末清初,清兵南下,以錢謙益爲代表的復明志士在崇禎皇帝自縊後,支持明朝宗室福王朱由崧於崇禎十七年(1644)五月在南京登基爲皇帝,改元弘光,在南方建立南明政權。張充符作爲茅山道士也積極支持,祁彪佳《祁忠敏公日記》記載,乙酉年(1645)五月初六日,"茅山道士張充符過訪,言大司監俱有引退者,而韓内監贊周且削髮;時事可慨矣"[④]。後來,張充符在南明監國魯王朱以海時出任兵部侍郎,除張充符之外,他的名字還有張充甫、張冲甫、張冲符、張仲符、張中符等不同寫法,後以"茅山道士"身份潛伏於清統治區進行復明活動[⑤],因此得以在史書中留名,爲我們今天考察閻祖派的傳承提供了線索。

第三,清光緒元年(1875)三月在茅山所立的《龍門閻祖弟子王歷功碑》中有"龍門閻祖分派第十六代羽化先師歷功王公之墓"的字様,可見王歷功是全真龍門閻祖派第十六代傳人,其後還列有從"代"至"童"的五代傳人的名字,"立碑人是王歷功的徒弟施代銘、嚴代松;孫嚴嗣昆、張嗣亨、俞嗣修;曾孫潘宗感、許宗成、張宗泰;元孫曹傳恩,元元孫楊童孝。光緒十六年(1890),楊童孝曾募捐修建

① 楊世華主編:《茅山道院歷代碑銘録》,上海:上海科學技術文獻出版社,2000 年,第 140 頁。
② (明)錢謙益:《錢牧齋全集·初學集》,第 761 頁。
③ (元)劉大彬編,(明)江永年增補,王崗點校:《茅山志》上册,第 676 頁。
④ (明)祁彪佳:《祁彪佳日記》(下),杭州:浙江古籍出版社,2018 年,第 823 頁。
⑤ 顧誠:《南明史》,北京:中國青年出版社,1997 年,第 826 頁。

松風閣"[①]。到 20 世紀,乾元觀主持惠心白是"心"字輩,同輩還有曹心林、謝心禄、李心斗,後經趙容海,再傳朱易經、馬易芳等,則是第二十四代"易"字輩了。因此,從目前收集到的資料來看,茅山閻祖派的傳承大致如下:

第一代——復:閻希言(復真)
第二代——本:江本實、舒本住
第三代——合:王合心、李合坤、蕭合乾、王合中、黄合賢
第四代——教:李教順、閔君竹、曹薰、王我虚
第五代——永:錢永成、王永虚
第六代——圓:張充符、閻曉峰
……↓
第九代——象:金象鴻、蘇象海
第十代——先:李先真、王先實
……↓
第十六代——歷:王歷功
第十七代——代:施代銘、嚴代松
第十八代——嗣:嚴嗣昆、張嗣亨、俞嗣修
第十九代——宗:潘宗感、許宗成、張宗泰
第二十代——傳:曹傳恩
第二十一代——童:楊童孝
第二十二代——心:惠心白、曹心林、謝心禄、李心斗
第二十三代——容:趙容海、趙容山、陳容君、高容亮、陳容富、周容正
第二十四代——易:朱易經、馬易芳、李易昌、賀易松、王易法、朱易成

值得注意的有兩點:一是閻祖派在歷史傳承過程中,在第六代、第十代之後,有兩次信息中斷;二是第十六代到第二十一代的傳承信息是從一通出土碑文中發現的。閻祖派從第六代開始傳承不興,可能與龍門派在茅山的傳播有關。

龍門派第七代宗師沈常敬來茅山乾元觀,與閻祖派傳人共執教務,並積極支持龍門派律師王常月來茅山傳戒,於是乾元觀出現了"閻祖派"與"龍門派"共存的現象,成爲江蘇道教中具有特殊地位的一座全真道叢林。在沈常敬來茅山時,

① 句容市地方志辦公室編:《句容茅山志》,合肥:黄山書社,1998 年,第 120 頁。

"五觀"中的其他三觀——白雲觀、玉晨觀和德祐觀也是一片廢墟,經過其弟子們的不斷開發,成爲全真道龍門派的傳播基地。

沈常敬最後昇仙於乾元觀,其門下有孫玉陽宗師、黄赤陽律師等,共執教務。孫玉陽,名守一,生有神異,"既長,博聞强記,且精騎射,自命不凡,然不屑入世,常休金蓋之雲根。年十九,遊金陵,遇太和沈祖於陶谷,慨然以得仙爲分内事,遂偕隱茅山,授以秘書三十六種,師則一一精詣其髓。沈祖大悦,授以宗旨,命名守一"[①]。孫玉陽拜與王常月同輩的沈常敬爲師,主持茅山乾元觀時,笪重光也隱居於茅山鬱岡峰掃葉樓、松風閣,與孫玉陽共弘全真教義。

孫玉陽門下有范太青、周太朗、閻曉峰等。得其宗旨者閻曉峰,繼守茅山乾元觀,皈依孫師,爲龍門派第九代傳人,門庭亦盛:"閻曉峰宗師,名太,號曉峰,爲茅山乾元觀講席,其傳後人改茅山法派,故無考。"[②]閻曉峰又稱"閻蓬頭",曾在茅山乾元觀大力傳播全真教,也是閻祖派第六代傳人。據《金蓋心燈・道譜源流圖》記載,閻曉峰"繼守茅山乾元觀,其所傳後人改皈茅山法派"[③]。閻曉峰在任乾元觀講席時,先繼承全真龍門派教法,後帶領門人改習茅山傳統的上清經法,促進了全真與正一的融合,但其弟子接任後,又改皈閻祖派。

閻祖派及龍門派都以乾元觀爲基地向周邊地區傳播。清順治二年(1645),范太青(1606～1748),號青雲子,先來茅山乾元觀拜孫玉陽爲師,爲龍門派第九代宗師,後去主持天台山桐伯宫講席,並奉敕建崇道觀,開龍門桐柏觀支派。"康熙甲辰,遣其門人周太朗之杭之大德觀,並與宗旨一册,使嗣赤陽黄律師。"[④]據《武夷九曲志》記載,閻祖派第九代金象鴻明末時入茅山修道,後到羅浮山、武夷山清真道院傳道。

全真道龍門派傳入茅山後,乾元觀雖然也受其影響,但還是保留了自己的閻祖派傳統。從此,茅山道教呈現出"三宫"傳正一道,"五觀"中白雲觀、玉晨觀和德祐觀傳全真龍門派,乾元觀與仁祐觀則傳全真龍門派岔支閻祖派的獨特景象,這大概與閻希言先於王常月來到乾元觀有關。

從《乾元觀碑》看閻祖派興起及全真道在茅山的傳播,可見全真道傳入茅山後,與山上本有的由上清發展起來的正一派没有發生什麽衝突,反而紮根並興盛

① 《金蓋心燈》卷二,《藏外道書》第 31 册,第 207 頁。
② 莊嚴居士輯:《道統源流志》(下),第 8 頁。
③ 《金蓋心燈・龍門正宗流傳支派圖》,《藏外道書》第 31 册,第 169 頁。
④ 《金蓋心燈》卷二,《藏外道書》第 31 册,第 207 頁。

起來,這是值得認真研究的文化傳播現象。今天,乾元觀繼承道教"和順文化"的優良傳統,爲促使江蘇道教與江蘇社會文化的繁榮發展而努力。

[本文爲國家社科基金重點項目"東方道文化與新時代人類命運共同體的構建研究"(項目編號:19AZJ002),江蘇省社科基金文脈專項"江蘇道教史"(項目編號:22WMW006)階段性成果]

(責任編輯:黄新華)

碑刻所見盛京都城隍廟的歷史變遷

□汪桂平

摘要：盛京都城隍廟原爲瀋陽城隍廟，清代升爲都城隍廟。本文利用留傳至今的三通城隍廟碑刻資料，對盛京都城隍廟的歷史沿革進行了初步梳理，認爲盛京都城隍廟歷來由道士住持，兼有國家祭祀與道教服務雙重功能，瀋陽地區的城隍信仰亦有著悠久的歷史和深遠的影響。

關鍵詞：盛京　瀋陽　城隍廟　道録司　祭祀

作者簡介：汪桂平，中國社會科學院大學教授，博士生導師，中國社會科學院世界宗教研究所研究員，中國宗教學會道教研究專業委員會主任。

盛京都城隍廟原爲瀋陽城隍廟，大約創建於遼金時期，是東北地區較早建立的城隍廟。元明兩代不斷重修和擴建，祭祀不斷。清代升格爲都城隍廟，由官方撥款修補，又是盛京道録司所在地，是典型的官辦宫觀。民國以後漸廢，現已不存。本文主要依據現存的三通碑刻資料，對盛京都城隍廟的歷史沿革進行初步梳理，認爲城隍信仰在東北地區有著悠久的歷史，盛京都城隍廟歷來由道士住持，兼有國家祭祀與道教服務雙重功能。

一、瀋陽城隍廟的創建與元代重修

瀋陽城隍廟始建於何時，史書中並無明確記載。

據現存最早記載有瀋陽城隍廟的地方志康熙《盛京通志・祠祀志》："都城隍廟，在城内大街鼓樓東路北，舊瀋陽城隍廟也。廟有元至正年碑一。明洪武、弘治、萬曆年間皆重修，有碑記。"[①]該書衹記載了瀋陽城隍廟有元代碑刻，並未明確該廟創建於何時。

① （清）董秉忠等修，（清）孫成等纂：《盛京通志》卷二〇，清康熙二十三年（1684）刻本。

然而，到了民國年間編纂的《瀋陽縣志》，即記載道："都城隍廟在城内四平街鼓樓東。元至正十二年建，明洪武、弘治、萬曆、清康熙元年重修。"①很明顯，該書認爲瀋陽城隍廟"元至正十二年建"的觀念，是將元代至正十二年重修碑刻的年代誤解爲城隍廟的創建時間了。

實際上，這通珍貴的元代碑刻仍然現存於世，現藏於瀋陽故宫博物館内。該碑是元代至正十二年(1352)立，杜克中撰並書。碑高 1.86 米，寬 0.68 米。陽額題"城隍廟碑"四字，陰額題"瀋陽路城隍碑"六字。碑陽記載了城隍廟的重修緣起等，碑陰記載了功德官員題名和廟院地四至等。根據碑刻内容，可以確定瀋陽城隍廟至少創建於元至正四年(1344)之前。碑記曰：

> 樂郊之有城隍土地神者，歲遠失其榮姓，但故老相與□□□□守土者也。□之而民富，去之而民思，宜乎立爲祠宇，事之如生，□□天地焉，愛若父母焉。凡水旱疾疫，禱而輒應，其忠心直氣，使然□有□□□獨遊於地下，豈信一方而食千祀者歟。②

根據碑記所載，瀋陽的城隍信仰歷史悠久，所謂"樂郊之有城隍土地神者，歲遠失其榮姓，但故老相與□□□□守土者也"，説明由於時代久遠，人們已經記不得城隍神的姓名，但歷來認爲該神就是城市的守土者，於是立祠祭祀，事之如生，愛若父母，凡有水旱疾疫，禱而輒應。因此可以看出，瀋陽城隍廟的歷史悠久，可能創建於遼金時期。學者沈長吉、王明琦在《最早記録瀋陽的碑刻——元代瀋陽城隍廟碑》一文中認爲瀋陽城隍廟可能始建於遼金，並進一步推論指出："既或始建於遼金時的城隍廟到了金元之際恐已荒廢。而在元世祖中統三年(1262)復立瀋州路之後又加重建。元成宗大德元年(1297)改瀋州路爲瀋陽路，城隍廟之名便冠以'瀋陽'二字而爲瀋陽城隍廟。"③筆者同意該文的推論，認爲瀋陽城隍廟可能始建於遼金，至少是元代以前。

又據考古資料，城隍信仰在唐代即已傳入東北黑龍江地區。唐武后聖曆元年(698)，粟末靺鞨首領大祚榮建立了地方政權渤海國(698～926)，渤海國地域廣大，其强盛時統治區域包括今吉林省大部、遼寧和黑龍江省部分地區、俄羅斯遠東濱海邊疆區的大部以及朝鮮半島北部。設 5 京、15 府、62 州、130 餘縣，是當

---

① 趙恭寅、曾有翼纂：《瀋陽縣志》卷一三，《中國方志叢書・東北地方・第十號》，臺北：成文出版社，1975 年，第 591 頁。

② 王晶辰主編：《遼寧碑志》，瀋陽：遼寧人民出版社，2002 年，第 56 頁。

③ 沈長吉、王明琦：《最早記録瀋陽的碑刻——元代瀋陽城隍廟碑》，《瀋陽師範學院學報》(哲學社會科學版)1980 年第 3 期。

時東北地區的一個强國,被譽爲海東盛國。渤海國受唐册封,是唐代的一個封國,也是一個羈縻府。渤海國與唐朝往來密切,政治上受到支持,經濟上得到幫助,文化上也受到盛唐文化的重大影響,城隍信仰亦傳播到渤海國區域。20 世紀 60 年代初,渤海上京城遺址内考古發現了一件圓形銅旆,上面刻有"城隍廟路北"字樣,這説明當時的渤海上京城(今黑龍江寧安市一帶)應該存在"城隍廟"。那麽,遠在渤海國上京地區已有城隍廟,説明唐代城隍信仰在東北地區的傳播已經非常廣泛。其後的遼金時期,中原文化在東北進一步傳播,加上宋代對城隍神的推崇,城隍廟宇遍天下,故瀋陽在遼金時期建有城隍廟,是非常有可能的。

到了元代,城隍信仰在東北地區進一步傳播。這通珍貴的元代《城隍廟碑》即是瀋陽城隍廟悠久歷史和元代重修的見證。該碑主要記載了元至正年間道士胡道真重修城隍廟的經過,以及功德題名、廟院四至、住廟道士等情况。根據碑刻内容,我們可以瞭解到豐富的元代城隍廟的相關信息。

第一,瀋陽城隍廟在元代的重修時間是至正四年(1344)。碑記曰:

> 至正甲申,道士胡道真□舉□□實住持之秋也,憫其廟貌殘廢,心不遑寧,悉出衣鉢之資,創建子孫堂一所,東西齋廚對楹陸架,餘則扶顛補漏者居多。落成之日,輪奂輝映,邑之賢大夫輩聞而樂之,欲思致於不朽,請文於石。余嘉其神之死生靈應,可垂爲龜鑒,使後賢師之,雖擬古之忠良不難到也。又喜道士能起廢興殘,一舉而二美存焉,遂爲之記,仍繫以辭曰:惟厥忠良,作民父母。衛國金城,傳之永久。
>
> 至正十二年中秋住持雲山胡道真立石。[①]

可以看出,元代至正甲申年,即至正四年(1344),住持道士胡道真看到城隍廟廟貌殘破,遂拿出自己的全部資産,進行了維修和創建,得到當地士民的讚賞,文人杜克中撰寫了碑記,道士胡道真於至正十二年(1352)立碑紀念。

第二,瀋陽城隍廟重修後規模增大,成爲一座道教名觀。

胡道真在城隍廟原有基礎上,主要是"創建子孫堂一所,東西齋廚對楹陸架"。此後,又得到社會各界的資助,於是規模增大,設施配齊,廟産豐厚,成爲瀋陽的一座名觀。碑載:

> 本廟營造到正殿三間,虚廊全,子孫堂一所,碑樓一座,東西齋廚□間,西南棲衆瓦屋二間。院地東至回回五哥院墻,南至孫百户界墻,西北北至城

① 王晶辰主編:《遼寧碑志》,第 57 頁。

隅城西常新寨，劉進卿施劉種伯地□十晌，寨後五十晌，東南北並至道，西至馮社長地，寨西五十晌，東西二至道，南北二至馮社地。[①]

可見，胡道真修復後的瀋陽城隍廟，包括正殿、虚廊、子孫堂、碑樓、齋廚、道房等建築，應該説是一座配套完整的道教宫觀。而住持城隍廟的道士，除胡道真外，尚有□□純、權首嵓，以及道童李安童、劉壽童等。城隍廟能够容納衆多道士，説明其規模不小，香火較旺。

據碑文記載，瀋陽城内尚有兩座道教宫觀，一座爲萬壽宫，一座爲東華觀。[②]這樣，元代瀋陽城至少有三座道教宫觀了，説明元代中後期的瀋陽城已經成爲道教傳播的重要地域。

第三，瀋陽城隍廟的功德主有各級軍政官員和地方精英人士。

在《城隍廟碑》碑陰，爲"瀋陽路城隍廟功德官員題名志"，記録了參與城隍廟修建的功德官員和各類人等。其中官員 14 人，幾乎囊括了瀋陽路的高級軍政官員，如碑中列名的有"昭信校尉瀋陽等路高麗軍民總管府判官、奉政大夫同知瀋陽等路高麗軍民總管府事、瀋陽等路軍民總管府提控案牘耶律順禮，宣武將軍總管高麗女直漢軍都萬户府都萬户兼管瀋陽等路安撫使高麗軍民總管王，中順大夫瀋陽等路安撫使高麗軍民總管洪，將仕郎瀋陽等路軍民總管府知事王道升，懷遠大將軍瀋陽等路安撫使高麗軍民總管府達魯花赤、從仕郎瀋陽等路軍民總管府經歷張子中，將軍總管高麗女直漢軍都萬户府副萬户路，敕授總管高麗女直漢軍都萬户府經歷鉢可□，宣武將軍總管高麗女直漢軍都萬户府都萬户洪，進義校尉瀋陽等路高麗軍民總管府鎮撫金，懷遠大將軍總管高麗女直漢軍都萬户府達魯花赤，忠顯校尉總管高麗女直漢軍都萬户府鎮撫□□"。從官職名稱來看，當時瀋陽路的四大軍政機構，即瀋陽等路高麗軍民總管府，瀋陽等路軍民總管府，總管高麗、女直、漢軍都萬户府，瀋陽等路安撫使[③]，其主要官員都參與了城隍廟的修建。另外，碑陰"題名志"中還記録了 53 名參與修建城隍廟的耆老人等，從姓名來看，均爲漢名，應該屬於地方上的文化精英人士。在碑陰的末尾，還有施地地主、起蓋廟主、施木材者、宫觀道士的姓名等。

總之，從城隍廟碑的碑陰題名來看，元代瀋陽城隍廟的重修儘管由道士胡道

---

① 王晶辰主編：《遼寧碑志》，第 57 頁。

② 《城隍廟碑》碑陰有"萬壽觀住持提點司力道，東華觀主司馬調陽"等字樣，説明瀋陽城有萬壽觀和東華觀。

③ 《元史・地理志》記載，瀋陽路"轄總管府五、千户二十四、百户二十五"，説明瀋陽路有五個總管府，但未記載其名稱。該碑記載了瀋陽路四個官署的名稱，提供了重要信息。

真發起和主持,但得到了社會各階層人士的積極響應和大力支持,説明元代瀋陽地區的城隍信仰有著廣泛的影響。

二、明代瀋陽城隍廟的多次重修

瀋陽城隍廟在元代重修之後,成爲當地著名的道觀和民衆祭祀的廟宇。然而不久元末戰亂,戰火所及,瀋陽城隍廟亦日漸廢馳。

明代初年,明太祖詔封天下城隍神,全國各地的城隍廟均得以修建或重修。據明代葉盛(1420～1474)《水東日記》卷三〇《城隍神》載:

> 我朝洪武元年,詔封天下城隍神,在應天府者以帝,在開封、臨濠、太平府、和、滁二州者以王,在凡府州縣者,以公以侯以伯。三年,詔定嶽鎮海瀆,俱依山水本稱,城隍神亦皆改題本主,曰某處城隍之神。四年,特敕郡邑里社各設無祀鬼神壇,以城隍神主祭,鑒察善惡。未幾,復降儀注,新官赴任,必先謁神與誓,期在陰陽表裏,以安下民。蓋凡祝祭之文,儀禮之詳,悉出上意。於是城隍神之重於天下,蔑以加矣。[①]

可見,在明代中央政府的推動下,城隍神信仰重於天下。那麼,瀋陽處於邊陲重地,亦受中央政策的影響,瀋陽城隍廟在地方政府的主持下不斷重修,規模增擴,宏偉壯麗,常修常新,成爲地方祭祀和民衆祈福的重要場所。康熙《盛京通志》即提到瀋陽城隍廟在明洪武、弘治和萬曆年間都重修過,並且有碑記,説明瀋陽城隍廟在明代多次重修。不過,這三次重修碑記現已不存。幸運的是,另外一通明代嘉靖年間的瀋陽城隍廟碑却保存至今。該碑現藏於瀋陽故宫博物院,明嘉靖十四年(1535)立。現祇存碑身,高 170 厘米、寬 73 厘米、厚 12 厘米。碑陽額篆“重建碑記”4 字,首題陰刻楷書“瀋陽重修城隍廟碑記”。碑陰額篆“題銘”2 字,刻捐資題名 300 餘人,另有 36 行題名脱落。

根據這通嘉靖十四年的重修碑記,可以看出瀋陽城隍廟在明代的重修狀況及其特點。

第一,明代瀋陽城隍廟的重修是在地方官員的主導下進行的。碑載:

> 高侯守邑之明年,其廟見敝,形者墮,色者衰,薪木爲風雨毁傷,乃□其耆老曰:城隍一方之保障,爲民之陰主,廟貌弗崇,□人之不知敬鬼神也,二

① (明)葉盛撰,魏中平點校:《水東日記》卷三〇,北京:中華書局,1980 年,第 297 頁。

三子盍振諸候兹出□□工……[1]

可見,嘉靖十四年的這次重修,是在地方長官高侯的提議下,動員耆老士紳進行組織和宣傳,衆人集資修建而成。在此之前,明代洪武、弘治年間還進行過兩三次維修,嘉靖年碑記曰:"是故兹廟因之而修者,至於再、至於三矣。東西距乎民宅,南北遠於通衢,拜亭、門楹完合厥□,其規制美大,元有□矣。"[2]説明在嘉靖年之前,瀋陽城隍廟已經維修過三次,衹是具體維修情况不得而知。但可以肯定的是,這三次維修也是在官方的主導下進行的。此後,康熙《盛京通志》載,明萬曆年間瀋陽城隍廟又進行過維修。總之,明代瀋陽城隍廟不斷由官方組織維修,據現有資料可知,至少維修過五次,可見明代瀋陽地方政府對城隍廟的重視,瀋陽民衆對城隍信仰的信奉。

第二,明代瀋陽城隍廟規模大備。瀋陽城隍廟在元代重修之後,具有了一定的規模。然而,由於明代詔封城隍神,全國各地都積極響應,對本地城隍廟大加修繕,瀋陽城隍廟因而也得到不斷增葺。《瀋陽重修城隍廟碑》載:

> 故□考諸碑記,吾邑之有城隍廟,厥惟舊哉。自元至正十有二年昉修於道士胡道真者,獨有正堂六間,基礎弗弘,成闕位而已。及我大明統一海甸,唯神之廟達天下,大典有載,禮記有文,廟貌之崇,特爲尤盛。是故兹廟因之而修者,至於再、至於三矣。東西距乎民宅,南北遠於通衢,拜亭、門楹完合厥□,其規制美大,元有□矣。[3]

該碑認爲,元代胡道真修復的城隍廟,殿堂不够,基礎弗弘,故明代初年再三修葺,讓其遠離民宅和大路,增修了拜亭、門楹,從而成爲規制美大的一座建築。但是,到了嘉靖年間,城隍廟又有所敝舊,於是地方官員又主持重修。這次重修之後,城隍廟更加完美壯觀,所謂"兩旁建角門,用以示厥嚴,四面築繚垣,用以方厥以,五采彰施五色,用以壯厥觀。巍乎其有成功,焕乎其有文章矣。此鬼神之爲德,其盛矣乎"[4]。可見,這次重修增加了兩個角門和四面圍墻,使得城隍廟成爲一座相對獨立的院落,建築精美,設施齊全。

第三,修復城隍廟的功德主衆多。根據碑陰題名,參與本次城隍廟修復的官員善信多達300餘人。其中,有各級地方軍政要員30餘人,包括備御1人、指揮

---

① 王晶辰主編:《遼寧碑志》,第231頁。
② 王晶辰主編:《遼寧碑志》,第231頁。
③ 王晶辰主編:《遼寧碑志》,第231頁。
④ 王晶辰主編:《遼寧碑志》,第231頁。

12 人、千户 10 人、百户 13 人等。另有客商 44 人,王府、武舉、監住、陰陽官、堂官、監官、檢吏、倉史、庫史等地方官吏 30 餘人,耆老 12 人,發心 5 人,各類善人 200 餘人,漆匠、石匠、泥水匠 5 人。可見,參與本次修復的功德主人物衆多,幾乎涵括了瀋陽城的大小軍政官員和各行各業各類人等,反映了瀋陽城隍信仰的廣泛社會影響。

三、清代瀋陽城隍廟升爲都城隍廟

清代是我國少數民族滿族建立的統一政權,清朝統治者信奉薩滿教,同時對儒釋道三教也采取了相容並包、吸納整合的政策。明萬曆四十三年(1615),即努爾哈赤建立後金政權的前一年,他就開始在赫圖阿拉(今遼寧新賓)修建寺廟。《清太祖武皇帝實録》載:"城東阜上建佛寺、玉皇廟、十王殿,共七大廟,三年乃成。"[①]可見,在後金興建的第一座都城赫圖阿拉城裏,廟宇是其城市建設的重要組成部分。據上所載,七大廟裏至少有佛寺、玉皇廟和十王殿。其他四廟之名稱,歷來説法不一。一般認爲,七大廟包括堂子、地藏寺、玉皇廟、關帝廟、文廟、城隍廟和昭忠祠。可見,清初統治者非常重視城隍信仰,在修建都城赫圖阿拉城時,就修建了保護城池的城隍廟。1625 年,努爾哈赤把都城遷到瀋陽,並改瀋陽爲盛京。遷都之後,即把原瀋陽城隍廟升爲"都城隍廟"。康熙《盛京通志》曰:"都城隍廟,在城内大街鼓樓東路北,舊瀋陽城隍廟也。……國初建都後,升都城隍廟。"[②]《清史稿》亦載:"舊瀋陽城隍廟,自元迄明,祀典勿替。清初建都後,升爲都城隍廟,有司以時致祭。"[③]可見清初統治者努爾哈赤對於城隍神的接納和信仰。

清初定都盛京(即瀋陽),升瀋陽城隍廟爲都城隍廟。後來清軍入關,定北京爲首都,盛京仍然作爲陪都,瀋陽城隍廟不僅繼續承擔都城隍廟的功能,而且享受官辦廟宇的待遇,並作爲盛京道録司所在地,地位崇高。《大清會典·盛京工部》曰:"道録司,在都城隍廟。"[④]有清一代,盛京道録司作爲盛京道教的最高管理

---

① 《清太祖武皇帝實録》卷二,潘喆等編:《清入關前史料選輯》(一),北京:中國人民大學出版社,1984 年,第 332 頁。

② (清)董秉忠等修,(清)孫成等纂:《盛京通志》卷二〇,清康熙二十三年(1684)刻本。

③ 趙爾巽等撰:《清史稿》卷八四,北京:中華書局,1976 年,第 2544 頁。

④ (清)伊桑阿等編著,關志國、劉宸纓校點:《大清會典(康熙朝)》卷一四一,南京:鳳凰出版社,2016 年,第 1841 頁。

機構，一直設置於瀋陽都城隍廟。

同時，瀋陽都城隍廟享受著官辦廟宇的待遇，一切維修和祭祀開支，均由官方承擔。《承德縣志書》第九類《宗教志》載：

都城隍廟在城内大街鼓樓東路北，舊瀋陽城隍廟也。……國初建都後，升爲都城隍廟。康熙元年重修，廟中工程及應用之物，皆官爲修補，有司以時致祭焉。①

清光緒十八年《重修都城隍寢宮碑記》亦曰：

蓋以陪京官刹都城隍自國初敕建，禋祀有常，所有大殿、拜廳以及山門一切工程，俱係官爲修理，公會無庸夫經營也。②

可見，城隍廟的各項建築工程都由官府維修，是典型的官辦廟宇。各項祭祀用品，亦是官府供給。《大清會典》曰："凡盛京景祐宫、都城隍廟，祭祀所用器皿等物，行文户、工二部支换。"③

據康熙朝《大清會典》卷三九載：

祭永陵、福陵、昭陵，及永寧寺、實勝佛、嘛哈噶喇廟、四面塔、長白山、景佑宫、都城隍廟、地藏寺等處，所用各項米豆、麥麵、白鹽、黑鹽、芝麻、蔬菜、鵝雞、果品、紙劄等項，照各該部來文給發。④

可見，瀋陽都城隍廟祭祀所用的各項米豆、麥面、白鹽、黑鹽、芝麻、蔬菜、鵝雞、果品、紙劄等項，都是由相關部門配給，屬於典型的官辦宫觀。

當然，瀋陽都城隍廟作爲供奉盛京都城隍之神的廟宇，主要承擔國家祭祀的功能，所謂"有司以時致祭焉"。禮部對於祭祀時間、祭祀人員、祭祀物品都有明確的規定。康熙朝《大清會典》曰：

凡每年秋季，並萬壽聖節，致祭盛京都城隍之神。禮部侍郎，或郎中、員外郎一員主祭。本部遣讀祝官贊禮郎，前往讀祝贊禮。陳設：禮神帛一、炷香一、酒三爵、菜五盤、牛一、羊一、豕一。⑤

① （清）都林布等修，李巨源等纂：《承德縣志書》，《中國地方志集成·遼寧府縣志輯》（1），南京：鳳凰出版社，2006 年，第 45 頁。

② 瀋陽市文物考古研究所編：《瀋陽碑志》，瀋陽：遼海出版社，2011 年，第 305 頁。

③ （清）伊桑阿等編著，關志國、劉宸纓校點：《大清會典（康熙朝）》，第 1057 頁。

④ （清）伊桑阿等編著，關志國、劉宸纓校點：《大清會典（康熙朝）》，第 477 頁。

⑤ （清）伊桑阿等編著，關志國、劉宸纓校點：《大清會典（康熙朝）》，第 1057 頁。

乾隆朝《大清會典則例》記載更爲詳細,祭品的種類和數量亦顯著增多。

> 盛京城隍廟,每歲萬壽聖節及孟秋,以侍郎或郎中、員外郎一人致祭,讀祝官贊禮郎執事。太常寺歲送白色禮神制帛二端,降香六炷,黄蠟十五斤,菱二斤四兩,芡實二斤。每祭,部供牛、羊、豕各一,棗四斤,栗五斤,核桃四斤,荔枝、龍眼各二斤。①

這種隆重的祭祀典禮和豐富的祭品安排,一直持續到清末。總之,每年祭祀盛京都城隍神兩次,即秋季和萬壽聖節。祭祀禮儀非常隆重,需要禮部官員主祭,祭祀規格是較高的太牢級别,需要牛、羊、豕三牲具備。

瀋陽都城隍廟作爲國家祭祀的廟宇,清代政府曾多次進行修建,並不斷擴大規模。乾隆朝《盛京通志》載:

> 都城隍廟在城内大街鼓樓東路北,舊瀋陽城隍廟也。大殿五楹,配廡各三楹,耳房六楹,大門三楹。②

以上所載,説明乾隆時期瀋陽城隍廟的建築規模相當龐大,包括大殿、配廡、耳房、大門等,比明朝有所增擴。實際上,瀋陽城隍廟在清康熙、乾隆、道光、光緒各朝都進行過多次重修,可惜歷代重修碑石多已不存,現唯一存世的一通碑刻是光緒十八年(1892)的《重修都城隍寢宫碑記》。該碑原位於瀋河區中街路北,現藏於北塔法輪寺碑林。清光緒十八年立。碑身高1.28米、寬1.6米、厚0.27米。碑陽陰刻楷書48行,全文一千餘字,記録了本次重修的經過和功德芳名。碑載:

> 粤自甲寅歲,有本廟住持劉永福以廟之西陲本身住座地基一處,叩募於會首經商,復創城隍寢宫一所,正殿三間,廊房數處,殿宇巍峨,肅壯觀瞻。迄今已逾三十餘年之久,朝風暮雨,金彩□消,日居月諸,棟宇頹損,豈即任其摧殘,而莫爲重修乎?因而廟祝復□會首旗民經商公會募化,協力鳩工,正殿更新,廊房重建。於壬辰季秋告竣,美輪美焕,廟貌既肅其觀瞻,無既無疆,編氓□賴夫庇蔭。□勒碑石,以誌不朽云。③

該碑所載的甲寅歲,應是咸豐四年(1854),當時城隍廟住持劉永福募資創建了一座城隍寢宫,有正殿和廊房。三十多年後,風雨侵蝕,棟宇頹損,於是廟祝和會首

---

① 《欽定大清會典則例》卷一三九,《景印文淵閣四庫全書》第624册,臺北:臺灣商務印書館,1986年,第378頁。

② (清)阿桂等:《欽定盛京通志》卷九七,《景印文淵閣四庫全書》第503册,第90頁。

③ 瀋陽市文物考古研究所編:《瀋陽碑志》,第306頁。

募資重修，於壬辰年（光緒十八年，1892）竣工立碑。這通碑刻提供了幾點重要信息。

第一，都城隍廟在清代不斷重修，其一切維修支出，例由官方配給。但這次增建城隍寢宫，却是住持道士劉永福募資修建，由經商公會募化。這可能反映了清代末年政府財政緊張，無力支持增建工程。

第二，參與這次重修工程的功德主全是商户。據碑刻記載，出資的商户達到223家，出資金額從15吊至150吊不等。如各施錢150吊的有永慶隆、廣合號、廣盛賈、廣慎號、廣順成共五家商户；施錢120吊的有福興號；施錢105吊的有信億成、泰和號兩家商户；施錢25吊的有53家，施錢15吊的有44家等。根據碑刻所載，本次重修工程，合計募得錢款7942吊。這二百多家商户的名稱和施錢情况，反映了清末瀋陽城商户與城隍廟之間的關係，説明城隍信仰對瀋陽民衆尤其是商人的凝聚力。

小結

綜上所述，通過對瀋陽城隍廟歷史的梳理，可以看出瀋陽城隍廟自創建以來，歷經元、明、清各朝，數百年來一直在不斷維修和增建，廟貌常新，祭祀不斷。而歷代瀋陽城隍廟的重修，基本都是在地方官員和社會各階層人士的支持下完成的。可以説，城隍信仰在東北地區有著悠久的傳播歷史和廣泛的社會影響。

同時，我們也看到，歷代瀋陽城隍廟基本都是道士住持，道士不僅承擔著守廟責任，也參與國家祭祀，説明瀋陽城隍廟兼有國家祭祀廟宇與道教宫觀的雙重身份，這也是全國很多地方城隍廟共有的現象，反映了道教在國家祭祀中發揮的特有功能。

［本文爲國家社科基金重點項目“清代道教史研究”（項目編號：19AZJ003）階段性成果］

（責任編輯：胡常春）

碑刻所見三原城隍廟的全真華山派

□高葉青

摘要:三原城隍廟是三原縣歷史上一座有著重要影響力的道教廟宇,歷代重修,至今保存完好。現存的金石資料記載了三原城隍廟的歷史,自明初至清末的數百年中,三原城隍廟一直爲全真華山派道士所住持。三原縣全真華山派"道"字輩最早出現於明永樂年間,此後自"崇"至"本"字輩及"信""嘉"字輩在三原登真觀、城隍廟等地傳承有序。三原城隍廟新碑石資料的發現,爲明代華山派字輩使用和傳承提供了全新的史料,糾正了此前學界對華山派字輩傳承的某些片面認識。在道教中國化的時代背景下,三原城隍廟的道教文化或可爲當地文化事業發展提供更爲豐富的資源。

關鍵詞:三原城隍廟　全真華山派　金石文獻　道派傳承

作者簡介:高葉青,1978 年生,陝西涇陽人,歷史學博士,西安翻譯學院教授,研究方向爲道教文獻、陝西地方志、金石文獻整理與研究。

三原縣城隍廟位於縣城東渠岸街中部,是三原縣歷史上一座頗有影響的道教廟宇,現爲三原縣博物館[①]所在地。博物館内收藏了百餘通古代碑石,其中與城隍信仰相關的有 16 通(其中明碑 11 通、清碑 5 通)。遍檢現存的三原縣舊方志,其中關於城隍信仰、城隍廟的記載非常少,足以見得現存碑刻的重要性。這些珍貴的石刻文獻,爲研究三原縣城隍信仰及陝西道教史提供了不可或缺的文獻支撑。本文即依託這些碑刻資料,在梳理三原縣城隍信仰及城隍廟創修歷史的基礎上,考證全真華山派在三原城隍廟的傳承譜系,並以道教中國化爲考量,討論道教元素在三原城隍廟文化展示中的价值。

① 1981 年設立城隍廟文管所,1985 年成立三原城隍廟博物館,1986 年更名至今。

一、三原縣城隍廟的創修與城隍靈應

城隍信仰的歷史較爲悠久，唐宋時期一些地方城隍神已進入官方祀典，明太祖朱元璋將全國城隍神均列入國家祀典。在此之前，全國各地已有不同規格的城隍祭祀場所①，推測三原縣亦建有城隍廟，但是否爲今址，因史料闕如，尚難以確定。嘉靖三年四月刻立的《明三原城隍廟新鑄金身神像銘》云："我明皇祖，犧禮孔詳。自都及邑，俱設廟堂。"②明洪武初年，朝廷要求全國各府州縣均按規制創建或改建城隍廟。至於三原城隍廟始建時間，據地方志記載，明洪武八年(1375)三原縣知縣杜康祖主持修建，嘉靖十二年(1533)三原縣城隍廟住持道士劉教禄重修③。

三原城隍廟是陝西省內現存最完整的明代建築群之一，1957 年被列爲陝西省第二批文物保護單位。三原城隍廟建築群東西寬 52 米，南北長 212 米，總面積 11024 平方米。整體建築面南背北，爲傳統宮殿式建築，用均衡對稱的方式把樓、殿、廊、廡、坊、亭等 40 多座單座建築按主次布局在縱橫軸綫上。中軸綫上分布三道門、四重牌坊、五座重檐殿宇。應門、儀門、戲樓、鐘鼓樓、獻殿、拜殿、陪殿、寢殿等主體建築各具特色。全部建築以琉璃瓦蓋頂，雕樑畫棟，富麗堂皇，充分展現了明清建築"庭院深深深幾許，廟中有廟殿中有殿"的獨特風格，處處閃耀著古代工匠們的高超技藝和傑出智慧。④

三原城隍廟的現今規模並非初建就形成的，而是經歷了幾百年的逐步增修，其間經歷了兩次較大的毀損，一次是明嘉靖三十四年(1555)十二月的關中大地震，一次是萬曆六年(1578)七月十一日的廟災。結合現存歷次重修碑記、地方志

---

① 嘉靖《重修三原志》卷三《壇壝》："風雲雷雨山川壇，在縣治南，元設於社稷壇東西。國朝洪武初，嘗爲二壇，八年，併爲一壇，南向，廣袤與社稷壇同。木主三：一題曰風雲雷雨之神，居中；一題曰本縣境內山川之神，居右；一題曰本縣城隍之神，居左。外繚以垣，周蔭佳木，神廚齋宿等屋，亦如社稷之制。歲以二月上旬，有司前期二日齋戒，以豕二、羊二、祝一、帛六致祭。"參見(明)朱昱纂輯，王偁校正：《重修三原志》卷三，明嘉靖十四年(1535)刻本。

② 按，此碑明嘉靖三年四月三十一日刻立，馬理撰並書。現藏於三原縣博物館。

③ 嘉靖《重修三原志》卷三《壇壝》："城隍廟，在縣治內白渠北岸，洪武八年知縣杜康祖建，是年有司蓋遵定制合祭山川壇壝。嘉靖十二年，本廟住持道士劉教禄重修。"

④ 佚名：《中國最完整的明清古建築群之一——三原城隍廟，竟在陝西的小縣城》，深圳熱綫網，https://travel.szonline.net/quanyulvyou/20200824/20200837354.html，2023 年 7 月 29 日。

等文獻記載,三原城隍廟明代重修 13 次、清代重修 7 次。[①]

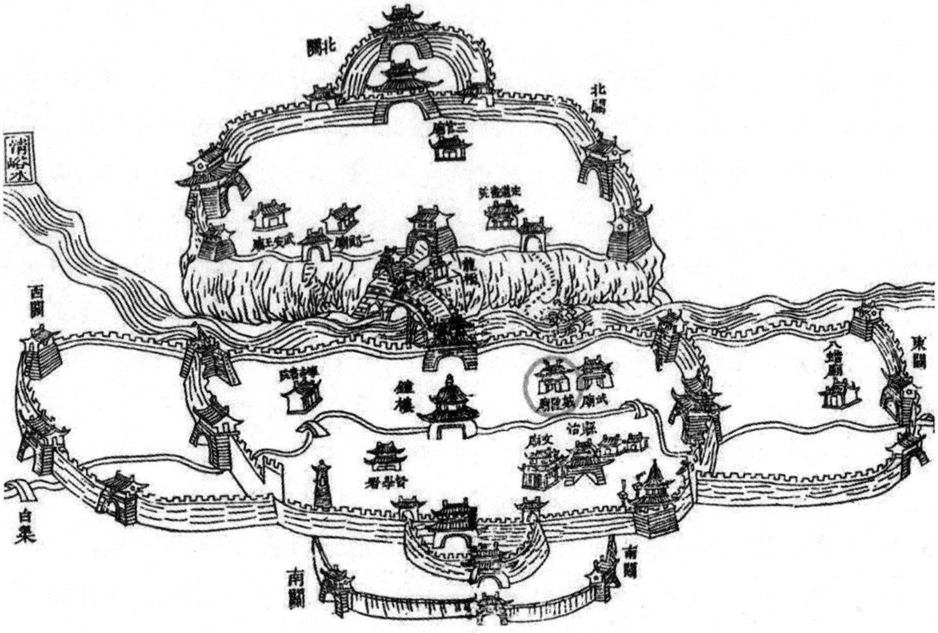

三原縣城池圖

(引自《三原縣新志》,清光緒六年刻本)

---

① 按,重修時間(其後圓括號内爲文獻出處)依次爲:明正德六年(《誥封三原縣城隍廟碑記》)、明嘉靖二年(《城隍廟重修磚壁記》)、明嘉靖三年(《三原城隍廟新鑄金身神像銘》)、明嘉靖十二年(嘉靖《重修三原志》卷三)、明嘉靖二十一年(《重修城隍廟寢殿創建無樑門明禋亭記》)、明嘉靖二十七年(《城隍廟重修磚壁記》)、明嘉靖四十一年(《重修城隍廟記》)、明嘉靖年間(《三原縣城隍廟功德碑記》)、明隆慶五年(明萬曆二年《重修三原城隍廟三門記》)、明萬曆十年(《城隍廟豎綽楔記》)、明萬曆十八年(《城隍廟修葺兩廊碑頌記》)、明天啓元年(《城隍廟建立正殿寶座寢宫左廊功德題名》)、明天啓七年(《三原重飭城隍廟碑記》)、清順治六年(《重修城隍廟碑記》)、清康熙十五年(同治十年《重復三原城隍廟管廟會碑記》)、清康熙十九年(《重修城隍廟記》)、清康熙五十七年(同治十年《重復三原城隍廟管廟會碑記》)、清乾隆二十二年(《城隍廟創建樂樓碑記》)、清乾隆五十二年(咸豐十一年《重修城隍廟碑記》)、清咸豐四年(咸豐十一年《重修城隍廟碑記》)。

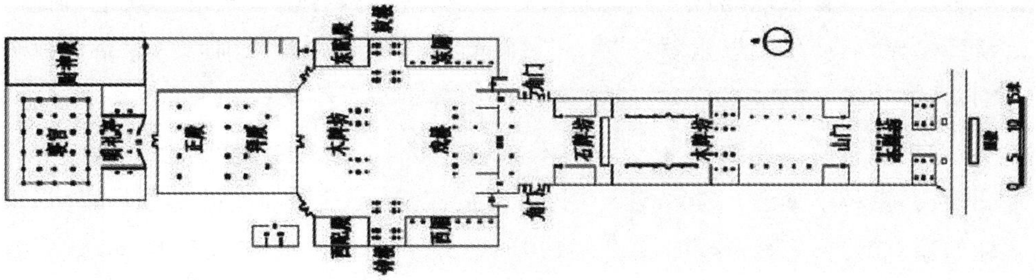

三原城隍廟平面布局圖

（引自李金芮《關中地區城隍廟價值傳承策略研究》，西北大學碩士學位論文，2018 年）

城隍經歷了從自然物到神格化再到人格化的神格演變，關於城隍信仰的歷史淵源，學界多有考證，此不贅述。一般而言，各地城隍神由對國家或當地有突出貢獻的先賢擔任，與地方官幽明共治。地方官到任之後，要在城隍廟留宿一晚，並齋戒沐浴，向城隍神發誓，保證自己將會清正廉明、秉公執法，爲一地百姓造福。從某種程度而言，作爲掌管陰司的城隍神，其權威性及神聖性更在陽世官員之上，具有震懾、懲治陽世地方官員的神職。

明洪武元年（1368）十二月，明太祖朱元璋下詔封京都及天下城隍神，《禮部志稿》卷八四《封城隍神》有載。作爲縣一級行政單位，三原縣城隍神被封爲"鑒察司民城隍顯佑伯"，秩四品，七旒七章，洪武二年翰林詞臣撰制文以頒之。據明正德六年（1511）四月重立之《誥封三原縣城隍神碑記》推測，當時應該已經將此制文刻諸琬琰。制文略曰："三原縣城隍聰明正直，聖不可知，固有超於高城深池之表者，世之崇於神者則然，神受於天者蓋不可知也。兹以臨御之初，與天下更始，凡城隍之神皆新其命。眷此縣邑靈衹所司，宜封曰'鑒察司民城隍顯祐伯'。……享兹典祀，悠久無疆。主者施行。"[①]洪武三年（1370），廢除之前所賜的城隍封爵，衹稱"某府某州某縣城隍之神"[②]。明萬曆十年（1582）三原人温純撰寫的《城隍廟竪綽楔記》碑有云："吾三原城隍，初封顯佑伯，今稱三原城隍之神。"[③]至於各地城隍神的選擇標準，自明太祖朱元璋"始以名臣之忠孝於君親、君功於

① 按，此碑明正德六年四月立，螭首圭額，方座，現藏於三原縣博物館。

② （明）林堯俞：《禮部志稿》卷三〇《風雲雷雨山川城隍之神》，《景印文淵閣四庫全書》第 597 册，臺北：臺灣商務印書館，1986 年，第 566 頁。

③ 按，此碑現藏於三原縣博物館，明萬曆十年六月立，温純撰，雒遵書。碑陰書道士及竪楔民姓名，因鑲嵌於墻壁内，文字不可見。《温恭毅集》卷九《城隍廟竪綽楔之記》有載，見《景印文淵閣四庫全書》第 1288 册，第 608～609 頁。

社稷者,歿後封其人以爲神主。自京師各省至府州縣,各以一人以主其地,血食,以爲民保障,而社稷賴以永奠焉”①。具體而言,三原縣城隍神則由三原籍唐朝名將李靖擔任,雖文獻無載,但三原縣民口耳相傳至今。李靖(571～649),字藥師,雍州三原(今陝西三原縣東北)人,隋末唐初將領,是文武兼備的著名軍事家,後封衛國公,世稱李衛公。李靖善於用兵,長於謀略,原爲隋將,後效力李唐,爲唐王朝的建立發展立下赫赫戰功。謚曰景武,陪葬昭陵。著有數種兵書,惜多亡佚。現存碑石和文獻均未見關於李靖與三原城隍神之間關係的明確記載,詢諸鄉賢,皆道三原城隍廟中所供奉者確爲李靖,言之鑿鑿。但考諸文獻,記載闕如,姑且以當地民衆的認知爲依據,此亦體現李靖在三原民衆中的崇高威望,李靖出任三原城隍神當爲廣泛的民意所向。自從明太祖朱元璋將城隍信仰作爲國家祭祀之後,全國城隍神的神格具有普適性,至於以各地名人作爲城隍神的形象代表,則主要是爲了增强地域自豪感、歸屬感,城隍神的具象化也有利於化導一地風俗,具有道德風向標的指引作用。

關於三原城隍神的靈應與功能,碑文中略有提及,但大多衹是概述,並未有鮮活的事例。例如明嘉靖二十一年《重修城隍廟寢殿創建無樑門明禋亭記》云:“吾三原爲陝之巨邑,其城隍神封爲顯佑伯,邑之民敬事之。凡福善禍淫,有禱即應,而四方客於兹者,尤敬從之益篤也。”②明萬曆十年《城隍廟竪綽楔記》云:“縣故關河間一都會,四方商販日雲集闤闠間,其北面而朝城隍神者趾益相錯也。蓋水旱、疾疫則禱之神,婚葬、交易、征行、訟獄則問之神。其對簿而直於官則已,而神有時而寂。不則朝争直於官而夕争直於神,或夕争直於官而朝争直於神,或不之官而之神。”③由於城隍神的靈應非凡,故此香火一度非常興盛,以致必須擴大廟宇纔能滿足民衆所需。例如明嘉靖四十一年《重修城隍廟記》載:“其廟之舊制,前僅有二門,□□元旦□□供香火者,□多□方□貨之旅及男女少壯,出入填門,或至駢累肩跡。於是馬大用輩議欲增闢一門,以便出入。”④城隍神的職司,天下大致相同,從朝廷角度而言,最核心者爲“幽明共治”“神道設教”的教化功能,從民衆角度而言,信仰的功能則更爲多元,如水旱、疾疫、婚葬、交易、征行、訟獄等等。在明萬曆二年《重修三原城隍廟三門記》中,對於城隍神在民俗教化方面的功能闡釋得較爲透徹:“余於修門邑里人,概存有兩心焉,一入廟則肅敬心也,

---

① 按,引文見明嘉靖二十一年《重修城隍廟寢殿創建無樑門明禋亭記》,現藏於三原縣博物館。

② 按,此碑明嘉靖二十一年十二月十五日立,張元相撰文,潘采書丹。現藏於三原縣博物館。

③ 按,此碑明嘉靖二十一年十二月十五日立,張元相撰文,潘采書丹。現藏於三原縣博物館。

④ 按,此碑明嘉靖四十一年五月立,胡汝安撰並書。現藏於三原縣博物館。

一祈神貺邀福，利益心也。敬心者，一念之真善，不可不長；利益心者，習俗之夙，不可不消。使人苟拓其善念，無誘慕於世僞。移此敬心以孝親，則親我愛；移此敬心以悌長，則長我愛；移此敬心以締交，則友我愛；移此敬心以貿易，則市井塗人我愛。”①

二、全真華山派在三原城隍廟的傳承

據現存碑石來看，三原城隍廟自明初至清末一直由全真道士（以華山派爲主，間有龍門派等）擔任教職人員。歷代道士名録如下表所示：

明清三原城隍廟全真派道士一覽表

<table>
<tr><th>時間</th><th>道名</th><th>派字</th><th>派别</th><th>身份</th><th>文獻出處</th></tr>
<tr><td>正德六年（1511）</td><td>李崇昭</td><td>崇</td><td>華山派</td><td>住持</td><td>《誥封三原縣城隍廟碑記》</td></tr>
<tr><td>嘉靖三年（1524）</td><td>劉教禄</td><td>教</td><td>華山派</td><td>住持</td><td>《三原城隍廟新鑄金身神像銘》</td></tr>
<tr><td>嘉靖十二年（1533）</td><td>劉教禄</td><td>教</td><td>華山派</td><td>住持</td><td>嘉靖《重修三原志》卷三</td></tr>
<tr><td rowspan="6">嘉靖二十一年（1542）</td><td>劉教禄</td><td>教</td><td rowspan="2">華山派</td><td>住持</td><td rowspan="6">《重修城隍廟寢殿創建無樑門明禋亭記》</td></tr>
<tr><td>張教禧
高教祝
張教裕
劉教褫
趙教蒳</td><td>教</td><td rowspan="5">本廟道士</td></tr>
<tr><td>羅演鳳
王演才
許演金</td><td rowspan="2">演</td><td>華山派
（劉教禄徒）</td></tr>
<tr><td>王演續
孫演治
李演常</td><td>華山派</td></tr>
<tr><td>馬玄伸</td><td>玄</td><td>龍門派？
（劉教禄徒孫）</td></tr>
<tr><td>李全企</td><td>全</td><td>華山派</td></tr>
</table>

① 按，此碑明萬曆二年五月立，維遵撰文，温純校正，張鳳翀書丹，張繼魯篆額。現藏於三原縣博物館。

續表

<table>
<tr><th>時間</th><th>道名</th><th>派字</th><th>派別</th><th>身份</th><th>文獻出處</th></tr>
<tr><td>嘉靖二十七年
(1548)</td><td>劉教禄</td><td>教</td><td>華山派</td><td>住持</td><td>《城隍廟重修磚壁記》</td></tr>
<tr><td rowspan="4">嘉靖四十一年
(1562)</td><td>劉教禄</td><td>教</td><td rowspan="3">華山派</td><td>住持</td><td rowspan="3">《重修城隍廟記》</td></tr>
<tr><td>高教祝
張教裕
劉教裭</td><td>教</td><td rowspan="2">本廟
道士</td></tr>
<tr><td>羅演鳳
孫演治
梁演渭</td><td>演</td></tr>
<tr><td>馬玄伸</td><td>玄</td><td>龍門派?</td><td>署印住持</td><td></td></tr>
<tr><td rowspan="3">嘉靖年間</td><td>高教祝
張教禧
張教裕
劉教裭</td><td>教</td><td rowspan="2">華山派</td><td rowspan="3">本廟道士</td><td rowspan="3">《三原縣城隍廟功德碑記》</td></tr>
<tr><td>孫演治
羅演鳳
王演續
梁演繽
王演材</td><td>演</td></tr>
<tr><td>馬玄伸</td><td>玄</td><td>龍門派?</td></tr>
<tr><td rowspan="10">嘉靖年間</td><td>劉教禄</td><td>教</td><td>華山派</td><td>住持</td><td rowspan="10">《三原城隍廟鑄造醮盆題記》</td></tr>
<tr><td>馬玄伸</td><td rowspan="3">玄</td><td rowspan="3">龍門派?</td><td>署印住持</td></tr>
<tr><td>王玄仲</td><td rowspan="8">本廟道士</td></tr>
<tr><td>雍玄住</td></tr>
<tr><td>高教祝</td><td rowspan="3">教</td><td rowspan="6">華山派</td></tr>
<tr><td>張教裕</td></tr>
<tr><td>劉教裭</td></tr>
<tr><td>羅演鳳</td><td rowspan="3">演</td></tr>
<tr><td>孫演治</td></tr>
<tr><td>王演繼</td></tr>
</table>

續表

時間	道名	派字	派別	身份	文獻出處
嘉靖年間	王演才	演	華山派	本廟道士	《三原城隍廟鑄造醮盆題記》
	梁演續				
	李演常				
	李演鸞				
	蘇演和				
	楊演紀				
	張演利				
	梁演□				
	趙演紀				
	李全企	全			
	張全安				
	蘇全吉				
	許全穩				
	王全泰				
	張全□				
萬曆二年(1574)	馬玄伸	玄	龍門派?	署印住持	《重修三原城隍廟三門記》
萬曆十年(1582)	馬玄伸	玄	龍門派?	道士	《城隍廟豎綽楔記》(碑陰有道士姓名,但因砌於墻内而不得見)
萬曆十八年(1590)	蘇全吉	全	華山派	署印住持	《城隍廟修葺兩廊碑頌記》
萬曆三十五年(1607)	李全企 蘇全吉 張全寵 李全意 范全家 許全穩 李全守	全	華山派	本廟道士	城隍廟牌樓門匾左側石板題名

續表

時間	道名	派字	派别	身份	文獻出處
萬曆三十五年(1607)	王真才 周真楫 朱真電 徐真重 王真校	真	華山派	本廟道士	城隍廟牌樓門匾左側石板題名
	王中一 孫中田 高中俊	中			
	張冲傑	冲			
	張和順	和			
	康静業	静	龍門派?		
	趙演繼	演	華山派		
天啓元年(1621)	緱全寰	全	華山派	護印道官	《城隍廟建立正殿寶座寢宫左廊功德題名》
	張全寵 范全家 徐全穩 李全守 劉全寶			前護印道官	
	王真才	真			
	張冲傑 王冲霄	冲			
	孫中田	中		護印道官	
	張和順	和		前護印道官	
	康静業	静	龍門派?	前護印道官	

續表

<table>
<tr><th>時間</th><th>道名</th><th>派字</th><th>派別</th><th>身份</th><th>文獻出處</th></tr>
<tr><td rowspan="8">天啓七年(1627)</td><td>張全寵</td><td>全</td><td rowspan="7">華山派</td><td>前署印住持</td><td rowspan="8">《三原重飭城隍廟碑記》</td></tr>
<tr><td>王真才</td><td>真</td><td>道會司</td></tr>
<tr><td>范全家
李全守
劉全寶
緱全寰</td><td>全</td><td rowspan="6">本廟道士</td></tr>
<tr><td>史真厚
周真元
楊真庸
周真奇</td><td>真</td></tr>
<tr><td>王冲霄
張冲奎
曹冲玄
劉冲翼
□冲□
寇冲耀</td><td>冲</td></tr>
<tr><td>張和順
范和清
張和升
劉和寧
寇和熙</td><td>和</td></tr>
<tr><td>范得岷
張得嶔</td><td>得</td></tr>
<tr><td>魏□□
□□□</td><td></td><td>道派不詳</td></tr>
</table>

續表

時間	道名	派字	派別	身份	文獻出處
	李全守	全		本廟道士	
	周真奇 史真厚 張真彦 李真棄	真			
	王冲雲	冲		前署印住持	
	張冲全 劉冲翼 劉冲雯 張冲翺 王冲朔 劉冲霖			本廟道士	
順治六年(1649)	范和清	和	華山派	住持、署道會司事道官	《重修城隍廟碑記》
	寇和熙 李和傑 王和煦 石和瑜			本廟道士	
	范得岷 李得峨 温得嶠 武得巍 孫得霞	得			
	張德秀	德			
	張正芳 劉正榮 李正瑁	正			

續表

時間	道名	派字	派别	身份	文獻出處
康熙十九年（1680）	周真奇	真	華山派	住持、前道會司	《重修城隍廟記》
	王冲翔	冲		本廟道士	
	來和珍	和		道會司	
	石得實 寇得廣 武得巍	得		本廟道士	
乾隆二十二年（1757）	王正楹	正	華山派	本廟道士	《城隍廟創建樂樓碑記》
	董本定	本			
同治十年（1871）	王信鈺 党信德	信	華山派	住持	《重復三原城隍廟管廟會碑記》
	郭嘉春	嘉			

從上表所列道士信息，可以獲取以下幾方面直觀的認知。

第一，自明初至清末，常住三原城隍廟道士以全真華山派爲主。字輩有崇、教、演、全、真、冲、和、德、正、本、信、嘉，乃第六至第十五代和第二十代、二十一代傳人，其中缺“仁、義、禮、智”四代傳人。[①]

第二，有幾位道士曾擔任城隍廟住持且住廟時間較久，如劉教禄（嘉靖三年至嘉靖四十一年，擔任城隍廟的住持長達 38 年）、馬玄伸（嘉靖四十一年至萬曆二年，擔任城隍廟的住持長達 8 年，萬曆十年亦在廟内，但教職不詳）、蘇全吉（萬曆十八年擔任署印住持，萬曆三十五年還在廟裏，教職不詳）。

第三，從表格所列不同歷史時期道士人數來看，三原城隍廟道士人數在穩步增加，明嘉靖二十一年有 14 人、萬曆三十五年有 18 人、天啓七年時有 25 人，清順治六年時有 26 人，足見其城隍信仰的興盛和道教蓬勃發展的態勢。

第四，表格中提到的“署印道官”“護印道官”“署印住持”的情況，按明代地方道官制度，縣設道會司以統領全縣道教教務，城隍廟道士出任道會司，顯示出城隍廟道士在全縣具有重要的地位和影響。“署印”即代理印務之意，在相應掌印

① 清乾隆二十二年《城隍廟創建樂樓碑記》華山派道士字輩最晚的爲“本”，至同治十年《重復三原城隍廟管廟會碑記》的“信、嘉”字輩道士，其間 115 年未見碑刻文獻留存，故所缺字輩應是文獻缺失造成。從三原城隍廟的歷史傳統判斷，這四輩的華山派道士可能也曾在該廟修行。

職位空缺的情况下以其他道士署理印務;"護印"即護理印務之意,護印者没有被任命爲相應職位且不能使用印信,僅有收管印信之權力。明代後期地方道官職位往往久缺不選,因此署印、護印的情况十分常見。還有的碑在"住持"之下,列了多位道士的名字,顯然並非一般認爲的住持,而是相當於"常住本廟道士"的意思。

表格中有四個字輩比較特别,即玄、中、静、得,值得關注。嘉靖二十一年、嘉靖四十一年、萬曆二年、萬曆十年的碑文中均有道士"馬玄伸",嘉靖年間的醮盆題名有"王玄仲""雍玄住",萬曆三十五年、天啓元年碑記均有"康静業",但據當時三原城隍廟其他道士的字輩來看,此時應該尚不會傳到華山派字輩"清静通玄化"中的"静"與"玄"字輩。因爲現今華山派的字輩也纔傳至第三十五代"化"字輩。明萬曆三十五年城隍廟牌樓門匾左側石板題名、天啓元年《城隍廟建立正殿寶座寢宫左廊功德題名》中均有"康静業",馬玄伸和康静業應爲全真龍門派的第四代、第五代,二人是否具有師徒關係,尚不能確定。至於道士字輩"中"與"冲"、"得"與"德"在同一時期碑石中均有出現,此是字輩在使用過程中出現的通用情况,這種情况十分常見[①]。至於萬曆三十五年題名中的本廟道士張廣繼,其所屬道派不詳,但足見當時城隍廟道士師承的多元性。

三原城隍廟最早出現的華山派道士李崇昭,在明正德六年重刻洪武二年《誥封三原縣城隍廟碑記》中,碑文記載"本廟住持李崇昭",可能爲全真華山派第六代傳人"崇"字輩。三原城隍廟始建於洪武八年(1375),直到正德六年(1511)纔出現道士的姓名,其間 136 年城隍廟由何人住持尚不能得知。至於住持李崇昭的師承關係,查此前三原縣各廟所住全真道士,永樂二十一年(1423)唐高祖陵前所立的《唐高祖獻陵致祭碑》碑陰署名有"道會司護印道士劉道源"[②]、弘治八年(1495)三原登真觀所立《清静經注碑》碑末署名"三原縣登真觀住持賈崇雲"[③],正德六年(1511)三原城隍廟住持李崇昭與以上二人所處年代前後相繼,且字輩符合華山派第五代、第六代,可能具有師承關係或來自同一師門。據此可以大膽推測,三原縣内的華山派在明初即開始傳承且數百年未曾中斷。

張方研究員曾考察明代陝西地區的華山派流傳情况,指出銅川藥王山、咸陽天聖宫、鄠縣化羊廟、涇陽延壽宫、華山西嶽廟、盩厔樓觀臺、隴縣龍門洞、綏德修

① 參見劉康樂:《明代全真"樓觀三丰派"的道統與法統》,趙衛東主編:《全真道研究》第十輯,濟南:山東大學出版社,2022 年,第 73 頁。

② 此碑現藏於三原縣博物館。

③ 此碑現藏於三原縣博物館。

真洞和韓城城隍廟存在華山派的傳承,提及三原城隍廟在嘉靖三十一年(1552)出現"教"字輩受到藥王山華山派的影響。[①] 據新見碑石資料,三原城隍廟早在正德六年(1511)即出現了"崇"字輩的華山派道士[②],比藥王山正德十三年(1518)碑石中出現的"崇"字輩華山派道士還早 7 年,而弘治八年(1495)三原縣登真觀"崇"字華山派比其更早 23 年,嘉靖三年華山派道士劉教禄已是三原城隍廟住持,且師徒傳承有序,比嘉靖二十一年華山派道士趙教齡住持藥王山早 18 年,因此三原城隍廟"教"字輩並非受藥王山華山派的影響,而是擁有獨立的傳承體系。三原華山派"道"字輩最早出現於永樂二十一年(1423),比咸陽天聖宮嘉靖四年(1525)的"道"字輩早出 102 年。關於華山派字譜的形成時間,張廣保教授據《道家金石略》所録山西純陽萬壽宫明代後期的幾通碑石,判斷華山派字譜的使用最早可上溯至明初中期左右。[③] 從三原城隍廟新發現的碑石來看,華山派第五代"道"字輩最早出現於永樂二十一年,若按 20 年一代的傳承,自此上溯四代,華山派第一代"志(至)"字輩的使用,可能在洪武初年。三原縣新碑石資料,爲明代華山派字譜使用和傳承關係提供了全新的佐証。

三原城隍廟道士劉教禄在明嘉靖三年、十二年、二十一年、二十七年、四十一年的三原城隍廟碑文中均注明爲"住持",前後時間長達 38 年。從嘉靖四十一年的碑文"本廟住持劉教禄,署印住持馬玄伸"判斷,這一年是城隍廟住持的權力過渡期,至萬曆二年的碑文中,已不見劉教禄之名,衹有"署印住持馬玄伸",可知馬玄伸成爲實際掌權人。當時城隍廟道士中亦有全真華山派第八代"演"字輩。馬玄伸爲"玄"字輩,依據其出現的時間,不可能是全真華山派(第 39 代),可能是全真龍門派(道德通玄静)第 4 代"玄"字輩。嘉靖二十一年《重修城隍廟寢殿創建無樑門明禋亭記》碑文記載,"住持徒羅演鳳、王演才、許演金,徒孫馬玄伸"。依照華山派傳承字輩,"教、演"下來應該接"全"字輩,爲何會接龍門派的"玄"字輩且關係爲"徒孫"?一種解釋是"玄"爲"全"之誤,但碑刻中馬玄伸之名多次出現,

---

① 詳見張方:《明代全真道的衰而復興——以華北地區爲中心的考察》,北京:中國社會科學出版社,2018 年,第 83～84 頁。

② 樊光春研究員在《明清時期西北地區全真道主要宗派梳理》一文中認爲:"從實際傳續名單來看,明洪武二年陝西三原城隍廟《詔書碑》中出現'住持李崇昭',疑爲華山派第 6 代,因没有傳承記録,故不予認定。"實際上引文所述《詔書碑》係明正德六年住持李崇昭重刻,李崇昭之前的永樂二十一年《唐高祖獻陵致祭碑》中即有"道會司護印道士劉道源"的記載,在弘治八年三原登真觀《清静經注碑》中即有"三原登真觀住持賈崇雲"的記載;李崇昭之後的嘉靖三年至四十一年城隍廟住持爲劉教禄,嘉靖二十一年碑記中出現了"演""全"字輩的徒裔,可見明初全真華山派在三原縣的傳承是有序的,因此李崇昭的華山派身份應予以認定。見趙衛東主編:《全真道研究》第一輯,濟南:齊魯書社,2011 年,第 231 頁。

③ 張廣保:《明代全真教的宗系分化與派字譜的形成》,趙衛東主編:《全真道研究》第一輯,第 208 頁。

不可能是誤刊;另一種解釋是龍門派道士馬玄伸爲了站穩脚跟,轉拜華山派爲師,但並未更改字輩,基於新的師徒關係,從而一步步繼承了城隍廟住持之位。

清康熙十九年《重修城隍廟記》提及"住持前道會司周真奇、弟子石得實沐手謹書",從碑文看,似乎周真奇與石得實爲師徒關係,但據全真華山派字輩,"真"與"得(德)"之間還隔著"冲、和"兩代,顯然石得實應爲周真奇的重徒孫。可能是碑文撰寫者或鐫刻者未加詳審而致誤,或"弟子"具有廣義上的後裔之意。

上文所列《明清三原城隍廟全真派道士一覽表》,對於研究全真華山派傳承譜系提供了全新的重要依據。關於全真華山派百字輩譜形成於何時,學界多有論述。北京白雲觀民國抄本《諸真宗派總簿》[①]之《宗派源流目録》第十三《郝祖華山派》有全真華山派的傳法譜系,前四十個爲"至(志)一無上道,崇教演全真,冲和德正本,仁義禮智信,嘉祥宗泰宇,萬里復元亨,清静通玄化,體性悟誠明"。三原城隍廟現存 16 通碑石中的全真華山派道士姓名則展示了字輩逐漸確定的軌跡:崇、教、演、全、真、中/冲、和、得/德、正、本、信、嘉。[②] 除了住持劉教禄、馬玄伸等重修廟宇事蹟外,表格中其他道士的詳細情況,因文獻闕如,尚待進一步的搜集整理。

三、基於道教中國化考量下的三原城隍廟未來發展路徑

三原縣城隍廟與道教的淵源很深,廟内的神像供奉、殿堂陳設、牌匾楹聯、繪畫雕刻,無不體現著博大精深、意韻深遠的道教文化元素。列舉幾例,即可證明。藻井中間爲道教的標誌陰陽太極圖,外邊附有八卦符號,在藻井的周圍坐著八個幼童,手持荷花蓮葉,胸前佩戴混元鏡,傳説是姜子牙斬將封神時四面八方各立天神以助聲威。[③] 有一座牌坊上鐫刻的"十八學士登瀛洲"圖,描繪了唐太宗時十八位名士杜如晦、房玄齡、虞世南等人不畏山間崎嶇小路的艱險,騎馬登臨世人仰慕的"瀛洲"的情景。"瀛洲"是傳説中的仙山,登臨者可以成仙,長生不老。在《雲笈七籤》中,瀛洲被列爲十洲之一,是修道求仙者的夢中仙境,唐代大詩人李

① 北京白雲觀藏,李養正編著《新編北京白雲觀志》收録。

② 按,章偉文、黄義華《全真"華山派"傳承譜系分析》(《中國道教》2010 年第 2 期)認爲郝大通後傳法裔在明朝已經基本確定了其正派的傳法譜系。依據表格所列,這種推測可以得到印證。

③ 《魅力陝西行:走進三原縣城隍廟》,搜狐網,https://travel.sohu.com/a/577969628_120245787,2023 年 7 月 29 日。

白《夢遊天姥吟留别》詩即有"海客談瀛洲,煙濤微茫信難求"[①]。

三原縣城隍廟的宗教活動約終止於清末的"藉廟興學"運動,在此之前,均有華山派道士住廟。從現存碑文中可以看出,三原城隍廟自創建以來,匯集多方力量,管理廟宇,維護增修殿堂及神像,舉辦城隍祭祀等相關活動,人員身份有朝廷官員、地方士紳、道士、僧人、商賈以及普通信衆等。清同治十年《重復三原城隍廟管廟會碑記》中,首次提到新舊"管廟會"之間關於城隍廟管轄權的争端,從碑文可知,至遲在康熙十五年(1676),已經有"管廟會"的存在,當時首事者有70餘人。城隍廟屬於官方祠廟系統,由官方出資修建,但日常的維護經費,多以民間集資爲主,官府撥給爲輔,而在民間集資中,又以士紳及商賈(亦稱櫃首)爲大户。城隍廟是城市的公共活動中心,信仰和民俗促進了商業活動的繁榮,爲了維持日常的廟祀活動,城隍廟往往將多餘的房舍出租給商鋪使用,城隍廟附近商鋪林立,形成了較爲穩定的商業圈,每遇修葺之事,商户們往往慷慨解囊。例如光緒《三原縣新志》卷四《祠祀志》記載:"城隍廟……外有市廛數十,歲取租錢,隨時修葺。"亦有獨力以維修者,例如清咸豐二年(1852)至咸豐四年,三原人李錫齡的妻子劉氏捐資約四萬餘金,用於重修城隍廟。

嚴格來講,城隍信仰主要是基於"神道設教"目的而被明朝廷定爲國家正祀的,並不專屬於道教。作爲一種包容性很强的宗教,道教在發展過程中逐漸將這種信仰吸納進自身的神仙信仰體系,因此大多數的城隍廟由道士住持,但道士在其中的地位和許可權,各地差異較大。上文表中所列16通碑石的文字,均出自當時名儒例如三原人温純、馬理等之手,内容多爲考證城隍信仰歷史、重修殿宇、塑造神像、廟務管理等情況,極少提及道士在其中的作爲,這就給研究道士在三原城隍廟的角色定位造成難以彌補的缺憾。推測城隍廟的日常香火、廟宇照管、法事活動,均由道士負責,其餘廟産置辦、殿宇維修等重大事務則由多方力量協同處理。道士的權力很有限,清同治十年時甚至受到來自管廟會的嚴格約束:"該主持倘有不安本分、吸煙賭錢,甚至典鬻廟業諸不法事,同會立即送官重究。"[②]"僧會司"及"僧官"亦多次出現在碑文之中,可見他們也參與了城隍廟的部分事務。

三原縣城隍廟在20世紀80年代被改作"三原縣博物館",不再進行宗教活動。但每年廟會之期(農曆八月十一至十五),還是會舉辦傳統廟會,不過這種廟

① (唐)李白:《李太白文集》,《景印文淵閣四庫全書》第1066册,第304頁。

② 清同治十年《重復三原城隍廟管廟會碑記》,梁景先撰文並書丹。現存於三原縣博物館。

會已經剥離了宗教信仰的含義,成爲一種民俗展演。其間一度因特殊狀况中斷,直至 1992 年,在三原縣政府的宣導下纔得以恢復。據瞭解,至今已經舉辦了將近三十届,據説正在以廟會材料申報非遺項目。廟會期間除了有祭祀城隍神、城隍神巡遊、大型秦腔歷史劇、民間社火、鑼鼓、獅舞及秧歌演出外,還有剪紙、麵人、糖人、繡花等非物質文化遺産展示。廟會内容充實、豐富,爲前來參加廟會的賓朋提供了一場豐富的文化盛宴,不僅吸引著當地百姓來逛廟會,還吸引著省内外民俗文化的專家、學者和民俗攝影家。廟會現場,十里八鄉的善男信女都來燒香拜神,唱大戲、耍社火、跑竹馬、扭秧歌,豐富多彩。各具特色的風味小吃擺滿街頭巷尾,鑼鼓聲夾雜著吆喝聲、歡笑聲,響徹雲端。三原城隍廟爲非物質文化遺産提供了一個平臺,廟會爲我們的現代文明留存了一個多元性的内藴豐富的文化空間,傳統廟會與年節祈福活動期間,民間絶活、民間藝術等文化活動豐富多彩,活躍了人們的文化精神生活,提高了人們文化的精神享受。

具體到三原縣城隍廟,可以參照上海城隍廟、蘇州城隍廟、西安都城隍廟等廟觀的做法,在知識獲取途徑如此多元的時代,找准自己的定位。現代人將城隍廟當成了旅遊場所,關注點也大多是建築、壁畫、石刻、牌匾等外在的東西,極少關注城隍廟的核心價值所在,這種表層化的觀覽很難在他們心中留下長遠的影響。雖然這些外在的元素也是基於城隍信仰而産生,彰顯著相應的城隍文化,但畢竟是散碎而淺表的。對城隍信仰進行重新闡釋,關係著城隍廟的存亡問題。在"道教中國化"的時代大背景下,全真派道士應該積極作爲。在長期的發展過程中,道教也在不斷自我調適,以適應具體的社會大環境,例如早期的外丹服食轉爲内丹及心性修煉,飛昇成仙轉爲功德成神。對融合了多種複雜元素的城隍信仰做出新的調整,也是有前例可循且具有可操作性的。

結語

城隍神信仰作爲一種歷史記憶,在現代社會的生存空間愈發狹窄,其原本作爲城市守護神的角色正在被逐漸淡化乃至遺忘。城隍信仰與普通民衆、封建王朝的切實需要密切關聯,在現代社會不可以被簡單貼上"迷信"的標簽。基於儒生所撰寫的城隍廟創修碑文及相關記載,由於受到固有思想觀念的影響,在材料取捨方面非常明顯,以至於遺失了不少珍貴的記載,因此很有必要在宏觀視角之下,多挖掘相關記載,還原城隍信仰的鮮活形象,而非停留在乾巴巴的建築維修及管廟權力之争上。在現代社會,努力找到一條適合城隍文化發展的新路徑。

城隍廟不同於本城鎮其他的廟宇,它應肩負起更爲綜合的職責。反映當地特色的民俗、飲食、商業等均可在此處進行多樣化展示,在不同年齡層中形成一種關於鄉邦文化的體驗和記憶,這種地域文化會在他們心中形成一種凝聚力、精神内核,這種微觀的精神内核必將隨著他們走向全國乃至世界各地,這也是一種歸屬感,是根之所繫。而這種轉變的實現路徑,完全可以依循明清的傳統,將城隍廟歸還道教界管理。

[本文爲國家社科基金項目“陝西道教史”(項目編號:22XZJ007)階段性成果]

(責任編輯:趙衛東)

明清時期全真道在河西走廊的傳播

□程思尹　劉永明

摘要：本文結合田野調查和文獻資料，對明清時期全真道在河西走廊的傳播進行了考察。明清時期，全真道在河西走廊的傳播與統治政權在西北的國家戰略、宗教政策密切相關。在明代西北邊鎮道教復蘇、正一貴盛的背景下，河西全真道隱入民間家傳。入清以後，全真道則伴隨著龍門中興，及康、雍、乾時期清廷對新疆地區的開發，逐步擴大在西北地區的傳播與影響範圍，沿著河西走廊逐漸西移，延伸至新疆博克達山等地。

關鍵詞：全真道　河西　明清時期

作者簡介：程思尹，女，1991 年生，歷史學博士，西北師範大學歷史文化學院講師，主要從事甘肅道教史和河西地方史研究；劉永明，男，1966 年生，歷史學博士，博士後，蘭州大學敦煌學研究所、蘭州大學歷史文化學院教授，博士生導師，主要從事絲綢之路道教和道家道教文化研究。

甘肅河西走廊是中國古代陸上絲綢之路的黄金地帶，中原與西域交流的孔道，也是多種民族、多種宗教、多元文化碰撞交鋒、融匯共生的前沿區域。中國文化傳統中，政治對於宗教具有强大的支配作用，歷代王朝的宗教政策，很大程度上決定了各宗教的發展態勢及其扮演的社會角色。河西地處多民族聚居的交錯地帶，道教的發展態勢更與中原王朝政權盛衰及統治者的宗教政策、偏好緊密關聯。

蒙元時期，蒙古統治者與西藏宗教領袖之間達成政教合作，支持藏傳佛教在河西大肆傳播，致使河西道教勢弱乃至沉寂，與中原地區的道教呈現爲兩種截然不同的態勢。在明代統治者崇尚道教、禮遇正一高道的背景下，正一道進入河西，與官方緊密合作，建修甘州佑善觀、高臺玄真觀等廟觀，擔任地方道官，促成了明代河西道教的復蘇，此爲“安史之亂”之後道教在河西的一大轉捩點。然而明代全真道在河西延續了蒙元時期的沉寂之勢，據已有研究，明代西北地區全真道的傳續僅涉及甘肅靈臺、隴西、天水、平凉四地[①]，傳統史料乃至碑刻、方志等均不見全真道士在河西走廊活動的痕跡。至於清代河西全真道的傳播，據前人研究，見諸記載的全真道傳承零散，至清末始有連續傳承。[②] 經過對河西走廊道教碑刻及各類地方文獻的考察，我們發現明清時期全真道脈在河西的傳續並未斷絶，而是經歷了由隱至顯的演進過程，其中以龍門派的發展最爲迅速。

本文試圖通過長期田野調查和文獻搜集整理所獲材料，對明清時期全真道在河西走廊的傳播情況與道教活動作一基本梳理，並以此揭示明清時期全真道在河西社會的傳播與發展趨勢。

一、明清時期全真道在河西走廊的傳播背景

（一）蒙元時期河西道教的沉寂

蒙元貴族爲了保持自己的特權地位，維繫人口遠遠超過本族的漢族和其他少數民族的統治，在文化和宗教問題上實行承認現狀和相容並蓄的政策[③]。蒙元統治早期既已顯示出對漢民族本土宗教道教的青睞，成吉思汗時期尤其優待全真教。蒙古太祖十四年(1219)，成吉思汗在西征途中特下詔請全真教領袖丘處機，將丘處機奉爲上賓，尊崇備至，“錫之虎符，副以璽書，不斥其名，唯曰神仙”[④]，又於1223年下詔蠲免天下全真道觀的差發賦税[⑤]。此舉極大擡高了全真教的地位，中原各地興起建觀浪潮，全真宮觀“自燕齊及秦晋，接漢沔，星分棋布，凡

① 參見樊光春：《明清時期西北地區全真道主要宗派梳理》，趙衛東主編：《全真道研究》第一輯，濟南：齊魯書社，2011年，第218～236頁；周雷傑：《蘭州道教研究——以四座道觀爲中心》，蘭州大學碩士學位論文，2017年；黄小飛：《元明清隴西道教研究》，蘭州大學碩士學位論文，2022年。

② 參見樊光春：《西北道教史》，北京：商務印書館，2010年，第531、573頁。李春元《安西象牙造像及〈請回象牙佛匾文紀〉》（《隴右文博》2003年第1期）首次公開榆林窟《請回象牙佛匾文紀》照片及録文，匾文記載了清同治至光緒年間全真龍門派道士在榆林窟傳續，任榆林窟住持，以性命守護佛教珍寶象牙佛塔的過程；李博雅、李國《瓜州榆林窟道教遺存譾論》（《敦煌學輯刊》2020年第2期）則再結合清代榆林窟的道教壁畫、塑像以及遊人題記，勾勒出清代全真、正一道士在佛教石窟寺的主要活動；余恩、王社科《全真道龍門派第十三代陳來全墓塔有關問題探析》（《絲綢之路》2014年第10期）認爲酒泉金塔縣小叉廟塔遺址，係雍正、乾隆年間來自陝西的第十三代龍門派道士陳來全墓塔，陳道士在金塔傳有徒弟王復城、趙復明二人；周雷傑、劉永明《蘭州金天觀道教研究》（賴永海主編：《絲路文化研究》第一輯，北京：商務印書館，2017年，第169～182頁）則注意到凉州全真嵛山派道士王性巨曾在清雍正年間被延請至蘭州金天觀接任住持。

③ 卿希泰、詹石窗主編：《中國道教通史》第3卷，北京：人民出版社，2019年，第182頁。

④ （明）宋濂等：《元史・釋老傳》，北京：中華書局，1976年，第4524～4525頁。

⑤ 《一二二三年盩厔重陽萬壽宮聖旨碑（一）》，蔡美彪編著：《元代白話碑集録》，北京：科學出版社，1995年，第1頁。

百餘區”[①]。

至於河西一地,封地凉州的永昌王闊端與西藏宗教領袖薩迦班智達在 1247 年完成凉州會談,通過宗教政治聯結,將西藏納入王朝版圖[②]。此後,藏傳佛教正式進入蒙古社會,成爲蒙藏合作的重要紐帶。河西走廊地接甘青,是藏傳佛教東傳的門户,正是在蒙元貴族的支持下,藏傳佛教在河西大力傳播,因此道教在該地的生存空間被嚴重壓縮。不過開府凉州的闊端及其後裔在河西以外地區與全真教之間仍有互動,具體表現在建醮祈福、封真人號、護持宫觀幾個方面。

闊端封地凉州的乃馬真后三年(1244),闊端遣派使者趙崇簡專程至終南山延請全真高道于善慶、宋德方等,在重陽宫爲其封地舉行長達七日的金籙大醮,“遣使趙崇簡就宫修金籙醮七晝宵,方降聖之際,北東二方真文無火自化。使回啓其靈異,王特降璽書護持玄教,仍增以重陽萬壽宫額,賜與醮五師以真人號(謂師與宋披雲、薛太霞、綦白雲、李無欲也)”[③]。醮後,闊端王室爲重陽萬壽宫賜匾護持,並加賜于善慶等五人真人號。兩年後的乃馬真后五年(1246)秋,闊端家臣鞏昌總帥汪德臣上書,請求永昌王府再次邀請于善慶,爲其亡父汪世顯作醮[④]。于善慶由此至鞏昌傳教,“以無爲清静、正心誠意之道化之,風俗爲之一變”[⑤]。全真教至遲在此時傳入該地,並在于善慶演教的短短數月間,迅速傳播,以至於該地崇佛風俗爲之一變。

闊端後裔荆王脱脱木兒和脱火赤即曾頒旨保護京兆府路、晋寧路的全真道衆與宫觀廟産[⑥]。揑木烈大王及妃察忽真還應道士劉道通呈請護持了隴南金蓮洞[⑦]。以上可見,闊端家族並不排斥道教,王室與全真高道教團的關係密切,往來頻繁。不過與其相關的道教活動、護持的宫觀並不在河西境内。

不過闊端王府中亦有好道之人。劉志堅,道號雲岩子,山東博州人,1260 年

---

① 陳垣編纂:《道家金石略》,北京:中華書局,1988 年,第 547 頁。

② 樊保良、水天長主編:《闊端與薩班凉州會談》,蘭州:甘肅人民出版社,2009 年,第 90～91 頁。

③ (元)李道謙編:《終南山祖庭仙真内傳》卷下《洞真真人》,《道藏》第 19 册,北京:文物出版社、上海:上海書店、天津:天津古籍出版社,1988 年,第 538 頁。又《披雲真人》載:“……甲辰春,來終南祖庭,應皇子闊端大王醮事。醮竟,例賜玄都至道真人號。”(《道藏》第 19 册,第 540 頁)

④ (元)李道謙編:《終南山祖庭仙真内傳》卷下,《道藏》第 19 册,第 538 頁。

⑤ (元)李道謙編:《終南山祖庭仙真内傳》卷下,《道藏》第 19 册,第 538 頁。

⑥ 參見王長武:《蒙元時期秦隴蒙古諸王家族宗教信仰研究》,西北師範大學碩士學位論文,2016 年,第 20～22 頁。

⑦ 元大德六年(1302)劉森《感應金蓮洞碑記》,碑今存甘肅成縣金蓮洞。碑文參見蔡副全:《隴南金石題壁萃編》,北京:中華書局,2021 年,第 347～353 頁;趙逵夫:《由石刻文獻看隴南歷史上的道教與民間宗教》,《宗教學研究》2020 年第 2 期;劉永明、牛利利:《蒙元時期的隴南全真教》,《敦煌學輯刊》2022 年第 3 期。

前後“事永昌王，掌鷹房……凡王邸命四方，多所任使，固有劉使臣之稱”[①]。劉志堅曾在永昌王府豢鷹，執掌鷹房，亦爲隨行王室的使臣，三十二歲離開永昌王府歸鄉，至博州東平仙天觀郭至空處出家修道，成爲丘處機的第三代弟子[②]。劉志堅回到山東後悟道頗有所得，在嶗山收授道徒，形成氣候，洞明真人祁志誠特賜其號曰“雲岩子”。

劉志堅在永昌王府的1260～1270年十年間，正是八思巴住持涼州幻化寺並受封“國師”，統領天下釋教的時期。元廷在宗教偏好上的轉向，致使河西道教的生存空間被大大壓縮，此時僅存兩座道教宫觀，其一是涼州城南太清宫，其二爲永昌城東北通天觀，且此二觀皆未見全真道傳播的痕跡。劉志堅專門前往山東拜師求道的行跡，至少也印證此時河西並非全真道的重點傳教區域。

在蒙藏政教合作，大肆宣揚藏傳佛教的社會背景下，闊端及其家族成員支持甘肅河西周邊地區的全真道及其廟觀，而在河西境内則出於國家政治層面的需要，主要支持藏傳佛教。不局限於永昌王闊端家族，駐牧甘州、肅州的豳王出伯家族、封地沙洲的西平王速來蠻等蒙古諸王，皆對藏傳佛教表現出極大興趣，大肆宣揚[③]。這導致河西走廊的社會資源向藏傳佛教嚴重傾斜，道教生存空間遭到嚴重壓縮，道觀寥落。因此，不獨全真道，蒙元時期道教各道派在河西的傳播與中原地區的活躍景象截然相反，顯得十分沉寂。

(二)明代河西走廊道教的復蘇

明廷控制河西走廊後，道教在該地的命運發生了轉捩，迎來重新復蘇的歷史機遇。這一契機首先源自明朝皇室對道教的崇祀與青睞，道教滲入國家祭祀體系，也爲地方官員重視與護持儒道共祀廟宇，以及道教在河西的復蘇與傳播創造了有利條件[④]。其次，明廷爲了加强對邊地的思想文化控制，隔絶蒙藏，鞏固西北邊防，河西漢文化的回歸和信仰秩序的建立勢在必行。在官方的護持下，明洪武至宣德年間，真武廟、東嶽廟、城隍廟等類型的道教廟觀被優先建置，受到官方禮遇的正一道士進入河西，即主要依託此類廟宇開展道教活動。正統十二年(1447)，明英宗選擇甘州作爲第一批頒賜《道藏》的重點地域。龍虎山正一道士康道寧受遣

① 元泰定三年(1326)趙世延《雲岩子道行碑》，碑今存青島嶗山華樓宫。碑文參見(明)黄宗昌撰，(清)黄坦續，(清)張伯魁纂：《嶗山志》卷六，臺北：文海出版社，1961年，第215～216頁。

② (明)黄宗昌撰，(清)黄坦續，(清)張伯魁纂：《嶗山志》卷一，第50～51頁。

③ 張海娟、楊富學：《蒙古豳王家族與河西西域佛教》，《敦煌學輯刊》2011年第4期；尹雁：《元代蒙古諸王在河西的佛教活動及影響》，《西部蒙古論壇》2011年第4期。

④ 程思尹：《明清河西道教研究》，蘭州大學博士學位論文，2023年，第47頁。

專程護送《道藏》來甘,長期傳道河西,在天順間任甘州道紀司道官,統領陝西行都司道事[①],最終羽化於甘州。在官方的大力支持下,河西道教迅速改變了沉寂的局面,正一道成爲河西道教派别的主流。地方道教亦有主動向官方靠近之舉。河西道士創造出張三丰寓居甘州張指揮家的傳説,提高道教的影響力,拉近與官方的距離。通過與官方的合作,道教在地方的宗教地位與社會影響力與前代相比有了很大提升,至明末河西走廊的道教廟觀總數達118座[②]。

然而,與明前中期中原地區正一道的貴盛和全真道的衰勢相一致,明代在河西走廊活動的主要爲正一道人,道官亦由正一道人出任。正一道人甘州佑善觀住持劉仲真、高臺玄真觀住持牛熹玄、龍虎山康道寧、高臺玄真觀住持嚴清智等人活躍於河西的宫觀廟宇,與官方有所往來,是明代河西道教的主流。唯一涉足河西與全真道有關的道士是張三丰。張三丰與全真道頗有淵源,其足跡所至鹿邑太清宫、寶雞金臺觀、安溪香溪洞、漢中酆都山崇道觀等處皆爲全真道場,所傳弟子丘玄清、盧秋雲、王宗道等亦與全真道有關[③]。任繼愈、卿希泰、黄兆漢等前輩研究指出,張三丰一派當屬於元明間新出的全真道支派[④]。嘉靖年間甘州產生張三丰寓居傳説,也應預示著明代河西地區有全真道士的活動。然而,此時全真道在河西的傳播及活動不見於傳統史料及任何的方志、碑刻資料,傳承線索幾乎斷絶。有幸的是,我們在田野調查中發現一支萬曆年間傳入張掖民樂,並在氏族内部傳承的全真龍門派道士家族,或可由此管窺明代全真道在河西的傳播景象。

二、明代河西全真道的家傳——以民樂《胡室宗譜》爲核心的考察

遍閲與明代河西道教有關的史料文獻及宫觀廟宇碑刻,全真教的蹤跡頗難尋覓。唯一與全真道有關的張三丰雖有寓甘傳説,却不見其傳道的任何記載。所幸經田野調查發現,明代萬曆年間移民張掖的胡姓家族藏有《胡室宗譜》,反映出胡氏家族内部傳承著全真道脈。這在一定程度上代表著明代全真教在河西的存在狀況。

---

① 明天順七年(1463)佚名《重刻元真觀記碑》殘碑,今存張掖大佛寺。碑文另見吴景山編著:《張掖金石校釋》,蘭州:甘肅文化出版社,2021年,第69～70頁。

② 程思尹:《明清河西道教研究》,第79頁。

③ 張方:《張三丰與明代全真道》,《寶雞社會科學》2016年第1期。

④ 參見任繼愈主編:《中國道教史》,北京:中國社會科學出版社,2001年,第840～842頁;卿希泰主編:《中國道教史》(修訂本)第三卷,成都:四川人民出版社,1996年,第467～473頁;黄兆漢:《明代道士張三丰考》,臺北:臺灣學生書局,1988年,第114～117頁。

(一)清光緒《胡室宗譜》

清光緒《胡室宗譜》今存甘肅民樂縣胡氏後人胡漢賓家中,譜内記載了胡氏自明代萬曆至光緒年間的十世譜系,明確了胡氏後人在移民後的族群身份,其長子胡大化、次子胡大光兩支賡續全真龍門派第四代“玄”字輩至十三代“來”字輩十代譜系,其餘後人百年間“或爲士、爲農、爲商、爲羽仙者,已有幾十家矣”[①]。

《胡室宗譜》(後簡稱《宗譜》)修於清光緒十四年(1888),分前序、宗譜世系、後序三部分,記載胡氏始祖胡鸞至九世祖“天”“仲”字輩共九代譜系。據光緒《胡室宗譜序》(後簡稱《譜序》),胡氏始祖胡鸞“生於南京,應天府直隸縣人。特授金帶指揮官,自大明萬曆年奉旨來甘,擇卜洪邑,年老血衰,交旨回故,一去未來。差發長子諱世忠來洪立足,亦大明世襲受職”[②]。胡氏原籍南京應天府,其祖胡鸞在萬曆末年至河西甘州左衛洪水營(今民樂縣)任指揮一職,年老歸鄉後由長子胡世忠至甘襲任。胡世忠另有胞弟胡世倉、胡世良、胡世元三人,移民至甘州的僅胡世忠一支。《譜序》又載,胡氏八世孫(《譜序》中稱“九世”,當誤)道士胡源“不忍宗祖之容淯斬,輣動誠念,欲爲子孫之箴規,乃立家譜。遂與族孫起龍、族弟諱洞、潼、貴者,造立家譜二册”。該譜爲光緒年間胡氏第八世孫胡源等撰寫,將移民甘州的先祖胡世忠一系整理製譜成册。新中國成立後,民樂胡氏後人在光緒家譜基礎上續修第十世至十三世譜系,整理爲《胡室宗譜》内部印行保存。

據《宗譜》,胡鸞、胡世忠父子官至甘州洪水營指揮,二人及其兄弟生平却皆不見諸史料,胡氏家族正是自移民張掖的第二代“世”字輩胡世忠始,開始了全真龍門派道脈的傳承,但原籍族人中是否有其他道教信衆情況不明[③]。《宗譜》載胡世忠爲羽師,“其妣張氏孺人亦常崇錫天恩,妙善是贈。所生四子,長子諱大化,仲君諱大光,季君諱大美,叔君諱大祥,俱爲陰陽校尉。厥後分立四門,已立八世,其雲乃相衍,或爲士、爲農、爲商、爲羽仙者,已有幾十家矣”。胡世忠妻張氏亦禮崇道法,生有四子胡大化、胡大光、胡大美、胡大祥,爲龍門派授有道名的“玄”字輩道士,自此其長子胡大化與次子胡大光後輩世代相襲道業。

---

① 胡起龍、胡洞等修:《胡室宗譜》,清光緒十四年(1888)寫本。此譜今存民樂縣道士胡漢賓家中,爲團隊2019年田野調查所得文獻。

② 康自發:《胡室宗譜序》,胡起龍、胡洞等修:《胡室宗譜》,清光緒十四年(1888)寫本。康自發,字顯達,洪水貢生,潛心儒道,清道光二十一年(1841)作有《重修朝陽洞碑記》。

③ 胡世倉、胡世良、胡世元三人是否爲道士身份不明,因三人未至甘,此譜未記三人支系。

(二)《胡室宗譜》所見全真道士譜系

爲了更清楚地瞭解這一支全真龍門派在家道的道脈傳承,下將《宗譜》所載十三世譜系繪製如圖 1 所示。

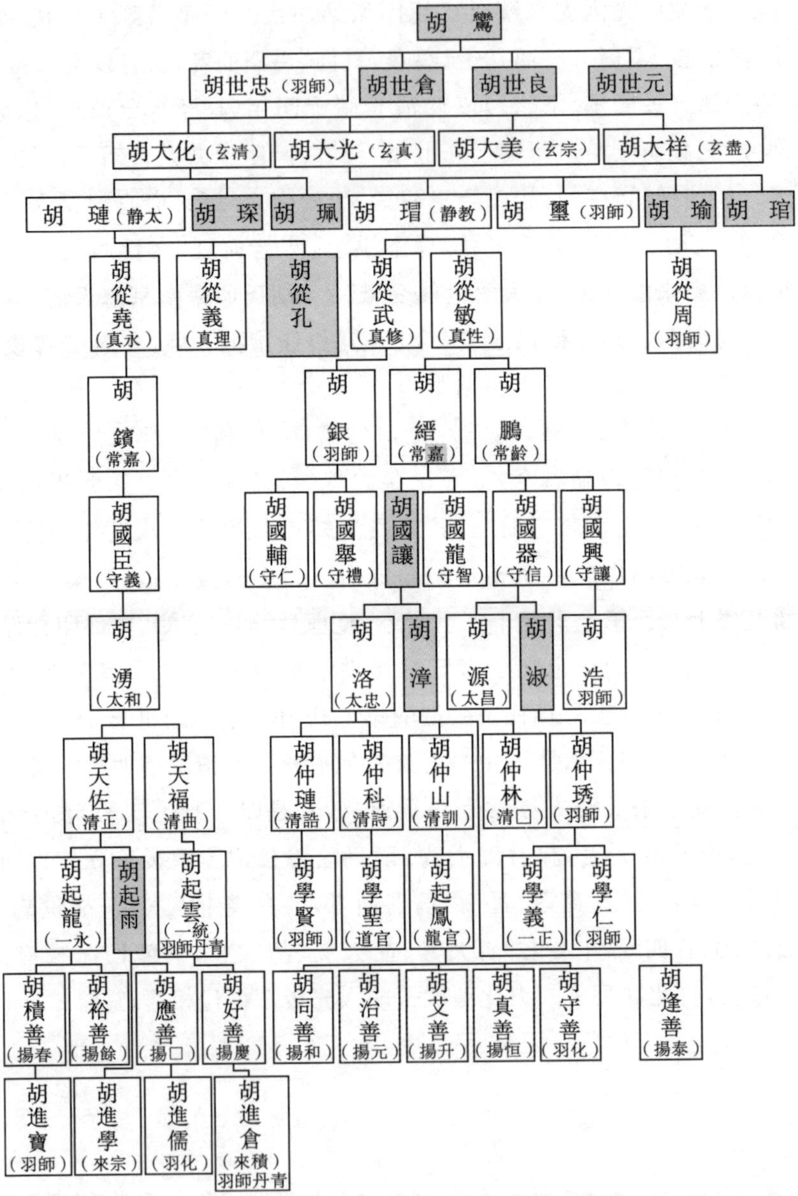

圖 1　張掖民樂胡姓全真龍門派道士宗譜

(據《胡室宗譜》繪製,灰色標識者非道脈傳承者,其後子孫無入道者從略,後人有重新入道者繼續標識。需特别説明的是,原文獻中其家族第五世後人"胡鑌"與"胡縉"二人的奏名相同,皆爲"常嘉",當有一處記誤,暫無法考證原委)

《宗譜》自二世祖胡世忠始稱羽師，其後三世至十二世自“玄”字輩一直延續至“來”字輩，與全真龍門派第四代至第十三代字輩“……玄静，真常守太清，一陽來……”正相吻合。胡世忠無字輩記載，僅有羽師稱號，而其四子明確爲全真龍門派“玄”字輩道士，“羽師胡大化，奏名玄清，妣王氏。生胡璉、胡琛、胡珮；羽師胡大光，奏名玄真，妣□氏。生胡瑁、胡璽、胡瑜、胡瑄；羽師胡大祥，奏名玄宗，妣□氏。未生；羽師胡大美，奏名玄盡，妣□氏。未生”。其後胡氏四世至十三世中，延續道脈的子孫都明確記有道教奏名。

民樂胡姓道士宗譜圖有幾點需要説明。首先是洪水胡氏二世祖胡世忠在宗譜中，衹稱“羽師”。宗譜中其父胡鸞是否爲道士身份不明，胡鸞與其子胡世忠在明萬曆年間的任職及其他情况也不見載各處史料文獻。因此，胡世忠的羽師身份獲得於南京還是甘州洪水亦未可知。其次是胡氏全系中，傳續道脈未中斷的衹有胡大化長子胡璉一支。自四世“從”字輩始，有部分子孫開始習從他業。如胡琛、胡珮、胡瑜與胡瑄四人(圖中非道士身份者姓名以灰色標識)。但是有的從習他業的支系也並未完全斷絶道法的傳承，如胡瑜並非道士，其子胡從周則稱羽師，重新延續道脈。還有另外一點是，在胡氏傳承道脈的人有多種稱謂，如“羽師”“羽師丹青”“羽化”“龍官”，稱“羽師”“羽化”者多不見其道名，如二世胡世忠、四世胡璽、五世胡從周，這也是有待深入探究的細節。

這支胡姓道士家族遷入河西後，在明萬曆末年至民國年間傳承龍門譜系十代，從道者 42 人，在河西傳道三百餘年，是至今所見明清時期河西地區道教法脈延續最長的一例，填補了明代全真道在河西傳播的空白，亦可謂河西全真龍門派在家道傳承的典型。據此例，結合道教在河西地區的迅速復蘇，與嘉靖至明末清初張三丰寓居甘州傳説盛傳河西之勢，明代全真道在河西的傳播應當不僅此孤例，相關資料與研究有待進一步推進。

三、清康乾時期以甘州爲中心的傳播

清代全真道在河西傳播迅速，支派確切者有二①，一支是龍門派，也是最爲活躍的支派，另一支是嵛山派。

(一)甘州地區全真龍門律宗的興盛

據河西方志、碑刻及筆者田野調查所得地方文獻，清代在河西走廊活動的龍

① 參見樊光春:《明清時期西北地區全真道主要宗派梳理》，趙衛東主編:《全真道研究》第一輯，第 218～236 頁。

門派道士有 29 位,師承線索不明,却由第九代"太"字輩延續至第二十二代"理"字輩,除第十代"清"字輩與第十五代"本"字輩暫不見記載,其餘每代代不乏人,基本信息見下表 1。

表 1　清代河西全真龍門派道士統覽

序號	道士	字輩	時期	地點	廟宇/身份	記載來源
1	胡姓道士(家族)	第 6～13 代[①]	清代	張掖東樂	在家道	光緒《胡室宗譜》
2	王太中	第 9 代	順治七年(1650)	張掖東樂	朝陽洞,建窟道士	上天樂石窟第 11 窟北壁甬道題記
3	王太潮	第 9 代	康熙四年(1665)	張掖東樂	朝陽洞,建窟道士	上天樂石窟第 11 窟南壁甬道題記
4	易一元	第 11 代	康熙五十三年(1714)	張掖甘州	道德庵住持	乾隆《甘州府志》
5	郭一鳳	第 11 代	雍正二年(1724)	張掖甘州	不明,甘州府道紀司	《維修張掖大佛寺記事金屬牌》之七[②]
6	魏陽洞	第 12 代	乾隆十一年(1746)	張掖甘州	紫陽宫,張掖縣道會司	乾隆《甘州府志》
7	于陽海	第 12 代	乾隆十一年(1746)	張掖甘州	紫陽宫	乾隆《甘州府志》
8	白陽全	第 12 代	乾隆三十三年(1768)	武威平番	香爐山	《香爐山功德碑》
9	陳來全	第 13 代	乾隆年間	肅州金塔	小叉廟	《陳來全墓塔銘》
10	張來德	第 13 代	嘉慶十年(1805)	五涼、龍門洞	莫高窟,朝禮道士	莫高窟第 148 窟題記
11	王復城	第 14 代	乾隆年間	肅州金塔	小叉廟	《陳來全墓塔銘》

① 前文所述的《胡室宗譜》僅記載其家族每代傳人字輩,未載具體時期。按照《宗譜》中萬曆末年(1609～1619)至清光緒十四年(1888)270 餘年傳承七代的記載,其家族平均每 40 年傳一代,以此推算,萬曆末年的胡氏道士爲第 4 代"玄"字輩,至清初不過 40 餘年,大致傳至第 6 代"真"字輩。

② 此鐵牌今存張掖大佛寺,吴景山《張掖金石校釋》收録題名《維修張掖大佛寺記事金屬牌之七》。

續表

序號	道士	字輩	時期	地點	廟宇/身份	記載來源
12	趙復明	第 14 代	乾隆年間	肅州金塔	小叉廟	《陳來全墓塔銘》
13	李復寶	第 14 代	乾隆年間	張掖甘州	龍王廟，甘州府道紀司	乾隆《甘州府志》
14	朱合秀	第 16 代	清中期	張掖東樂	城隍廟	民國《創修東樂縣志(稿)》
15	王和□	第 16 代	道光年間	張掖東樂	朝陽洞	上天樂石窟第 4 窟南壁題記
16	李教寬	第 17 代	光緒年間	肅州	榆林窟住持	《請回象牙佛匾文紀》
17	嚴教榮	第 17 代	光緒年間	肅州	榆林窟住持	《請回象牙佛匾文紀》
18	潘永歸	第 18 代	嘉慶九至十年（1804～1805）	肅州敦煌	莫高窟，朝禮道士	莫高窟第 148 窟題記
19	王永壽	第 18 代	光緒二十八年(1902)	肅州	文殊山寺	《創建羅祖殿鐵鐘》①
20	李永先	第 18 代	光緒二十八年(1902)	肅州	文殊山寺	《創建羅祖殿鐵鐘》②
21	馬榮貴	第 18 代	光緒至宣統年間	肅州	榆林窟住持	《請回象牙佛匾文紀》
22	王永境（王覺静）	第 18 代	清末至民國年間	肅州敦煌	莫高窟三清宫住持	《重修千佛洞九層樓碑記》
23	楊永齡	第 18 代	清末至民國年間	肅州敦煌、平凉崆峒山	敦煌火神廟、崆峒山招鶴堂	《招鶴堂瑞南鍊師道行碑》③

① 吴景山:《張掖金石校釋》,第 253 頁。

② 吴景山:《張掖金石校釋》,第 253 頁。

③ 1949 年李翰《招鶴堂瑞南鍊師道行碑》,碑存甘肅平凉崆峒山。碑文参見崆峒山管理局編《崆峒山志》、潘延川編《崆峒山道教歷代碑銘録》、吴景山編著《崆峒山金石校釋》。

續表

序號	道士	字輩	時期	地點	廟宇/身份	記載來源
24	顔元子	第 19 代	嘉慶十年(1805)	肅州敦煌	莫高窟	莫高窟第 148 窟題記
25	王圓籙	第 19 代	光緒至民國年間	肅州敦煌	莫高窟三清宫住持	《太清宫大方丈道會司王師法真墓志》
26	趙明裕	第 20 代	光緒至民國年間	肅州敦煌	莫高窟三清宫	《太清宫大方丈道會司王師法真墓志》
27	姚明善	第 20 代	光緒至民國年間	肅州敦煌	莫高窟三清宫	《太清宫大方丈道會司王師法真墓志》
28	程至厚	第 21 代	光緒至民國年間	武威古浪	古浪雷祖廟	《甘肅道教史話》
29	葉理禄	第 22 代	光緒至民國年間	武威古浪、蘭州皋蘭、平凉崆峒山	古浪雷祖廟、皋蘭龍王廟、崆峒山	《重修空同山七真觀碑記》①

由上表可見,全真龍門派道士的活動主要集中在甘、肅二州。清初,全真道人的活動中心在張掖地區;至清中葉,其活動範圍有逐步向西移的趨勢;清末民國初年則集中於肅州地區。

順治至雍正初年,清廷沿襲明代在河西的軍鎮衛所制度,甘州仍爲河西的軍政中心,道紀司遂沿設於甘州城。雍正、乾隆年間的甘州府道紀司、張掖縣道會司皆由全真道士擔任。全真龍門派第十一代"一"字輩道士郭一鳳與第十二代"陽"字輩道士魏陽洞分别任甘州府道紀司與張掖道會司道官。與此同時,"一"字輩道士易一元與"陽"字輩道士于陽海、魏陽洞,先後在甘州城東南隅創建道德庵與紫陽宫兩座全真宫觀。

清中後期,隨著清廷將新疆納入王朝版圖,河西全真道士的活動範圍也向西擴展,最遠到達新疆博克達山(今作博格達山)。敦煌莫高窟所見題寫時期最早且身份明確的一條道士題記,書寫自嘉慶年間前來朝禮的全真龍門派道士張來德。題記書:"龍門洞金符山受戒弟子張來德至嘉慶十年九月廿一日朝禮。"②張

① 李世培《重修空同山七真觀記碑》,碑存甘肅平凉崆峒山南臺。碑文見吴景山編著:《崆峒山金石校釋》,第 191 頁。

② 徐自强、張永强、陳晶編著:《敦煌莫高窟題記彙編》,北京:文物出版社,2014 年,第 169 頁。

來德原籍五凉,爲陝西龍門洞景福山受戒的全真龍門律宗第十三代"來"字輩道士。無獨有偶,酒泉金塔也發現了乾隆年間龍門派"來"字輩道士活動的痕跡。乾隆間(1736～1795)修築的金塔小叉廟塔是龍門派第十三代"來"字輩道士陳來全的塔墓,塔銘爲其來自陝西同州府的弟子第十四代"復"字輩道士趙復明、王復城立。這説明乾隆年間陝西地區的全真龍門律宗的傳播已輻射至酒泉、敦煌及其周邊地區。清代全真龍門内丹修煉的代表人物劉一明(1734～1821),也曾在乾隆四十四年(1779)、嘉慶二年(1797)兩次遊訪河西①。

清末光緒年間王圓籙住持莫高窟時期,敦煌地區的全真道士法脈亦有傳續。據民國二十年(1930)《太清宫大方丈道會司王師法真墓志》,王圓籙出家酒泉,師從酒泉道士"盛道人",於光緒十七年(1891)前後雲遊至敦煌莫高窟,並在洞窟前建造三(太)清宫,以莫高窟住持自居。從王圓籙及其弟子的字輩可知,王圓籙是龍門派第十九代"圓"字輩道士,其弟子趙明裕、姚明善爲第二十代"明"字輩,徒孫方至福爲第二十一代"至"字輩。王圓籙一支爲酒泉盛道人所傳龍門律宗餘續。

清末民初,任敦煌莫高窟太清宫住持的龍門派第十八代弟子王永境,則曾修道新疆博克達山,光緒末年攜徒郭崇貞等回到敦煌傳道。郭崇貞原籍臨洮,民國初年西行至新疆出家,師係王永境(又名王覺静)②。其後郭崇貞與王永境一同東歸至敦煌行道。另據敦煌三危山老君堂三教殿横樑題記,"(三教殿)由西域雲遊棲居龍門派二十二代玄門弟子李理全、高理坤,徒徐宗圭、張宗命、侯宗興、陳宗旨、鄧宗修、尚宗悟、楊宗勤,徒孫郭誠靈、趙誠芝、劉誠瑶等虔誠募化建修。大中華民國歲次己巳年清和月上浣穀旦吉立",以及民國二十二年(1933)《三危山老君堂創修碑記》③,此時有來自新疆博克達山的龍門派第二十二代"理"字輩道士東歸至敦煌傳道,這恰好接續王圓籙徒孫第二十一代"至"字輩方至福。而民國年間繼任莫高窟住持的曾在新疆修道的道士王覺静(又名王永境),則是光緒末年東歸的第十八代龍門派道士,其字輩甚至高於王圓籙。以上,清末民國初年至

① 張志陽《劉一明本末》載:"(乾隆四十四年)行至平番,聞有蘇瘋子者,皆以有道稱之。及見其面,有名無實,真是瘋漢,不過能受飢寒,打鍊睡魔耳。遊凉州數月,欲往肅州訪梭羅仙遺蹟,因其雪山雪消,溝渠水盛,難以行走,遂赴西寧……(嘉慶二年)過黄河,三至寧夏,昔年相識大半去世,爲之一歎。登賀蘭山,避暑月餘,返回省城。又上平番、西寧。冬月,離西寧。"(丁述學編著:《劉一明與興隆山》,北京:華夏出版社,2018 年,第 14～15 頁)

② 據敦煌西雲觀郭崇貞弟子夏高真 2019 年 7 月口述資料整理。

③ 民國二十二年(1933)朱永鎮《三危山老君堂創修碑記》,碑佚,今老君堂僅存曾鑲嵌鐵碑的石龕。碑文見夏鼐:《夏鼐日記 1942～1945》卷三,上海:華東師範大學出版社,2011 年,第 220 頁。

少有三支全真龍門道脈在敦煌地區活動,兩支來自新疆,一支來自酒泉。

(二)全真嵛山派傳入甘、凉

清雍正年間蘭州金天觀住持王性叵、王明惠(即王静齋)爲武威凉州人。據全真嵛山派字輩“清静無爲道,至誠有姓名,金玉功知巧,通此加地仙”①,王性叵與王明惠爲嵛山派第九代“性”字輩與第十代“明”字輩弟子,也是蘭州金天觀第九代、第十代住持②。王性叵原修道凉州太白宫,師傳與修道經歷不明,徒王明惠與興隆山全真龍門派道士劉一明同時期在蘭州傳道。王明惠嘉慶二年(1797)仙逝於蘭州金天觀後,劉一明爲其撰寫《金天觀静齋王先生墓志》。此墓志隱約得以窺見兩位武威道士的修道傳道經歷。

劉一明《金天觀静齋王先生墓志》記:

> 王先生,號静齋,原籍五凉人……年方八歲,送至太白行宫大癡翁先生座下爲徒。方一年有餘,癡翁遠遊,先生失依,大受艱難。然其篤志好學,出於性成,凡遇高明正人,無不投誠求教,即常人有一技一能,亦必能留心而學之。故道教經典科儀,盡皆精通,數理雜學,無不知曉。雍正己(乙)巳年,聞大癡翁住持蘭州金天觀,遂離凉至蘭,得親師範,參究妙理,默有所得。③

王静齋原籍武威,生於康熙四十二年(1703),八歲至太白行宫出家爲道,師從大癡翁王性叵。清代河西地區的太白宫共有兩座,一座是凉州太白行宫,另一座是甘州太白宫,皆創設於康熙年間。據民國十六年(1927)《武威縣壇廟祠宇寺觀調查表》,“太白宫,始建清康熙年,現廢,無産業,在城内西南所,地震壞”④,凉州太白宫位於城西南,民國間地震損毁。此廟暫不見於《五凉全志》及其他方志,也未留下碑刻及相關資料。

甘州太白廟則創修於康熙三十八年(1699),甘肅總兵孫思克爲此撰有《創建太白廟序》,文稱:“我關中山太白山,舊有敕建宫殿,山勢巉巖,神固靈異。凡所叩求,應若桴鼓。山下碧水一泓,患旱魃者,取水灑祝,甘霖旋沛,尤爲顯跡。有高子名金者,涇邑商人也,貨於甘,夙有信根。禮太白山者有年,因念甘地災疫旱

① 李養正編著:《新編北京白雲觀志》,北京:宗教文化出版社,2003 年,第 441 頁。

② 樊光春:《明清時期西北地區全真道主要宗派梳理》,趙衛東主編:《全真道研究》第一輯,第 218～236 頁;周雷傑、劉永明:《蘭州金天觀道教研究》,賴永海主編:《絲路文化研究》第 1 輯,第 169～182 頁。

③ (明)劉一明著,滕樹軍、張勝珍點校:《悟元匯宗(道教龍門派劉一明修道文集之一)》下册,北京:宗教文化出版社,2015 年,第 893～894 頁。

④ 《武威縣各項調查表》,民國十六年(1927)手抄本,甘肅省圖書館西北文獻藏本。

干，歲所時有，捐資莊象，跋涉數千里，傭夫舁請至甘，與一真王子謀構數楹而棲之。"[①]甘州太白廟是由陝西商人高金從太白山請像至甘而建。陝西太白山以靈湫著稱，明清兩代均有道士活動，清時其山間湫池被命名爲"三官池""太白池""三清池""玉皇池"等道教仙池，山間亦修雷神洞、朝陽洞等道教洞窟[②]。由陝西太白山請像至甘州必經蘭州、凉州二地，且凉州廟觀稱爲"太白行宫"，即神靈出行的臨時棲所。據此，康熙年間武威太白行宫的修建很有可能是此次請像至甘事件的延伸。嵛山派至遲在此時由陝西傳入河西，王性叵爲第九代弟子。

王静齋至凉州太白行宫拜師後僅一年，王性叵即東去遠遊修道。於是王静齋在五凉地區四處遊寓求道，"凡遇高明正人，無不投誠求教"。雍正三年（1725），王静齋聽聞其師王性叵受邀住持蘭州金天觀，又離開凉州前往蘭州繼續投於王性叵門下修行。至此，王性叵與王静齋二人皆住金天觀，在蘭州修道傳教。據劉一明所撰墓志，王性叵早年修道武威太白行宫，收授弟子僅見王明惠一人，其後遊寓蹤跡不明。雍正初年，王性叵受甘肅巡撫許容延請至金天觀接任住持[③]，説明王性叵的遊寓範圍應在蘭州附近地區，且在當時已頗具盛名。也正藉此，王性叵將凉州傳自陝西的嵛山派傳入蘭州。

四、清中後期河西全真道的西進

（一）全真道在河西西段石窟寺的活動

無論是全真道在河西的傳承脈絡、活動範圍，還是道教宫觀廟宇數量，清代都可謂繼唐代之後河西道教發展的又一高峰。與道教力量的增强相伴生的是清初河西道教洞窟張掖朝陽洞（上天樂石窟）的修造，以及清中後期道教向佛教石窟寺的擴展，此皆爲全真道通過河西走廊向西傳播的明確表現。

甘肅張掖朝陽洞又稱上天樂石窟，位於張掖民樂縣西北約三公里處洪水河西岸崖壁，是河西走廊地區唯一一處道教洞窟。朝陽洞創修之前，民樂地設洪水

① 清康熙三十八年（1699）孫思克《創建太白廟碑序》，碑佚。碑文存乾隆《甘州府志》，《中國地方志集成・甘肅府縣志輯》第44册，南京：鳳凰出版社，2009年，第487～488頁。

② 清康熙三十九年（1700）賈鉉《太白山圖》，今存陝西西安碑林。

③ 甘肅省地方史志編纂委員會、甘肅省宗教志編纂委員會編纂：《甘肅省志・宗教志》第71卷，蘭州：甘肅人民出版社，2005年，第48頁。

堡,屬甘州左衛轄地。該地曾建有 9 座道教廟宇,但並無全真道士活動的記載[①]。至清初,全真道士公開在該地募資建觀,龍門派第九代“太”字輩道士王太潮、王太中及派屬不明的道士劉冲和在周邊地方民衆與凉州朝山會的支持下,於清初順治年間創修朝陽洞,建三教洞、靈官洞、菩薩殿、祖師殿、三官殿等殿洞[②]。據第 10 窟題記,至康熙六年(1667)秋,朝陽洞“共修洞三十六處,連像俱全”[③]。嘉慶年間,自白廟堡正一道士王寅重修洞窟後[④],朝陽洞住持及住廟道人失載。

清代全真派在河西盛傳的事件,還包括全真道人住持佛教石窟寺。目前可知清代河西建修、改修有道教洞窟的,幾乎都由全真道人住持,如著名的佛教石窟寺榆林窟、文殊山寺、莫高窟等處在光緒年間開始由道士住持管理,延續香火。雍正年間(1723～1735)榆林窟住持道士吴根棟,或爲榆林窟的第一任道教住持[⑤]。在此之後的同治至民國年間,榆林窟先後五位住持楊元合、李教寬、嚴教榮、馬榮貴、郭元亨均爲全真龍門派道士[⑥]。光緒年間,莫高窟三清宫亦由龍門派第十九代道士王圓籙任住持。接任王圓籙的,則是來自新疆的龍門派第十八代道士王永境。

(二)全真道人經河西走廊往來新疆的修道活動

前文提及,清末民初在敦煌活動的王永境、郭崇禎、李理全等是由新疆東歸傳道的道士。光緒年間,有一批河西的全真道士穿過河西走廊,西行至新疆博克達山修道,清末民初又東歸回到河西或中原,甘肅臨澤道士孫光俊即爲其中一位。據民國《創修臨澤縣志》:

---

① 據程思尹《明清河西道教研究》統計,明代民樂地區創建的 9 座道教廟宇分别爲:六壩堡真武廟、洪水堡玉皇廟、西雙營寨三清樓、順化堡鎮武廟、南古堡城隍廟、東樂縣城隍廟、洪水堡城隍廟、南古堡玉皇閣、四壩堡三官廟。

② 第 11 窟北壁康熙四年(1665)題記載:“凉城北街朝山會弟子:盧隅霖、王順、張□恕、楊枝柱、張峨公、賈應儒、王祜、何蘊美、王懷。康熙乙巳仲秋甲子良吉修洞道人王太潮□筆書之。”

③ 張寶璽:《上天樂石窟》,《甘肅畫報》1989 年第 1 期。

④ 據朝陽洞第 5 窟南北龕題記,“有白廟堡玄門弟子王寅,於去歲冬入洞上香,則見救苦仙姑之看墻洞落而不新,玉皇之背光殘缺而無色,既觸於目,即傷於心。因而不告於妻子,不謀於朋友,默發誠心,募化四方,幸遇衆興,莫不樂施,余欲興工,得遂其願。是以本年二月間,竭力修補,罔敢稍懈。自春徂冬,數月之餘,將救苦仙姑之看墻焕然而改觀,玉皇之背光燦然而奪目。而且於仙姑之洞外,又修山神土地二洞”。嘉慶十四年至十五年(1809～1810)住洞道士李和、白廟堡正一道士王寅再次募資重修仙姑殿與玉皇殿。

⑤ 參見顧鐵符:《“象牙造像”説明》,《文物參考資料》1955 年。羅寄梅在《安西榆林窟壁畫》(《中國東亞學術研究計畫委員會年報》第 3 期,臺北:中國東亞學術研究計畫委員會,1964 年)一文中指出,據田野調查所見題記,清道光年間榆林窟住持道士亦爲吴姓。榆林窟第 29 窟即爲吴道士重修。此題記今已不存。

⑥ 清光緒三十一年(1905)《請回象牙佛匾文紀》,今存瓜州榆林窟第 6 窟前院内。匾文參見李春元:《安西象牙造像及〈請回象牙佛匾文紀〉》,《隴右文博》2003 年第 1 期;李國:《瓜州榆林窟道教遺存譾論》,《敦煌學輯刊》2020 年第 2 期。

> 孫光俊,法名明朋,本縣城人。家貧,錐鞋度日,好道出家,於外伊犁博八大山(博克達山),求道於任真人爲師。師年齡兩百餘,傳度《参同》《悟真》之旨,默坐一晝夜,不與人言。下丹後,率道徒鋤田間草,挑泉水澆花以消遣。至光緒末年羽化於此山。①

孫光俊原籍張掖臨澤縣,光緒年間至新疆博克達山出家求道,師從任真人修煉全真内丹功法。新疆博克達山又名靈山,位於今新疆阜康市南,山間有乾隆、光緒年間修建的道教宫觀。據民國《阜康縣鄉土志》,乾隆四十一年(1776)博克達山修建鐵瓦寺一座,因博克達最高峰名"福壽",此寺又名福壽寺,並在光緒九年(1883)增建南北配殿②。因《長春真人西遊記》中載有丘處機至博克達山時所作詩一首,有學者據此認爲鐵瓦寺是當地道士爲紀念丘處機所創③。鐵瓦寺是否在元代就已經創建尚待商榷,且此地明代的道教活動記載亦闕如。陳誠(1365～1457)在《西域行程記》中稱,"(土爾番)城西北百餘里有靈山(博克達山),相傳爲十萬羅漢佛涅槃之處。近山有土臺,高十餘丈,云唐時所築,臺畔有僧寺"④,並未提及博克達山有道教活動。但可以明確的是,據乾隆《西域圖志》、嘉慶《三州輯略》等新疆方志的記載,康熙、雍正平定准噶爾的戰争完成之後,新疆博克達山附近的迪化城、新城和鞏寧滿城等地陸續興建道教宫觀廟宇。迪化城的老君廟興建於乾隆三十六年(1771),"北門樓有真武、文昌、奎星等神閣",乾隆五十六年(1791)北門甕城又單獨興建真武廟一座⑤;巴里坤城三官廟也建修於乾隆三十六

① 高季良總纂,張志純等校點:《中華民國創修臨澤縣志》,蘭州:甘肅文化出版社,2001年,第429～430頁。

② 《新疆鄉土志稿二十九種·阜康縣鄉土志》,中國西北文獻叢書編輯委員會編:《西北稀見方志文獻》第61卷,蘭州:蘭州古籍書店,1990年,第87頁。

③ 戴良佐:《吉木薩爾和阜康的道教探討》,《西北史地》1996年第1期。文中關於鐵瓦寺爲紀念丘處機建修的觀點無引用文獻,是據《長春真人西遊記》卷上所載"九月二日西行,四日宿輪臺之東,迭屑頭目來迎。南望陰山三峰,突兀倚天。因述詩贈書生李伯祥,生相人,詩云:'三峰並起插雲寒,四壁橫陳繞澗盤;雪嶺界天人不到,冰池耀日俗難觀。巖深可避刀兵害,水衆能滋稼穡乾;名鎮北方爲第一,無人寫向畫圖看。'"(《道藏》第34册,第486～487頁)推測而得,故鐵瓦寺創建於元代有待進一步商榷。

④ (明)陳誠著,周連寬校注:《西域行程記》,北京:中華書局,1991年,第106頁。

⑤ (清)和寧撰:《三州輯略》卷二,《中國方志叢書·西部地方·第十一號》,臺北:成文出版社,1968年,第70～71頁。

年[①]。可見此時已經有不少道士在迪化、巴里坤等地活動[②]。博克達鐵瓦寺與迪化城的道教廟宇,同樣是在乾隆年間集中修建。

與臨澤道士孫光俊同時期至博克達山求道的,還有甘肅秦州道士胥理體。胥理體原籍甘肅秦安縣,光緒年間出家於博克達山福壽觀(又稱福壽寺)。《五子登真録》記載胥理體於宣統二年(1910)在南陽玄妙觀受戒[③]。巧合的是,與胥理體同樣在南陽玄妙觀受戒的還有一位出家敦煌火神廟的道士楊永齡(1874～1945),且楊永齡承襲的龍門道脈也來自新疆博克達山。

1949 年《崆峒山招鶴堂瑞南鍊師道行碑》載:

> (楊永齡)童年出家於敦煌火神廟,赤足單瓢,隨師數十年,薪水雜役,莫不躬親,苦心學道,未嘗少懈。乃師羽化後,即扶柩西行,餐風宿露者凡數十日,抵新疆祖塋,終以禮葬之。既入關,更欲深悟玄機,遂乃雲遊海内名山大川,参訪高賢。至南陽受戒於玄妙觀姚方丈壇下,方丈器重之,旋升以該觀知客之務,辛勤將事,和靄接人。[④]

楊永齡原籍甘肅鞏昌府甘谷縣(今天水市甘谷縣),幼年西行求道,一路經河西走廊至敦煌火神廟出家。而此時住於敦煌火神廟的道士,是自新疆博克達山東歸敦煌的道人。其先師羽化後,楊永齡與其他師兄弟將師父靈柩送回新疆,此後又返回中原,四處遊歷求道。碑文稱楊道士曾在南陽玄妙觀姚靄雲門下受戒。據吉岡義豐與劉迅的研究,姚靄雲在南陽玄妙觀的傳戒活動僅有宣統二年(1910)一次[⑤]。此次傳戒自光緒二十年(1894)開始籌備,歷時十六年完成。而《崆峒山招鶴堂瑞南鍊師道行碑》稱楊永齡至南陽玄妙觀受戒,又至甘肅崆峒山招鶴堂悟道,前後經五十餘年,於七十一歲仙逝。按楊永齡仙逝的民國三十四年(1945)推算,楊道士應是在光緒十六年(1890)前後至南陽玄妙觀受戒,至遲在光緒六年

---

① 閆緒昌修,高耀南等纂:《鎮西廳鄉土志》,全國圖書館文獻微縮複製中心,1990 年,第 207 頁。

② 參見王鵬輝:《清代至民初新疆縣域的社會生活——以阜康爲例》,《昌吉學院學報》2014 年第 3 期;王鵬輝:《清代至民初新疆巴里坤的廟宇與社會生活》,達力紮布主編:《中國邊疆民族研究》第 8 輯,北京:中央民族大學出版社,2014 年,第 126～137 頁;王鵬輝:《塞上風華:清代前期烏魯木齊廟宇的神聖與世俗》,紀宗安、馬建春主編:《暨南史學》第 10 輯,桂林:廣西師範大學出版社,2015 年,第 138～164 頁;王平、何源遠:《清代新疆博克達山官方祭祀與王朝秩序》,《民族研究》2018 年第 3 期。

③ 轉引自劉迅:《清末南陽玄妙觀傳戒考略》,《宗教學研究》2013 年第 3 期。劉迅在此文中刊布的《五子登真録》記載:"宇字第五號/龍門/胥理體/元和子/年二十七歲,甲申相,正月二十六日丑時生/係甘肅省秦州府秦安縣人氏/在新疆迪化府阜康縣博克達山福壽觀出家/度師朱至科名下。"

④ 吴景山:《崆峒山金石校釋》,第 215 頁。

⑤ [日]吉岡義豐:《白雲觀的道教》,《吉岡義豐著作集》第 1 卷,東京:五月書房,1990 年,第 184～185 頁;劉迅:《清末南陽玄妙觀傳戒考略》,《宗教學研究》2013 年第 3 期。

(1880)出家敦煌火神廟。因此楊永齡的師父,即這位敦煌火神廟的道士在光緒初年就已從新疆來到敦煌,是目前所見最早一批清末從新疆東歸的道人。

民國年間,敦煌三危山老君堂亦有一支由新疆博克達山東歸的龍門派餘續。據《三危山老君堂創修碑記》載:

> ……老君堂也,峭石四壁,清泉一池,有殿焕然,建於堂下者,三教殿也。作堂殿者誰,大方丈李理全、其徒侯宗性也。發起者誰,朱、劉二善士也。溯其師徒於民十一從博克達山雲遊來敦,卜危山之陽,棲古寺不過破屋數椽,殘飯一簞而已,乃於修養之暇,猶能誓老君之壯觀,非有志且道育弗克逮也。抑知老君道宗三教,言著五千,仙升昆侖,化被流沙,其仙隱已著於縣志。今廟祀未逮於名山,非所以敬祖師而重道德也。因玆集合善士多人起而論定之貲助之。越八年,工乃用壯殿宇輝煌、靈明顯著矣。[1]

民國十一年(1922)道士李理全及其徒從新疆博克達山雲遊至敦煌,師徒衆道士留住三危山棲古寺。李理全見三危山中未創建道教廟宇,認爲應當在此創建廟宇奉祀神靈,决定募化建修老君廟。創修碑記稱廟宇"越八年"完工於民國二十二年(1933),因此老君堂應當在民國十四年(1925)動工開建。

今敦煌三危山三教殿横樑存有題記,其言曰:"由西域博克達山雲遊棲居龍門派二十二代玄門弟子李理全、高理坤,徒徐宗圭、張宗命、侯宗興、陳宗旨、鄧宗修、尚宗悟、楊宗勤,徒孫郭誠靈、趙誠芝、劉誠瑶等虔誠募化建修。大中華民國歲次己巳年清和月上浣穀旦吉立。"(見圖 2)題記書寫時間"民國己巳年"是民國十八年(1929),説明此時三教殿已完工。結合老君堂創修碑記與三教殿横樑題記可知,全真龍門派道士自民國十四年(1925)起,先在三危山建修王母宫一處,又於民國十八年(1929)建成老君堂三教殿,至民國二十二年(1933)老君堂廟宇全部完工。參與募資建修的道士除了李理全、高理坤,還有二人的道徒龍門派第二十三代"宗"字輩弟子徐宗圭、張宗命、侯宗興、陳宗旨、鄧宗修、尚宗悟、楊宗勤等七人,第二十四代"誠"字輩徒孫郭誠靈、趙誠芝、劉誠瑶等三人,共十二名道士。

---

① 民國二十二年(1933)朱永鎮《三危山老君堂創修碑記》,今老君堂殿内鑲嵌鐵碑的石龕尚存,碑已佚失。碑文見夏鼐:《夏鼐日記 1942～1945》卷三,第 220 頁。

圖 2　民國十八年(1929)敦煌三危山老君堂三教殿横樑題記

夏鼐在民國三十三年(1944)至三危山考察時描述老君堂“堂内供奉太上老君像,堂中有一鐵碑,奉祀太上老君”,而“道人之住所,什物皆在,而已闕無居人”。[①] 老君堂及三教殿建成數十年後就已經再無道士住廟。

隨著在河西地方社會影響力的擴大,清代全真道在河西的活動範圍由甘州的道教宫觀廟宇進一步拓展至甘、肅等地的道教洞窟乃至佛教石窟寺,並逐步成爲當地宗教及民俗文化生活不可分割的重要部分。這不僅與該階段我國道教普遍進一步民間化的發展趨勢若合符契,也在一定程度上呈現出河西全真教傳播與發展的獨特之處。與此同時,伴隨著清廷西北疆域的擴大,全真道也跟隨西遷移民的脚步傳播至新疆。河西及其他地區的道士經河西走廊往返於中原與新疆之間,促進了中原道教與西北地區文化的交流,客觀上也實現了在國家新的邊疆地區傳播全真教及漢文化的歷史使命。

結語

綜上所述,明清時期全真道在河西走廊的傳播經歷了由隱至顯、由衰至盛的過程,由此可以得出以下幾點基本認識。

第一,明代是河西道教發展的轉捩點,此時全真道在王朝宗教政策與邊疆政策的影響下,傳入河西,隱於民間家傳。此前,蒙元統治者爲了與藏地達成政教合作,在河西大肆宣揚藏傳佛教,中原地區一度蓬勃發展的全真教於有元一代未能涉足河西,河西道教廟觀寥寥無幾。明王朝建立後,一改元朝的政策,其對正一道的扶持與禮遇和中原移民政策的實施推動了河西道教的復蘇。正一道在官方的扶持下,憑據官道共祀的廟觀,傳道演教活動較爲活躍;全真道則於此時隨軍事移民傳入河西,以家傳方式在民間傳播。

① 夏鼐:《夏鼐日記 1942～1945》卷三,第 220、221 頁。

第二,清初全真龍門中興帶動了全真道在各地的發展,全真道在河西地區亦開始公開活動。清初,全真道人尤其是龍門派道士隨中原移民再次向西移動,以甘州爲中心建立道場,並接替正一道人任職道官。全真教通過整肅,强調居觀出家修行,河西全真教得以迅速傳播。

第三,清中後期至民國初年,全真龍門派盛傳河西,傳播範圍由河西西端延至新疆博克達山等地。康、雍、乾時期,甘肅、陝西等地的全真道人自發沿河西走廊繼續西行,活躍於甘州、肅州道教廟觀及佛教石窟寺,並一路向西至新疆博克達山修習道業。敦煌、張掖等地開始出現確切的連續的法脈傳衍,肅州地區的核心佛教石窟寺莫高窟、榆林窟等處皆由全真道人擔任住持。光緒至民國初年,曾西行新疆求道的楊永齡、胥理體等重新回到河西,或重歸中原地區修行傳法。

第四,就目前考察而言,河西全真道人大多師傳來歷不明,又由於缺乏國家政策扶持及教内高道傳法,全真道人受戒需要前往陝西及河南等地,諸多因素限制了河西道教的發展。

第五,全真教主張三教合一,其在河西乃至新疆等地的傳播對於改易地方風俗、增强多民族地區的國家認同等,産生了不可忽視的積極作用。

（責任編輯:秦國帥）

道教尹喜派的道派傳承與地域分布

□劉康樂

摘要:尹喜派是道教史上一支規模較小的道派。此派以終南樓觀爲祖庭,尊文始真人尹喜爲開派祖師,其派字譜大約從明萬曆年間開始使用。從現存資料來看,此派最初主要在河南、山西、山東等地傳播,後逐漸擴展到湖北、江西、河北等地,清末民國時期在東北一帶一度蓬勃發展,另在河南汝南一帶的民間道情藝人中獲得"教外别傳"。尹喜派既非全真也非正一,可能爲終南樓觀道在元初和明末流散各地後逐漸形成的一個道派。

關鍵詞:道教　尹喜派　派字譜　樓觀道

作者簡介:劉康樂,1979 年生,安徽泗縣人,哲學博士,歷史學博士後,長安大學哲學研究所副教授,主要從事中國哲學、道教歷史等研究。

明清道教大小教派大量湧現,清初出現了一支託名文始真人尹喜創立之尹喜派,又名文始派、樓觀派、魯山派。據北京白雲觀民國抄本《諸真宗派總簿》所載,第三派即是文始真人尹喜派的字譜 40 字:"道德清高上,雲程守煉丹。九重天外子,方知妙中玄。心静自然體,髮白面童顔。袖吞乾坤大,陰陽造化先。"前有注曰"尹喜真人尹喜派,又魯山、文始、樓觀三派同字也"①,即第四文始派、第五樓觀派、第六魯山派與第三尹喜派實爲同派之異名。此抄本另有第九十九同名爲尹喜派,注曰"此乃南方代來"。此派的字譜比第三尹喜派多出了"悟本從正禮,冲和養太元。情寂金木併,一定龍虎盤。慧法祥光現,蓮開寶林宣。神凝歸根竅,氣住復命關。三千功圓滿,異姓合真仙。逍遥蓬萊路,今朝玉京賢"②,這後 60 個字是來自南方的尹喜派道士後續,以湊齊"百字譜"之數。抄本又録第一百

---

① 王卡:《諸真宗派源流校讀記》,熊鐵基、麥子飛主編:《全真道與老莊學國際學術研討會論文集》上册,武漢:華中師範大學出版社,2009 年,第 57 頁。

② 王卡:《諸真宗派源流校讀記》,熊鐵基、麥子飛主編:《全真道與老莊學國際學術研討會論文集》上册,第 74 頁。

“天師分支尹喜派”32字,與本文所論之尹喜派不同,未詳其傳承。

一、碑石記載尹喜派在清代的傳承和分布

道教很早就出現了派字譜,南宋九宫山張道清開創的“御制派”是目前所知最早采用派字譜的道派。全真教的派字譜出現較晚,大約明朝初年全真道士已經開始使用派字譜了,其中以龍門派爲首的七真派字出現的時間較早,而其他全真庶派、支派則相對較晚,“至於天師道法系的正一派等道派也使用派字,恐怕已是清末乃至民國時期了”[①]。尹喜派屬道教的一個小支派,其傳播的地域並不廣泛,據現在掌握的碑石資料來看,晚至清康熙年間纔出現尹喜派字譜使用的記載。

據當代尹喜派傳人王子陽道長的介紹,山東魯南地區自清康熙以來就是尹喜派道士的重要傳承地,棗莊薛城千山頭是魯南地區尹喜派的重要發源地,最早可以追溯至康熙三年(1664)開山祖師王德謙、王德静、李德寡等人,爲尹喜派字譜中的第二代傳人。據此前推,千山頭這一支尹喜派第一代“道”字輩道士大概活動在清順治年間。棗莊市薛城區千山頭清華閣現存清康熙三十年(1691)所立的《創建吕祖閣碑記》,清華閣爲本山尹喜派道士劉清允所創建,閣中供奉純陽祖師吕洞賓[②]。又嶧縣(今棗莊市嶧城區)城北君山山麓有二觀,下觀曰青華觀,觀後有住持孫煉仁所修的石洞,上觀曰巢雲觀,觀後水簾洞有劉清允碑記一通[③],可見清代君山二觀亦在傳承尹喜派。

河南駐馬店確山縣的尹喜派也是從清康熙年間開始傳承的。據清嘉慶中縣令鄭命成所撰《萬壽宫碑文》,開山祖師賈上環早在康熙年間(1662～1722)就已創建樂山宫觀[④],爲尹喜派字譜中的第五代,但其師承情況已不可考,若按20年傳一代來推算,確山縣這一系的尹喜派第一代“道”字輩可能在明萬曆年間。又據民國《確山縣志》卷一一“道教”載:“道士之隸確者爲尹喜派,始祖賈上環建廟樂山頂上,後移住城隍廟,根基粗立,傳至七世孫藍重虞,道教中興,頗爲紳民所

① 王卡:《諸真宗派源流校讀記》,熊鐵基、麥子飛主編:《全真道與老莊學國際學術研討會論文集》上册,第51頁。

② 沙雪斌總主編:《薛城文物與遺存》,濟南:山東友誼出版社,2010年,第113頁。

③ 趙亞偉主編:《嶧縣志點注本》下册,北京:綫裝書局,2007年,第836～837頁。

④ 張縉璜修,李景堂纂:《確山縣志》卷二四,《中國地方志叢書・華北地方・第四五一號》,臺北:成文出版社,1976年,第579頁。

稱揚。全縣宫觀廟宇三十餘處,皆歸道士管業,教亦寖熾。光緒三十三年,城隍廟道士王子安陞授道會司,准用圖記,經理道家事務。"[①]據縣志可知,確山縣道教的主流是尹喜派,自賈上環首先在確山縣樂山頂開山,邑人張楚白捐獻田産土地,興工建廟,遂成一邑之大觀。後此派道士又至縣城城隍廟演派,至第十二代傳人藍重虞大振玄風,全縣宫觀三十餘處皆歸其掌管,至光緒三十三年(1907)已傳至第十五代"子"字輩。

確山縣樂山的尹喜派一度發展比較興盛,宫觀之著有"群仙觀、紫簫宫、玉虚宫,俱在樂山頂。靈應宫,樂山諸宫,道士賈上還[環]開山建造,由外募化歸,晚卧山谷深險處,虎不爲之傷,至今香火甚盛"[②]。老樂山的龐大宫觀群,有"八宫二觀一拜臺"一説,即萬壽宫、遇真宫、玄都宫、南海宫、斗母宫、靈應宫、玉虚宫、紫霄宫、回龍觀、群仙觀、拜臺宫。確山縣樂山尹喜派道士還在周圍地區的汝南縣老君廟、正陽縣岳城岳王廟、信陽縣明港的關帝廟和相城縣三清廟傳承,形成了影響深遠的尹喜派"大樂山廟系"。確山縣尹喜派自康熙元年(1662)由賈上環傳到樂山,至最後一代周玄恩居士,連續傳承了十六代三百餘年。

山西榆次縣烏金山(又名大洪山)也有尹喜派道士較早的傳承記録。據山西榆次縣清乾隆元年(1736)所立《創建純陽宫廟碑記》,撰文者王紹業稱"幼聞烏金山水晶院牛道士,以富家子弟棄俗入道",雍正十三年(1735)住持牛道人雲璽在别院普濟院募化創建了純陽殿等建築,碑末題名中署有"烏金山兼理普濟院道士牛諱雲璽,門徒高程海、馮程權,法孫焦守慧"[③]等,烏金山三代道士屬尹喜派的第六、七、八代。又據乾隆三十二年(1767)貢生原學健記:"李程還,道號三貞子,自少性端潔,寡言笑,屏居一室,翛然有離塵之想……謁烏金山水晶院之牛師,喜其元機超解,因受度牒焉。"[④]李程還所拜烏金山水晶院之牛師,即住持牛雲璽,師徒二人屬尹喜派第六、七代傳人。

清乾隆四十九年(1784)所立的《重修大洪山鎮壽寺並敷澤峰龍王洞碑記》的功德題名中,又有"烏金山住持道士劉煉成、劉煉到,門徒丹景、丹洞、丹會,徒孫九齡"[⑤]。此時水晶院尹喜派道士接管了鎮壽寺,三代道士的派字分别爲尹喜派

---

① 張縉璜修,李景堂纂:《確山縣志》卷一一,《中國地方志叢書・華北地方・第四五一號》,第 269~270 頁。

② 張縉璜修,李景堂纂:《確山縣志》卷三,《中國地方志叢書・華北地方・第四五一號》,第 99 頁。

③ 王琳玉主編:《三晋石刻大全・晋中市榆次區卷》,太原:三晋出版社,2012 年,第 154~155 頁。

④ (清)俞世詮修:《同治榆次縣志》卷九,《中國地方志集成・山西府縣志輯》(16),南京:鳳凰出版社,2005 年,第 452 頁。

⑤ 王琳玉主編:《三晋石刻大全・晋中市榆次區卷》,第 215 頁。

字譜的第九、十、十一代。在 50 年間烏金山的尹喜派共傳了六代，幾乎不到 10 年即傳一代。依此傳承的速度計，首次出現的第六代牛雲璽可能在清康熙五十四年(1715)前後出家，而第一代則可以上溯至清康熙四年(1665)前後。當然，這是一種理想狀態的傳承代序，而且此派道士從哪一個字開始使用派字也不能完全確定，但可以確定清初尹喜派的派字譜已經開始使用了。至嘉慶十三年(1808)，烏金山尹喜派已傳至第十二代"重"字輩，常住四代道士共有 17 人之多[①]。

此外，河南濟源柏林長春觀也是清代尹喜派道士住持的宫觀。趙衛東教授據河南濟源柏林長春觀清光緒二十七年(1901)的《李方相墓碑》碑文，發現清代柏林長春觀共有自"九"字輩至"中"字輩共 9 輩尹喜派道士的傳承記載[②]，從時間上來推測，柏林長春觀的尹喜派可能自嘉慶年間開始傳承。

二、全真教傳戒文獻中的尹喜派道士

除了上述比較集中的河南確山、濟源和山西榆次等地方，清晚期的同治、光緒年間，湖北和北京等地也出現了尹喜派的傳承記載，主要見於當時的全真教傳戒登真籙。據北京白雲觀《同治乙酉壇登真籙》所載的戒子名録，其中有 7 位尹喜派的道士，4 人來自河南省汝寧府確山縣樂山正頂，2 人來自湖北省黄州府黄梅縣孔龍鎮炎帝廟，1 人來自順天府宛平縣卧龍山真武洞。包括他們的度師在内，這些尹喜派道士分别使用了"妙""忠""玄""静""自""然"等派字[③]，其中"忠"字蓋爲"中"字之誤用。这份登真籙中的尹喜派戒子及其度師，人數最多的仍屬來自前述河南確山縣樂山正頂，有"妙""忠""玄"三代道士共 6 人。確山縣樂山正頂也是目前所知最早傳承尹喜派的宫觀之一，這份登真籙反映了此時河南確山縣樂山仍然是尹喜派的重鎮，而湖北黄梅和順天宛平則屬首次出現尹喜派道士的傳承。

北京白雲觀《光緒壬午壇登真籙》中有 5 名尹喜派的戒子，字輩分屬"知""妙""玄"，分别來自直隸遵化州文昌宫、山東禹城縣南安家莊白衣堂和湖北安陸

① 王琳玉主編：《三晋石刻大全・晋中市榆次區卷》，第 243 頁。

② 趙衛東：《河南濟源全真道宗派傳承考》，《道教研究學報：宗教、歷史與社會》第五期，香港：香港中文大學出版社，2013 年，第 81～110 頁。

③ 王卡主編：《三洞拾遺》第 11 册，合肥：黄山書社，2005 年，第 188、189、190、191、192 頁。

府東洋縣遥逕山雲臺觀[①]。又北京白雲觀《光緒甲申壇登真籙》中有尹喜派戒子劉九親,"係山東兖州府寧陽縣人氏,在本縣土地廟出家,度師英丹禮名下"[②]。又《玉皇山福星觀光緒己酉壇登真籙》戒子中有一位尹喜派道士謝心曌,"係湖北宜昌府歸州人氏,在本省荆州府江陵縣開元觀出家,度師楊玄峰"[③]。從這三份光緒年間的全真傳戒登真籙來看,此時尹喜派道士的分布區域已擴展到直隸遵化、山東禹城、湖北東陽縣、湖北荆州,其中湖北是僅次於河南的尹喜派道士分布比較集中的省份。當然與發展興盛的龍門派、華山派相比,尹喜派道士人數總體來説仍然是比較少的。

民國時期的全真派傳戒登真籙中,也偶爾可以見到尹喜派道士的名字,如民國八年(1919)《京師白雲觀己未壇登真籙》中有尹喜派戒子王中耀,"係鹽山縣人,在吉林省同賓縣四方山無極觀出家,度師張妙方名下"[④]。又民國十四年(1925)《湖北長春觀乙丑壇登真籙》中有尹喜派戒子 5 人,分别是:"江然林,江西九江縣人,在本縣廬山玄妙觀出家,師祖陳静性,度師尉自明;潘體泉,湖北省黄州府圻水縣人,本省黄州府圻春縣園峰山出家,師祖宋自壽,度師宋然明;艾知林,湖北武昌縣人,在天門縣三元觀出家,師祖張子度,度師錢方順;葉天志,湖北黄安縣人,在本縣高峰山出家,師祖張九祥,度師蔣重德;周天德,湖北黄安縣人,在本縣高峰山出家,師祖張九祥,度師蔣重德。"[⑤]這次傳戒活動是在湖北武漢長春觀舉辦,因此這份登真籙中的尹喜派道士以湖北本地所占的比例最大,而且首次出現了江西的尹喜派傳承。民國二十二年(1933)《委羽山大有宫癸酉壇登真籙》中有尹喜派戒子李天義,"係山東省滕縣人氏,在本縣千山頭元真觀出家,師祖張九福,度師趙重德門下"[⑥]。此爲在浙江南方舉辦的全真傳戒活動,北方道士參加的比較少,但仍有來自山東滕縣的一位尹喜派道士前來受戒。千山頭是魯南地區的道教名山,宫觀林立,清代以來即屬尹喜派道士管理[⑦]。

從晚清和民國全真傳戒登真籙所載尹喜派道士地域分布來看,河南、湖北、山東、直隸是尹喜派道士比較集中的地方,南方最遠已經傳播至江西廬山,北方

---

① 尹志華:《北京白雲觀光緒壬午壇〈登真籙〉新探》,《世界宗教研究》2021 年第 1 期。

② 《光緒甲申壇登真籙》,清光緒十年(1884)北京白雲觀刻本。

③ 引自郭峰:《近代城市宫觀與地方社會——以杭州玉皇山福星觀爲中心》,成都:巴蜀書社,2018 年,第 189 頁。

④ 《京師白雲觀己未壇登真籙》,民國八年(1919)北京擷華書局石印本。

⑤ 長春觀編:《湖北長春觀乙丑壇登真籙》,民國十四年(1925)石印本。

⑥ 《委羽山大有宫癸酉壇登真籙》,民國二十二年(1933)石印本,浙江省平陽縣圖書館藏。

⑦ 董廣泉:《千頭山尋古》,《滕州文史資料》第 5 輯,滕州市政協文史資料委員會,1989 年,第 137 頁。

最遠到達吉林同賓縣,此爲近代尹喜派道士分布之大概。1939～1946 年日本學者吉岡義豐在華留學期間考察了北京白雲觀,後寫成《白雲觀訪信録》一書,書中根據白雲觀保存的晚清和民國的各地全真傳戒登真籙,作出一份《〈登真籙〉所載宗派勢力比較表》,統計 15 次全真傳戒的戒子所屬道派情況,尹喜派戒子共有 27 名①,與戒子總數 3639 名相較,尹喜派道士所占的比例非常之少,在全部 41 個受戒道派中排第 11 位,排在龍門、華山、霍山、金山、隨山、蓬萊、遇仙、正乙、清微、三丰之後,但比七真道派之南無、嵛山和清静三派人数稍多。不過令人費解的是,目前所見的全真傳戒登真籙中,尚没有出現榆次縣烏金山尹喜派道士受戒的記録,雖然榆次是較早傳承尹喜派的地區之一。查民國《榆次縣志》,烏金山水晶院至遲在道光中已歸僧人掌管,原來的尹喜派道士已不知何往②。

三、清末以來尹喜派在東北地區的蓬勃發展

清代以來,隨著關外滿洲地區的墾殖開發,不少全真道士也跟隨山東、直隸等地的移民到達東北,其中就有不少尹喜派的道士。據高麗楊的考證,“除龍門派外,有清一代,傳入東北地區的全真道其他流派有華山派、金山派、蓬萊派、金輝派、尹喜派等”③。據曲爽的研究,“尹喜派,又稱文始派或樓觀派,近代在東北地區曾廣泛流傳,在東三省均建有尹喜派道觀,至民國時期已傳至二十五代”,並考證出鐵嶺抱元宫、哈爾濱正陽宫、撫順純德宫、撫順廣緣宫、撫順紫霞宫都是尹喜派的宫觀,“此外,哈爾濱有關岳廟、濱江道觀等尹喜派道觀 3 處,長春榆樹縣有普陀庵、關帝廟等尹喜派宫觀 9 處”。④ 可以看出,尹喜派作爲關内道教的一支小派,反而在東北三省獲得了長足的發展。據民國《永吉縣志》卷一七《輿地志七》“壇廟祠宇”,民國十七年(1928)吉林省道教會統計“全省……註册羽流,龍門派千餘人,蓬萊派六百餘人,華山派三百餘人,金山派二百餘人,尹希(喜)派五十餘人,金輝派三十餘人,隨山派八十餘人”⑤。雖然吉林全省道士依然以龍門派最多,但尹喜派道士人數仍多於金輝派和隨山派。另據《長春市志》的調查,“東北

① [日]吉岡義豐:《白雲觀訪信録》,汪帥東譯,北京:北京聯合出版公司,2016 年,第 30 頁。

② (清)俞世詮修:《同治榆次縣志》卷九,第 349 頁。

③ 高麗楊:《全真教制初探》,成都:巴蜀書社,2018 年,第 285 頁。

④ 曲爽:《道教尹喜派在東北流傳輯略》,曲爽靈風的博客,http://blog.sina.com.cn/dj8x,2014 年 9 月 3 日訪問。

⑤ 徐鼐霖主修:《永吉縣志》卷一七,長春:吉林文史出版社,1988 年,第 269 頁。

淪陷期間,僞滿洲國《民生年鑑》公布 1939 年統計,今長春市行政區域内有尹喜派道觀 9 座,道士 9 人,均在榆樹縣内"[①]。其中"普陀庵,在六合屯,創建於清乾隆五十九年(1794),劉外盛捐建,殿四間,廊房六間,尹喜派","關帝廟,在六合屯,正殿三楹,東廊房二楹,尹喜派"。[②]

民國十五年(1926)《雙城縣志》記載当時本縣全真道士有金輝派、龍門派和尹喜派三支,其中尹喜派宫觀有太和宫、吉興寺、關帝廟三座共 11 名道士[③]。僞滿洲國時期東北仍舉辦了兩次較大的全真傳戒活動,其中 1943 年雙城縣無量觀舉辦的全真傳戒活動,共有 4 位尹喜派的戒子前來受戒,分别爲:張心恩"係黑河省本縣人氏,在濱江省延壽縣龍宫村無極觀出家,度師張玄齡名下",薛静恩"係河北省饒陽縣人氏,在濱江省蘭西縣西甸村關帝廟出家,度師蔡心儀名下",蔡心儀"係安東省鳳城縣人氏,在濱江省蘭西縣西甸村關帝廟出家,度師馬玄三名下",李静基"係濱江省雙城縣人氏,在濱江省雙城縣韓集甸村太和宫出家,度師翟心悟名下"[④],這些尹喜派道士分别出自哈爾濱無極觀、蘭西縣關帝廟和雙城縣太和宫。

除了在東北的蓬勃發展外,近代尹喜派在山東、河南、湖北、江西、甘肅等地,仍有不少傳承。據當代尹喜派傳人王子陽道長的介紹,魯南地區的尹喜派自清初在千山頭開山演派,就在滕縣、嶧縣等地傳衍衆多,發展興旺,一直延續至今。郭樹森在《全真道傳入江西及其蕃衍》一文中,介紹了江西贛南地區尹喜派道士的分布以及當代來自湖北黄梅黄齡洞的尹喜派道士張丹純入住景德鎮斗姆宫的一段往事。[⑤] 此外,河南南陽、武當山和甘肅蘭州、天水等地,當代仍有少量的尹喜派道士。

從清代至民國尹喜派傳承和分布的情況來看,尹喜派的主要活動地在華北和荆襄地區,後在東北地區頗有發展的良好態勢,南方的江西廬山僅見個别的傳人。

---

① 田志和、馬鴻超、王德才主編:《長春市志·少數民族志·宗教志》下卷,長春:吉林人民出版社,1998 年,第 197 頁。

② 田志和、馬鴻超、王德才主編:《長春市志·少數民族志·宗教志》下卷,第 203、205 頁。

③ 張鼒銘總修:《雙城縣志》卷一一,《中國地方志叢書·東北地方·第三三號》,臺北:成文出版社,1976 年,第 341 頁。

④ 《特殊寺廟無量觀癸未壇登真籙》,1943 年哈爾濱雙城縣無量觀印本。

⑤ 詹石窗總主編:《百年道學精華集成》第三輯《人物門派》卷三,上海:上海科學技術文獻出版社,2018 年,第 28~284 頁。

四、尹喜派的道派歸屬與教外别傳

關於尹喜派的起源和道派歸屬，趙衛東認爲："這一派傳承源自長春真人丘處機，與全真道龍門派一樣，也是奉丘處機爲祖師，從這一點看，這一派應屬於全真道龍門支派。"①不過，據當代尹喜派道士的自述，尹喜派既不屬於全真，也不屬於正一，而是自先秦尹喜真人以來一脈相承的古老教派。據當代尹喜派傳人王子陽的介紹，祖輩流傳下來的説法是，尹喜派又名樓觀尹喜派或道德派，修煉上重道德、輕法術，對入門弟子的要求甚高，故歷代傳人很少。又稱此派以終南樓觀爲祖庭，尊尹喜真人爲開派祖師，在元代被全真教排擠出樓觀祖庭後流散各地，故而住觀者少而在家修道者多。起初並無派字，衹是在清初爲了道脈延續的需要，創製了四十字的派字譜，後在南方接續爲一百字。終南樓觀道始於魏晋，興於隋唐，元初樓觀宗聖宫爲全真教所占據，明朝再興"樓觀三丰派"，清初又被全真龍門派所取代，樓觀道自此絶跡。王子陽關於尹喜派的源流自述與樓觀道的歷史發展脈絡頗爲吻合，以此來看，清初興起的尹喜派很可能源於終南樓觀道，與"混元派""猶龍派""隱仙派"等道派關係較爲密切，是獨立於全真和正一之外的一支古老道派，在元初和明末的道派鬥争中流散各地，至清初逐漸以派字譜爲傳承紐帶。

尹喜派雖然在道門中的發展勢力較弱，但在民間曲藝界却有一定的影響力。河南泌陽縣流傳的"河南墜子"藝人，自稱尹喜派傳人，據説是全真祖師王重陽的女弟子吟溪所傳，故又稱"吟溪派"，至今已傳承 17 代②。此説雖頗爲荒誕，但此種民間社會流傳的説唱藝術，还保留有簡板、踏板等伴奏的樂器，來源於道教藝術的唱道情。河南墜子作爲道情藝術的一個分支，在河南駐馬店汝河一帶多有流傳，泌陽縣的尹喜派"河南墜子"已列入國家非物質文化遺産保護名録。

據《中國曲藝志・河南卷》載："據藝人們自述，清代初期，汝河一帶多有道士演唱道情，因而俗人唱道情皆起法號，如上蔡縣的董木，法號爲智育，泌陽的唐太民，取法號爲雲清等。汝河道情藝人多屬道教尹喜門派，並按照該門派的四十個字'道德清高尚……'論師排輩。"③據當地學者的調查統計，河南汝河道情的尹喜派藝人，至近代仍有傳承，"僅泌陽一縣尹喜派藝人就普查到一百五十多人，如

① 趙衛東：《河南濟源全真道宗派傳承考》，《道教研究學報：宗教、歷史與社會》第五期，第 81～110 頁。
② 劉獻麗主編：《駐馬店市非物質文化遺産項目名録》，鄭州：河南人民出版社，2016 年，第 67～68 頁。
③ 中國曲藝志全國編輯委員會：《中國曲藝志・河南卷》，北京：中國 ISBN 中心，1995 年，第 88 頁。

'天'字輩的陳天義(? ～1920),'外'字輩的陳外賓(1913～1986)、余外堂(1911～1973),'子'字輩的朱子亭(1910～?)、高子學(1883～?)、禹子昆(1905～1978)、張子義(不詳),'方'字輩的陳方義(1905～1988)、高方堂(1933～?)……解方俠(? ～1964)。"[①]

清代各地的道情藝人多自稱全真派傳人,因全真龍門派的影響最大,他們在民間以道情藝術教化民衆,故所傳的民間藝人弟子,也自稱龍門派,認長春真人丘處機爲祖師。河南、山西、山東、安徽等地的漁鼓、評書、大鼓書等藝人,多奉道教龍門派的丘長春爲祖師,拜師收徒時,也都按龍門派字譜取名。又八仙中張果老和韓湘子以演唱道情的形象著稱於世,故民間道情藝人也有認張果老和韓湘子爲祖師的。但認尹喜爲祖師的民間道情藝人,目前來看主要流傳在河南汝河一帶。

汝河道情與確山尹喜派道士有著密切的關係。泌陽縣、上蔡縣及確山縣皆屬汝河流域,清初汝河道情的民間藝人,從確山的尹喜派道士那裏拜師學藝,將道士所傳的道情藝術加以創新,在民間社會傳承不息。這些民間的藝人尊師重道,不忘其本,自稱尹喜派傳人,在拜師收徒時,也按照尹喜派字譜來取名。此爲尹喜派在河南民間曲藝界的"教外别傳","據老藝人提供和查閱、采訪樂山道觀道士有關法號(字輩)資料,尹喜派的字輩是:道德靖高上,雲成守煉丹。遠重天外子,方知妙中玄。清静自然體,花白係聰園。袖内乾坤大,陰陽肇盈仙"[②]。民間藝人口耳相傳的尹喜派字譜,與《諸真宗派總簿》中所載的尹喜派字譜存在一些出入,但也反映了尹喜派字譜在河南確山一帶當地民間藝人之中流傳的事實。當地還傳説河南汝寧爲尹喜之故里,此種强化地緣關係的另類叙事,更加鞏固了尹喜派在河南汝河地區傳播的社會基礎。

[本文爲國家社科基金西部項目"陝西道教史"(項目編號:22XZJ007)階段性研究成果]

(責任編輯:張琰)

① 陳嶺:《汝河道情》,《河南曲藝音樂集成資料彙編》(十一),中國民族音樂集成河南省編輯辦公室,第 125 頁。

② 陳嶺:《汝河道情》,《河南曲藝音樂集成資料彙編》(十一),第 125 頁。

全真道與明清民間寶卷

□李志鴻

摘要：明清民間寶卷與全真道密切相關。混元門、太上門、黄天道等民間宗教寶卷屢言全真道或全真大道，且修持道教内丹功法。華北混元門一些支派言其法出於丘祖龍門派，太上門祖師李奉真自述得丘祖龍門丹法。從底層社會視角來看全真道的傳承，民間寶卷是不可忽視的重要材料。全真道崛起於民間，民間社會始終是其存在的廣闊天地。

關鍵詞：全真道　民間寶卷　民間宗教

作者簡介：李志鴻，中國社會科學院世界宗教研究所研究員，中國社會科學院道家與道教文化研究中心秘書長。

宋元明清，民間宗教大盛，溯其源流，東漢末年的太平道、五斗米道，南北朝佛教異端派生出的大乘教、彌勒教，南北朝時期從西域傳入中原的摩尼教等都是民間宗教。隋唐時期，摩尼教與彌勒教融合，兩宋時摩尼教則有明教、香會等稱謂。北宋同時有妖教存在，南宋初白蓮教白雲宗在江南問世。金元時期，北方則出現了全真道、混元道、太一道、真大道教。今人陳垣在《南宋初河北新道教考》中，將全真等新興民間道派名爲“新道教”，其初始則是民衆以信仰爲紐帶的結社組織，即民間宗教無疑。此後全真道等發生轉型，成爲正統道教教派。元代，主要的民間宗教有白蓮教及彌勒教與摩尼教的混合教派，即“香會”，香會成爲元末大起義的發其端者及主要信仰及組織形式。明清兩朝，民間宗教盛極一時，在底層社會影響深遠。①

明代，道教全真派的内丹煉養對世俗社會影響深巨。一則，世俗社會盛行全真道推崇的内丹修煉術。道教内丹理論在明代社會日趨簡化，修煉内丹的目的

① 馬西沙、韓秉方：《中國民間宗教史》，上海：上海人民出版社，1992年，“序言”第1～14頁；馬西沙：《論全真道的民間性》，盧國龍編：《全真弘道集：全真道——傳承與開創國際學術研討會論文集》，香港：青松出版社，2004年，第91～96頁。

也逐漸從長生成仙演變爲延年益壽、祛病健身。二則,上至皇帝、藩王,中至知識精英,下至底層民衆皆通過不同方式參與了内丹術的修煉與傳播。[①] 三則,諸多道教内丹著作在社會各階層流傳開來。明憲宗即十分鍾愛全真道士李道純、蔡志頤、高宗周等人編集的《全真群仙集》。全真道士孫玄清將《靈寶秘訣》《金液大還丹集》等内丹口訣著作進獻給明世宗,大獲封賞。四則,明代士紳階層廣泛參與了道教的内丹修煉。道教丹書《周易參同契》《悟真篇》在明代士紳階層流傳廣泛。明代文壇後七子之一的王世貞,以及大儒王陽明都與道教過往密切,王陽明弟子朱得之更是深知道教内丹煉養之術。[②]

最新研究成果表明,全真龍門派的産生與傳播是多源分散的。明清全真龍門派支派衆多,具有濃厚的地方色彩,彼此之間並没有密切的聯繫,呈現出多源分散的特點。[③] 如果將眼光向下,從底層社會的視角來看待全真道在明清時期的傳承,那麽,應該給予明清時期民間宗教教派與全真道的關係更充分的關注。

寶卷,是由唐五代變文、講經文演變而成的一種傳播宗教的藝術形式,是獨立於佛教《大藏經》、道教《道藏》之外的另一中國本土宗教的經典。[④] 據統計,國内外公私收藏的寶卷約計有 1500 餘種,5000 餘種版本。[⑤] 民間寶卷與中國民間信仰、佛教、道教、宗教音樂、宗教圖像、民間文學等研究關係重大,值得不同學科的學者進行深入研究。明清民間宗教寶卷大量吸收道教丹道、儀式,既是民間教派傳播的有效方式,亦是道教文化在底層社會衍化發展的重要途徑。

一、混元門弘陽教與全真道龍門派

明清民間宗教弘陽教,與道教關係甚深。弘陽教乃是一外佛内道、以道爲尊的教門。弘陽教教義多得益於道教理論。《雲笈七籤》以爲“混元”即天地未立、二儀未分、萬物未生成前的一種狀態,這種狀態乃天地之母體、萬物之本源,也就是道教所謂之“道”:“混元者,記事於混沌之前,元氣之始也。”[⑥]北宋統治者崇尚

---

① 張廣保:《明代初期(1368～1434)全真教南北宗風研究》,香港:青松出版社,2010 年,第 4 頁。

② 張方:《明代全真道的衰而復興——以華北地區爲中心的考察》,北京:中國社會科學出版社,2018 年,第 250～255 頁。

③ 張方:《明代全真道的衰而復興——以華北地區爲中心的考察》,第 97～132 頁。

④ 馬西沙主編:《中華珍本寶卷》(第一輯)第 1 册,北京:社會科學文獻出版社,2012 年,“前言”。

⑤ 車錫倫編著:《中國寶卷總目》,北京:北京燕山出版社,2000 年,第 23 頁。

⑥ (宋)張君房輯:《雲笈七籤》卷二,《道藏》第 22 册,北京:文物出版社、上海:上海書店、天津:天津古籍出版社,1988 年,第 7 頁。

道教，真宗大中祥符六年(1013)加封老子爲太上老君混元上德皇帝。隨之記述太上老君行跡的《混元聖紀》問世。混元者，即太上老君也。南宋末元初之際，湖北武當山出現了以奉“玄天上帝”爲主神的新符籙派混元教。混元教的創始人爲雷時中，其道法載於《道法會元》卷一五四《混元六天妙道一氣如意大法》和卷一五五《混元六天如意大法》，曾經盛極一時。混元法有著自己一套嚴密的道法體系，足見混元一派與道教其他派别皆獨立於世。

弘陽又有稱紅陽、洪陽者，此説當出於道教。南北朝，道教在建立理論體系、教階制度和神仙譜系時，向佛教討功夫，有三天、三代天尊、三清之説，劫變内容從此出。諸説及青帝、赤帝、白帝、黑帝、黄帝分掌諸天之説，弘陽、紅陽、洪陽内容當是從中演變。“洪陽”一詞出現在明成化年間。時當局鎮壓山西民間宗教，搜出《金鎖洪陽大策》《鎮國定世三陽曆》等經書①。“紅陽”一詞則最早見於明嘉靖二十二年(1543)由“大明德妃張氏同五公主”捐資刊行的《藥師本願功德寶卷》，該寶卷有載：“世事茫茫無盡期，火宅悽惶苦不知。若能得遇紅陽法，多劫靈光證無爲。五藴皆空早授持，法船往來渡群迷。”②此處“紅陽法”，似指大劫難來臨之時，以此法救度衆生。

到了明萬曆中期，混元門弘陽教大興。此教寶卷多種刊行於世，弘陽、紅陽、混元弘陽諸説法充斥諸類寶卷，諸如《混元弘陽飄高臨凡經》《混元弘陽歎世真經》《混元弘陽苦功悟道經》等等。弘陽教也因之倡世，成爲明中末葉衆多教派中獨樹一幟者。

在歷史上，混元門弘陽教和道教之間的密切關係，可以從清代中葉發生的一起教案中得到進一步的印證。嘉慶二十年(1815)十二月，直隸總督方受疇經過明查暗訪，在山東德州曹家庵弘陽教首劉和家中，起獲大量經卷和圖像。其中，經典八十八本，圖像十一軸。在一部經卷的卷末刊記中，發現有“山東濟南府德州河西高海莊清修觀刊《銷釋隨堂祖明經》板……康熙三十六年孟夏吉旦”字樣。總督將查剿經卷上繳朝廷後，嘉慶皇帝發現此刊記，遂下詔旨命山東巡撫到高海莊清修觀親自查驗辦理。經訊問清修觀道士明雲，在南鄉廟内起出該項經板十九塊。道士明雲供稱：“此項板片流傳已久，前因官差搜查弘陽教經卷，恐致起出被累，故將板片藏於南鄉廟内。”

弘陽教犯劉和等傳徒惑衆一案，將起出經卷圖像進呈。其經卷内載有

① (明)朱國禎：《湧幢小品》卷三二，轉引自馬西沙、韓秉方：《中國民間宗教史》，第493頁。
② 《藥師本願功德寶卷》，北京圖書館藏，轉引自馬西沙、韓秉方：《中國民間宗教史》，第494頁。

> "山東濟南府德州河西高海莊清修觀刊《銷釋隨堂祖明經》板,一堂施財,合會人等,同一發心。如有印請者,請板成造,康熙三十六年孟夏吉旦"字樣……遂即同到高海莊清修觀,先在大殿樓宇及各房搜查,見有經卷一本,簽寫《銷釋混元紅(弘)陽大法祖明經》字樣。……向該道士明雲訊問,據供此項板片,現在南鄉廟内存貯。當即帶同前往南鄉,果於廟内起出板片十九塊。訊據該道士供稱:此項板片流傳已久,前因官差搜查弘陽教經卷,恐致起出被累,故將板片藏於南鄉廟内,並無習教傳徒情事。……查此項板片係兩面刊刻,大小十九塊,載有"山東濟南府德州河西高海莊清修廟刊及康熙三十六年孟夏吉旦"字樣,與現起混元紅陽經一本核對篇頁次第,均相符合,其爲原板無疑。①

這説明,清代弘陽教的許多經卷,是由道教宫觀出資雇請匠人刊刻刷印的,而道士們對這些經板倍加愛護,使之流傳百年而不損失,即使遭官府嚴厲追查,也要將其秘密轉移别處,藏而不露。這就明確無誤地看出,這些道士是將弘陽教的寶卷,當作正統道教經典一樣,視爲珍寶,奉若神明。此外,在上面所列搜出的圖像經卷中,不僅有三清老君、玉皇、元始天尊、普化天尊、真武、全真、清微等大量道教神祇和專用名詞,而且還有正統道經如《元始天尊説濟渡血湖真經》等多種。②

嘉慶二十一年(1816)六月,直隸任丘縣拿獲劉輝遠等六名弘陽教徒。據查,新城縣内齊村民蘇敬信奉"丘祖龍門派下混元門弘陽教",供奉"弘陽祖師、觀音老母",念誦混元經卷以及"真空家鄉、無生父母"八字真言。劉輝遠於乾隆五十三年(1788)到蘇敬家當雇工,拜蘇敬爲師傅,習"丘祖龍門派下混元門弘陽教":

> 伊於乾隆五十三年間,至新城縣内齊村人蘇敬家傭工,見蘇敬聚會念經。蘇敬以可修來世好處之言,勸伊拜師入會。伊隨拜蘇敬爲師,蘇敬稱係"邱祖龍門派下混元門紅陽教",供奉紅陽祖師、觀音老母,念誦混元經卷,並教以真空家鄉無生〔父〕母八字真言口訣。每逢朔望做會一次,各帶錢二三百文上會念經,供獻完畢共食各散。同教人皆稱蘇敬爲爺,向其叩頭並不答禮。伊在蘇敬家數年。魏洛兩與其故父魏緒五俱係同教,其餘或有病亡散去。迨後蘇敬身故,伊即回家爲人治病,先後轉傳現獲之劉丕誠、李更、王月

---

① 嘉慶二十三年正月初四山東巡撫陳預奏摺,轉引自馬西沙、韓秉方:《中國民間宗教史》,第 500 頁。

② 馬西沙、韓秉方:《中國民間宗教史》,第 500 頁。

民、魏洛兩及未獲之張義遷、傅朝柱爲徒。傅朝柱亦收齊盛遠習教作會，並未供有圖像，徒衆亦稱伊爲爺。魏洛兩旋即出教，伊别無傳徒斂錢情事，亦未認識祝現等其人。①

據稱，劉輝遠入混元門弘陽教，緣於乾隆五十三年時在新城縣齊村蘇敬家當傭工。蘇敬自稱所傳爲丘祖龍門派下混元門弘陽教，同教中人皆稱蘇敬爲爺，每逢朔望做會一次，各帶錢二三百文上會念經。此後，蘇敬亡故，劉輝遠返回家中，爲人治病，傳徒六人，分别爲劉丕誠、李更、王月民、魏洛兩、張義遷、傅朝柱，傅朝柱則再傳齊盛遠。

此外，順天府永清縣的邢連枝也是蘇敬的徒弟。嘉慶二十年九月二十三日，順天府劉鐶之等奏報，弘陽教徒邢連枝供稱：

從前伊與已故崔起瑞拜新城縣内屈村[齊村]蘇敬、車子孝爲師，名弘陽門，供奉渾(混)元老祖，飄高老祖……②

新城縣，即現在河北高碑店市；屈村，實應爲"齊村"。顯然，蘇敬所傳此支弘陽教與道教全真龍門派關係密切，分爲兩支：一支爲劉輝遠所傳，後來活動於任丘縣，此支傳承爲蘇敬—劉丕誠、李更、王月民、魏洛兩、張義遷、傅朝柱—齊盛遠；一支爲邢連枝所傳，活動於永清縣，此支傳承爲蘇敬、車子孝—邢連枝。

通過檔案記載可知，此支弘陽教自稱出於丘祖龍門派，平日以爲人治病、念經做會爲業，並無悖逆之舉。韓國學者李浩栽在定縣混元門韓祖宫調查時，發現教内流傳《混元祖教祖師傳代家譜》，此家譜載有"混元門説明三宗五派"(見圖 1)，其文曰：

阿樂國無藹宗朝高祖渾金祖印系派

混元分三國安養國無相宗石亨祖白玉派、無金祖龍門派

極樂國無蘊宗太玄祖黄金派、金公祖無極派……③

---

① 嘉慶二十一年六月十三日直隸總督那彦成奏摺，轉引自中國第一歷史檔案館：《嘉慶年間紅陽教案》，《歷史檔案》2000 年第 1 期。

② 轉引自馬西沙、韓秉方：《中國民間宗教史》，第 517 頁。

③ [韓]李浩栽：《弘陽教研究》，中國社會科學院博士學位論文，2005 年，第 154 頁。感謝梁景之教授惠賜《混元祖教祖師傳代家譜》複印本。

五派：

渾金祖印系派心

石亨祖白玉派脾

無金祖龍門派肺

太玄祖黄金派肝

金公祖無極派腎[①]

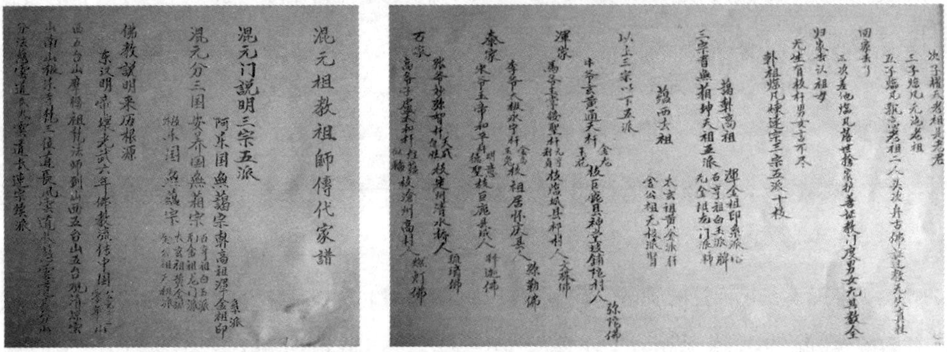

圖 1 《混元祖教祖師傳代家譜》(書影)

歷史上，混元門弘陽教有“九杆十八支”的説法，但是其具體支派傳承則不得其詳。[②] 如以上《混元祖教祖師傳代家譜》所載，混元門教内流傳著無金祖傳龍門派的説法，此派屬於三宗五派之一。

二、太上門與全真道龍門派

明代尚流傳有太上門，此教爲李奉真祖師所創，傳行《太上玄宗科儀》以及《盤古帝君開闢立世萬代相傳寶卷》等經卷。《太上玄宗科儀》爲清初折本，上卷末署“康熙二十三年甲子瀛洲孫氏謹述”，下卷末署“康熙五十三年甲午因建祖塔重訂太上玄宗科儀下終”。(見圖 2)[③]《盤古帝君開闢立世萬代相傳寶卷》爲康熙

---

① [韓]李浩栽:《弘陽教研究》,第 157 頁。

② 馬西沙、韓秉方:《中國民間宗教史》,第 489～548 頁;宋軍:《清代弘陽教研究》,北京:社會科學文獻出版社,2002 年,第 88～103 頁。

③ 馬西沙主編:《中華珍本寶卷》(第三輯)第 28 册,第 33～150 頁。

五十六年(1717)刊本[1],卷末載“時皇清龍飛康熙五十六年歲次丁酉中秋八月望日之吉,瀛洲孫氏述於華藏石室,五十八年開板流通”。(見圖 3)[2]

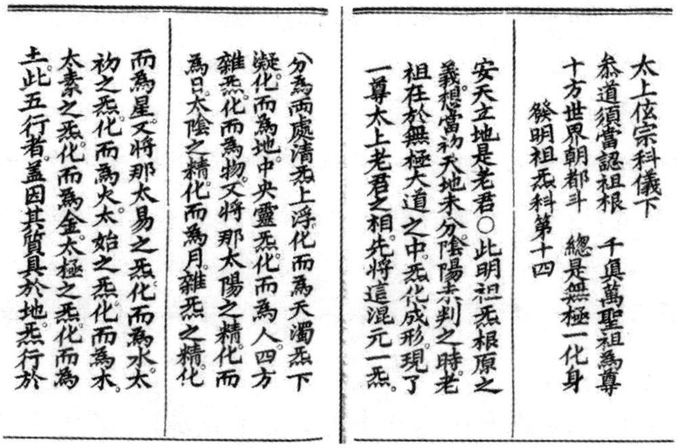
太上伭宗科儀下
叅道須當認祖根　千眞萬聖祖爲尊
十方世界朝都斗　總是無極一化身
發明祖炁科第十四
安天立地是老君○此明祖炁根原之
義想當初天地未分陰陽未判之時老
祖在於無極大道之中炁化成形現了
一尊太上老君之相先將這混元一炁
分爲兩處清炁上浮化而爲天濁炁下
凝化而爲地中央靈炁化而爲人四方
雜炁化而爲物又將那太陽之精化而
爲日太陰之精化而爲月雜炁之精化
而爲星又將那太易之炁化而爲水太
初之炁化而爲火太始之炁化而爲木
太素之炁化而爲金太極之炁化而爲
土此五行者盖因其質具於地炁行於

圖 2　康熙二十三年刊本《太上玄宗科儀》

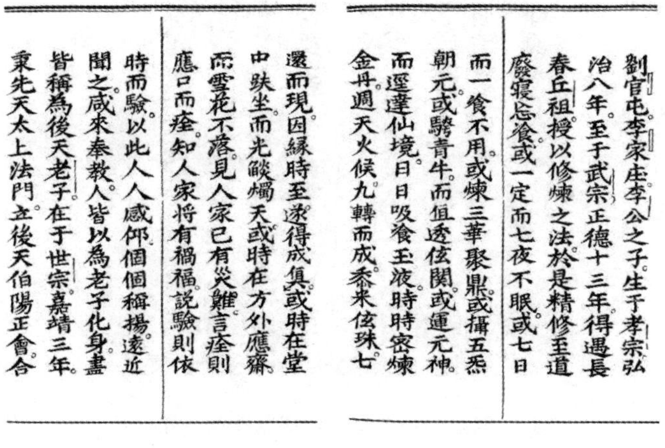
劉官屯李家庄李公之子生于孝宗弘
治八年至于武宗正德十三年得遇長
春丘祖授以修煉之法於是精修至道
廢寢忘飡或一定而七夜不眠或七日
而一飡不用或煉三華聚鼎或攝五炁
朝元或騎青牛而直透伭關或運元神
而逕達仙境日日吸飡玉液時時密煉
金丹週天火候九轉而成叅来伭珠七
還而現因緣時至遂得成眞或時在堂
中趺坐而光燄燭天或時在方外應齋
而雪花不落見人家已有災難言痊則
應口而痊知人家將有禍福說驗則依
時而驗以此人人感仰個個稱揚遠近
聞之咸來奉教人皆以爲老子化身盡
皆稱爲後天老子在于世宗嘉靖三年
秉先天太上法門立後天伯陽正會合

圖 3　康熙五十六年刊本《盤古帝君開闢立世萬代相傳寶卷》

《太上玄宗科儀》以及《盤古帝君開闢立世萬代相傳寶卷》二卷,乃是明代嘉靖三年(1524)天津李奉真祖師所創“太上門伯陽會”所流傳寶卷。該教創教祖師爲李奉真,被稱爲老子化身,爲“後天老子”。[3] 康熙二十三年《太上玄宗科儀》“開

① 馬西沙主編:《中華珍本寶卷》(第二輯)第 16 册,第 599～700 頁。
② 馬西沙主編:《中華珍本寶卷》(第二輯)第 16 册,第 691 頁。
③ 馬西沙主編:《中華珍本寶卷》(第二輯)第 16 册,第 661 頁。

基立教科第一”(見圖 4)載曰:

古佛親口發號令,言古佛者,此謂明朝奉真祖師尊稱太上老君之聖號也。“古”爲久遠之辭,“佛”即覺照之義。老君自無始以來,歷經三古,現身出世,立教度生,每以先覺而覺後覺,常以斯道而覺斯民,故稱爲“古佛”也。……至於殷代,降生於亳州苦縣,是爲老子,至於周朝爲柱下史……說了《道》《德》二篇,而立道教。……古佛因有八十一種化身,故經三古,而至今焉。奉真老祖,亦是古佛之化身也,降於大明之世嘉靖年間,生於瀛海之鄉李公宅内。精修至道,遂得成真。秉古佛之太上法門,治未來之後天大事,合三教而同歸一理,了萬法而共入一宗。垂憐末世衆生,立下伯陽聖會。功圓行滿,善入泥洹。自老祖歸真之後,寶塔在於直隸天津劉屯建立。①

在太上門看來,李奉真祖師乃是太上老君的化身,太上老君門内尊稱爲“古佛”,有八十一化身。

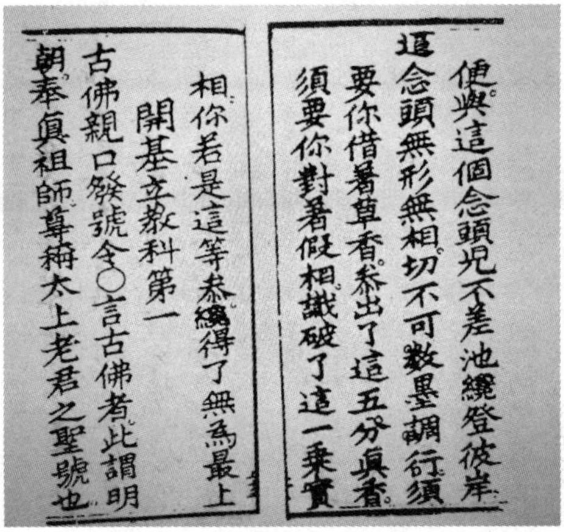
便與這個念頭兒不差池纔登彼岸
這念頭無形無相切不可數墨調行須
要你借著草香叅出了這五分真香
須要你對著假相識破了這一乘實
相你若是這等叅纔得了無爲最上
開基立教科第一
古佛親口發號令○言古佛者此謂明
朝奉真祖師尊稱太上老君之聖號也

圖 4 《太上玄宗科儀》“開基立教科第一”

又“歸家認祖科第二十五”載曰:

祖姓李氏,母姓高氏。祖母二人,雙進雙修,俱得超凡入聖。……初爲弘陽寄跡之客,後作伯陽開基之祖。只因受了丘祖真傳,故此立了伯陽正會,開示金丹之理,點傳性命之基。②

① 濮文起主編:《民間寶卷》第 6 册,合肥:黄山書社,2005 年,第 323～325 頁。

② 馬西沙主編:《中華珍本寶卷》(第三輯)第 28 册,第 120～123 頁。

康熙五十六年(1717)刊本《盤古帝君開闢立世萬代相傳寶卷》"奉真祖師中興道教第二十三"載曰:

伏聞明紀奉真祖師,直隸天津衛中所劉官屯李家莊李公之子,生於孝宗弘治八年,至於武宗正德十三年,得遇長春丘祖,授以修煉之法,於是精修至道,廢寢忘食。一定而七夜不眠,或七夜而一餐不用。或煉三花聚頂,或攝五炁朝元。……遠近聞之,咸來奉教。皆以爲老子化身,盡皆稱爲"後天老子"。在於世宗嘉靖三年,秉先天太上法門,立後天伯陽正會。合三教而同歸一理,了萬法而共入一宗。……自從明紀嘉靖甲申,至於皇清康熙丁酉,已及二百年來,想俱有七八輩矣。是之爲中興道教也。①

綜合《太上玄宗科儀》《盤古帝君開闢立世萬代相傳寶卷》二卷所記載可知,李奉真祖師爲天津劉官屯李家莊人士,生於明朝弘治八年(1495),嘉靖三年(1524)"秉先天太上法門,立後天伯陽正會"。《太上玄宗科儀》卷上卷首繪有"太上門下奉真老祖李公之塔"②(見圖 5),聯繫卷上"寶塔在於直隸天津劉屯建立"③,及卷下末署"康熙五十三年甲午因建祖塔重訂太上玄宗科儀下終"所言,可知,太上門教衆於康熙五十三年(1714)建祖塔於天津劉屯,供奉奉真祖師。

圖 5 《太上玄宗科儀》卷首"太上門下奉真老祖李公之塔"

據《太上玄宗科儀》所載,從明代嘉靖創教以來,至清康熙丁酉五十六年(1717)業已傳承七八代。在教内,李奉真祖師被稱爲"中興道教之祖"。引文所

① 馬西沙主編:《中華珍本寶卷》(第二輯)第 16 册,第 659~663 頁。
② 濮文起主編:《中國宗教歷史文獻集成·民間寶卷》第 6 册,第 315 頁。
③ 濮文起主編:《中國宗教歷史文獻集成·民間寶卷》第 6 册,第 325 頁。

述,李奉真祖師得遇丘長春祖師丹道真傳,顯然是僞託。然而,其所煉之法"三花聚頂,五炁朝元",則爲道教内丹無疑。内丹修煉是明清民間寶卷的重要主題,如黄天道寶卷《普明如來無爲了義寶卷》告訴信徒,必須性命兼修,晝夜行功;《普静如來鑰匙寶卷》則説,修行人要保持十二個時辰的常清净;《古佛天真考證龍華寶經》則完全是一部講述道教内丹修持的寶卷。① 馬西沙先生認爲,道教最根本的特點是把深奥的哲理與煉養實踐活動融爲一體,明清時期民間宗教寶卷深受這種特點的影響,大都有内丹煉養的叙述與描寫。此堪爲探討道教與民間寶卷相互關聯的重要一環。

三、道教内丹與黄天道寶卷

宋元時期,道教内丹道已全面取代外丹道,修煉内丹成爲教内一時風習,其中混元、全真、净明乃至講究符籙的正一道及其衍生支派也加進了煉養的内容。明清時期的黄天教、三一教、長生教、聞香教、圓頓教、一炷香教、八卦教、青蓮教、金丹道、劉門教等民間教派都與内丹道有直接或間接的關聯。②

黄天道教主李賓,道號普明。李賓參師訪友,求道數十年,嘉靖三十二年(1553)"遇明師",吐經説法,弘道傳徒,倡立黄天道。③ 李賓曾在直隸宣化、山西大同一帶傳教,後來又回到直隸萬全衛的碧天寺内講經説法,死後也葬於寺内,其妻死後與李賓合葬一塔,稱明光塔。從此,碧天寺成爲黄天教聖地,200 餘年香火不絶。④ 普明、普光死後,普净、普照、普静、普賢、普慧繼承了創教人的宗旨,在華北一帶影響巨大。普明、普光、普净、普照和普賢,合稱五位"佛祖"。

黄天道内傳有"九經八書"之經典,包括《普明如來無爲了義寶卷》《普静如來鑰匙寶卷》《太陰生光普照了義寶卷》《太陽開天立極億化諸神歸一寶卷》《普静如來鑰匙真經寶忏》等。近年來,學術界又發掘出衆多黄天道珍貴經卷,成爲深入研究民間宗教歷史與宗教實踐的重要資料。⑤

① 馬西沙:《寶卷與道教的煉養思想》,《世界宗教研究》1994 年第 3 期。

② 馬西沙、韓秉方:《中國民間宗教史》,"序言"第 1～14 頁。

③ 馬西沙、韓秉方:《中國民間宗教史》,第 308～369 頁。關於黄天道創教歷史的最新研究,可參看梁景之:《圖像與歷史:華北民間宗教調查研究》,北京:社會科學文獻出版社,2022 年,第 73～86 頁。

④ 馬西沙、韓秉方:《中國民間宗教史》,第 308～369 頁。

⑤ 參見馬西沙主編:《中華珍本寶卷》第一、二、三輯;梁景之:《圖像與歷史:華北民間宗教調查研究》;曹新宇主編:《民間私藏明清秘密社會史料擷珍》,臺北:博揚文化事業有限公司,2013 年;宋軍:《新發現黄天道寶卷經眼録》,《臺灣宗教研究通訊》第六期,臺北:蘭臺出版社,2003 年,第 137～156 頁。

黃天道歷來重視以道教内丹法門來傳播教派，其寶卷中載有多種傳揚道教内丹的《五更詞》。[①] 作爲民間歌謡的《五更詞》，發源甚早，漢魏時期即已出現。伴隨著《五更詞》的出現，以“五更”爲序的歌唱亦出現於底層社會，在民衆中形成了龐大的“五更”曲調系統。作爲音樂形式的“五更調”，調式不一，且時有藉用别的曲調來演唱五更詞的現象。五更調調式的多樣化，直接促成了多種《五更詞》題名，諸如《哭五更》《金字經》《掛金鎖》《五更掛金鎖》《五更禪》《徹夜禪》《五更浪淘沙》《圓滿五更紅繡鞋》《一封書》等等，不一而足。

當以《五更詞》爲研究中心，來探討《五更詞》與佛教、道教以及明清民間宗教實踐的關聯時，我們發現，從宗教實踐角度來看，佛教較早使用《五更詞》來傳教。唐代道教以及金元時期的道教繼之而起，運用《五更詞》來弘傳道教内丹煉養術。迨至明清，民間宗教教派繼承了唐代以及金元道教全真道的内丹修持傳統，以《五更詞》曲藝的形式，傳揚内丹煉養的思想與實踐，其中以黃天道爲巨。可以説，明清民間宗教寶卷中層見叠出的《五更詞》，藴涵著豐富的道教内丹修煉思想，也讓後人看到了民間寶卷與道教之間的密切關係。

黃天道寶卷所載“五更詞”多處。萬曆二十七年刊本《普明如來無爲了義寶卷》上卷《釋迦牟尼如來分第一》“金字經”：

> 一更裏，念佛下功禪，清净法身透長安。自然全，昆侖山下認親娘，朝圓祖，尾閭關下上升天。二更裏，安然自在行，夾脊雙關透玄空。遇真靈，照得恒沙徹底清。玄妙意，人人不識在一身尋。三更裏，夜半正天心，都斗官中現光明。照四生，無秋無夏亦無冬，常春景，遇天徹地晝夜明。四更裏，樂陶陶，任意遊，五明官内照玄樓。自抽頭，銀河一股往下流，真玄妙，土釜黄庭性命投。五更裏，雙林龍虎交，萬法歸一一性包。水火交，昆侖山下發靈苗，無生有，三千年後遇一遭。[②]

此外，《普明如來無爲了義寶卷》下卷《寶華遊步如來分第三十四》“五更禪”[③]，以及《太陰生光普照了義寶卷》上卷《龜蛇盤繞分第八》“一封書後帶耍孩兒”皆載《五更詞》[④]。

---

① 李志鴻：《〈五更詞〉與明清黃天道寶卷》，《世界宗教研究》2023 年第 6 期。

② 蘇聯科學院歷史部東方學研究所編，娥·斯·司徒洛娃譯、注、序附索引：《東方古代文獻叢書·第五十六種》，莫斯科：東方出版社，1977 年，第 28～30 頁。

③ 蘇聯科學院歷史部東方學研究所編，娥·斯·司徒洛娃譯、注、序附索引：《東方古代文獻叢書·第五十六種》，第 208～210 頁。

④ 馬西沙主編：《中華珍本寶卷》(第一輯)第四册，第 435～437 頁。

翻檢明清時期民間宗教寶卷,《五更詞》可謂屢見不鮮,涉及黄天道、還源教、圓頓教、西大乘教等。在以上教派寶卷中,五更詞題名不一,其中以《哭五更》爲題者最常見。此外,或曰《金字經》,或曰《掛金鎖》《五更掛金鎖》,或曰《五更禪》《徹夜禪》,或曰《五更浪淘沙》《圓滿五更紅繡鞋》《一封書》。題名不一,顯示出《五更詞》演唱曲調的多樣化。從音樂史的角度看,演唱《五更詞》的"五更調"調子並不一致,且常有藉用别的曲調來演唱五更詞的現象。① 同時,雖然衆多的題名作"哭五更",但是"哭五更"僅是五更詞的一種,衆多《五更詞》並無"哭"的内容。② 明清寶卷中,《五更詞》叙述道教丹道修持的現象比比皆是,成爲民間宗教信衆接觸道教内修實踐的重要途徑。

四、黄天道與全真道

與弘陽教一致,黄天道亦爲一佛道相融、以道爲尊的民間教派。梁景之教授在田野調查中,發現一題名《玉敕封鎮北天教主》的黄天道壁畫,畫面中教主普明跪拜於地,朝拜玉帝,玉帝衮服冕冠,敕封普明爲"鎮北天教主"。(見圖 6)

圖 6　玉敕封鎮北天教主圖

(此圖爲梁景之教授惠賜,特此致謝)

① 高啓安:《流傳在甘肅的"五更詞"研究》,《敦煌研究》1997 年第 2 期。

② 高啓安:《流傳在甘肅的"五更詞"研究》,《敦煌研究》1997 年第 2 期。

玉皇大帝是道教至高神明，深受廣大民衆信奉，“鎮北天教主”即鎮守北天之教主。道教稱天有三十二層，天外稱無極界，天内稱太極天，太極天分爲東南西北中五天，中爲玉皇大帝所居，北爲紫微大帝所居。① 此外，黄天道寶卷《虎眼禪師傳留唱經》載曰：“普祖乃北鄙農人，參師訪友，明修暗煉，悟道成真，性入紫府，蒙玉清敕封，號曰普明虎眼禪師，設立黄天聖道。”②“鎮北天教主”與“普明虎眼禪師”，唯後一法號與黄天道創立有直接關聯，且與黄天道歷史相始終。以上兩稱號皆源於“玉清敕封”，顯示出黄天道創教過程中與道教有著某種重要關聯。③

除此之外，黄天道多部寶卷提及“全真道”或曰“全真大道”，《普明如來無爲了義寶卷》開經偈部分記載：“普明如來者，無爲了義也。普賢全真大道，千聖不聞，萬祖非説，今遇古佛慈悲，指透真天大道。”④《開經偈》部分又云：“普賢大道開全真，妙傳般若了義經。非在念慮求假相，跳出三千六百門。”⑤同卷《寶火如來分第七》云：“普賢菩薩全真道，二九童顔不老年。古佛留下三乘教，超生了死總收元。”⑥同卷《清净如來分第十四》云：“今遇若一真僧，説破虚空全真大道。”⑦同卷《財功德如來分第二十六》云：“三千位佛祖稱揚全真道，九十二億六萬祖都赴仙鄉。受天福，千萬億劫，纔是他圓滿道場。”⑧類似内容全卷層出不窮，而以第三十六分最爲明晰：“皇極古佛本是聖人轉化，全真大道乃是在家菩薩，悟道成真。在家菩薩智非常，鬧市叢中作道場。都依普賢全真道，大男小女赴仙鄉。”⑨

總體而言，目前尚未發現全真道與黄天道教派傳承的直接證據，尤其是我們也未曾發現黄天道傳承全真道字派譜系的線索。但是，從黄天道寶卷中存在著

① 梁景之：《圖像與歷史：華北民間宗教調查研究》，第 77～79 頁。

② 馬西沙主編：《中華珍本寶卷》（第一輯）第四册，第 474～475 頁。

③ 梁景之：《圖像與歷史：華北民間宗教調查研究》，第 77～79 頁。

④ 蘇聯科學院歷史部東方學研究所編，娥・斯・司徒洛娃譯、注、序附索引：《東方古代文獻叢書・第五十六種》，第 12～13 頁。

⑤ 蘇聯科學院歷史部東方學研究所編，娥・斯・司徒洛娃譯、注、序附索引：《東方古代文獻叢書・第五十六種》，第 15～16 頁。

⑥ 蘇聯科學院歷史部東方學研究所編，娥・斯・司徒洛娃譯、注、序附索引：《東方古代文獻叢書・第五十六種》，第 56～57 頁。

⑦ 蘇聯科學院歷史部東方學研究所編，娥・斯・司徒洛娃譯、注、序附索引：《東方古代文獻叢書・第五十六種》，第 95 頁。

⑧ 蘇聯科學院歷史部東方學研究所編，娥・斯・司徒洛娃譯、注、序附索引：《東方古代文獻叢書・第五十六種》，第 157 頁。

⑨ 蘇聯科學院歷史部東方學研究所編，娥・斯・司徒洛娃譯、注、序附索引：《東方古代文獻叢書・第五十六種》，第 221～223 頁。

大量提倡内丹修持的《五更詞》來看,道教與黄天道的深厚關聯還是可以確認的,黄天道對道教内丹修持的重視更是顯而易見。

結語

道教與民間寶卷關係密切,然而,目前學術界鮮有針對道教與民間寶卷相互關聯的研究。① 我們以爲,道教的神明信仰、哲學思想、内丹煉養、齋醮儀式都深深滲透到衆多寶卷之中,其中道教的内丹術及齋醮儀範對寶卷的影響最大。從神明信仰、哲學思想、内丹煉養、齋醮儀式等諸多方面入手,深入解讀道教對民間寶卷的影響,必然有助於對道教與民間宗教的深入研究。

可以説,明清民間寶卷與全真道密切相關。混元門、太上門、黄天道等民間宗教寶卷對全真道皆有所記載。華北混元門一些支派言其法出於丘祖龍門派,太上門祖師李奉真自述得丘祖龍門丹法,黄天道諸多寶卷闡揚"全真大道"。從底層社會視角來看全真道的傳承,民間寶卷是不可忽視的重要材料。

從歷史上來看,初期的全真道實爲一民間宗教教派:"全真之初興,不過'苟全性命於亂世,不求聞達於諸侯'之一隱修會而已。世以其非儒非釋,漫以道教目之,其實彼固名全真也,若必以爲道教,亦道教中之改革派耳。"②王重陽祖師從大定八年(1168)八月至其羽化(1170)間,在山東沿海一帶先後建立"三教七寶會""三教金蓮會""三教三光會""三教玉華會""三教平等會"等宗教會社組織,皆名以"三教",可知其乃是融合儒釋道三教而爲一的新宗教形態,而非獨屬於道教一宗。③ 此時的全真道顯然是民間宗教教派,與此後正統化歸屬於道教的全真道有别。

在成爲正統道教之後,全真道亦在廣闊的民間社會影響深遠,並没有失去廣大民衆的支撑。金元全真道傳揚内丹的《五更詞》在明清民間寶卷中屢屢出現,諸如黄天道、太上門、弘陽教等衆多的明清民間宗教教派皆與全真道有著或隱或顯的聯繫。以上這些民間教派或稱其内丹法門出於丘祖師龍門派,或徑直將教派淵源上溯至丘處機祖師,或稱自己的支派名爲"丘祖龍門派下混元門弘陽教",

① 馬西沙先生率先對寶卷中的丹道與齋醮儀式問題進行了研究,參見馬西沙:《寶卷與道教的煉養思想》,《世界宗教研究》1994 年第 3 期。

② 陳垣:《南宋初河北新道教考》,北京:中華書局,1962 年,第 3～4 頁。

③ 李剛:《全真道何以能成立》,盧國龍編:《全真弘道集:全真道——傳承與開創國際學術研討會論文集》,第 59～60 頁。

凡此皆可見全真道根植於明清民間社會,民間社會始終是全真道最爲深廣的生存空間。

[本文爲國家社科基金冷門絶學項目“道教與民間寶卷研究”(項目編號:19VJX135)階段性成果]

附:直隸總督那彦成爲拿獲紅陽教劉輝遠等提省審訊事奏摺

嘉慶二十一年六月十三日

直隸總督奴才那彦成跪奏,爲據稟拿獲傳習紅陽教各犯,提省審訊,先行奏祈聖鑒事。

竊據高陽縣知縣何棻、任邱縣知縣李壽春會稟,拿獲任邱縣民劉輝遠、劉丕誠、李更、王月民、魏洛兩、齊盛遠等六名傳習紅陽教一案,當經飛提劉輝遠等並將起獲經卷一併解省,檄司督同保定府派員檢查,尚無違悖不法字蹟。訊據劉輝遠供稱,伊於乾隆五十三年間至新城縣内齊村人蘇敬家傭工,見蘇敬聚會念經。蘇敬以可修來世好處之言勸伊拜師入會,伊隨拜蘇敬爲師。蘇敬稱系邱祖龍門派下混元門紅陽教,供奉紅陽祖師、觀音老母,念誦混元經卷,並教以真空家鄉無生[父]母八字真言口訣。每逢朔望做會一次,各帶錢二三百文上會念經,供獻完畢共食各散。同教人皆稱蘇敬爲爺,向其叩頭並不答禮。伊在蘇敬家數年。魏洛兩與其故父魏緒五俱系同教,其餘或有病亡散去。迨後蘇敬身故,伊即回家爲人治病,先後轉傳現獲之劉丕誠、李更、王月民、魏洛兩及未獲之張義遷、傅朝柱爲徒。傅朝柱亦收齊盛遠習教作會,並未供有圖像,徒衆亦稱伊爲爺。魏洛兩旋即出教,伊别無傳徒斂錢情事,亦未認識祝現等其人。等語。訊之劉丕誠、李更、王月民、魏洛兩供亦相同。齊盛遠亦供認拜在逃之傅朝柱爲師入教。又據監生王崇禮供稱,伊曾祖母李氏曾拜青縣北曹村人劉功爲師,興立四佛會持齋念經行好,伊曾祖母故後,將佛像送於本村廟内,經卷尚存家内,伊並無習教情事。至四尊佛像只知有一尊彌勒佛,其餘俱不認識。等情。

奴才伏查劉輝遠既經輾轉傳徒,復興邪教多年,斂錢聚會,恐所傳之徒不止此數,並恐有妖術惑衆之事。又王崇禮既興有四佛會名目,又有經卷存留在家,自必踵傳習教,據供系伊曾祖母李氏所遺,安知非意存諉卸,捏詞狡飾,飭令後加究詰。據劉輝遠等堅供傳徒實止六人,亦無妖術惑衆,而王崇禮亦稱實由伊曾祖母遺留,委未習教,各供如前。惟查劉輝遠習教稱系蘇敬所傳,又王崇禮之曾祖母習教系劉功所傳,而蘇敬、劉功是否實有其人,早經病故,有無親屬,自應查訊蘇敬、劉功曾否傳教實據,方可定讞,並王崇禮之踵傳習教,尚恐匿不吐實,亦應逐細研究,毋使狡展。

除飭緝張義還等並飛飭新城、青縣二縣查傳蘇敔、劉功各親屬來省,訊明傳教實據,一面查起佛像嚴究王崇禮果否踵傳習教分別辦理外,所有拿獲提省審訊緣由,合先恭折具奏,伏乞皇上睿鑒。謹奏。

朱批:嚴密查拿訊供具奏。[1]

(責任編輯:秦國帥)

① 中國第一歷史檔案館:《嘉慶年間紅陽教案》,《歷史檔案》2000 年第 1 期。

清末民初歸根道以雷法傳道的符咒傳承

□王琛發

摘要:清代以來,歸根道在民間的普及傳播,主要是以三教經典相互闡釋,論説時空、身體、情志與萬事萬物的陰陽五行平衡,度化民衆入門修煉丹道和雷法,體證道門生死觀念與社會教化。1914～1925 年,歸根道貴州祖庭陸續頒發三十六道新符,規範每道符必須由相應道階的雷法成就者存思和使用咒語,纔能製作有效,又説明不同符咒衹能派給相應道階者佩帶,纔會生效感應。這在道門,有利道衆因符生信,通過一而再畫符、施符和佩符,復習存思和使用雷法。這也證明歸根道自認擁有全真南宗正統傳承,直至 20 世紀初還維持著感應雲篆與編排諱字的雷法製符傳承。

關鍵詞:煉丹　心　存思　三教　五雷　白玉蟾

作者簡介:王琛發,閩南師範大學講座教授,福建省閩江學者,廣東省海外名師特聘教授;英國歐亞高等研究院董理會主席,馬來西亞道教學院主席,韓江傳媒大學特聘教授。

前言

歸根道源自清代青蓮教,自稱秉承三教合一,以儒教的致中和爲宗旨,以全真丹道契合禪宗心法爲進路,儒門修道。自清末以來,歸根道道場流傳南洋,多有回歸晉朝前稱修心講學之地爲"精舍"的傳統,據《管子·内業》討論"心"和"道"的關係,自稱"精舍"。馬來西亞歸根道在 20 世紀 60 年代全盛時期,包括家庭修行的道壇,約有近百處大小道場,每處有出家道人十餘人至數十人,守著出家戒而現在家相,都説本道脈修道的體徵是上承白祖雷法,以修行後天轉先天的先天大道爲正門。在 20 世紀 40～70 年代,馬來西亞各地歸根道場的最大社會貢獻是深入各地華人村鎮,尤其是走進英殖民政府堅壁清野對付反殖武裝地帶,在平民之間以辦道之名設立本村齋堂,組織善信施食扶貧、收容孤兒寡婦,維持地方社會福利,並且借助傳播善書和説道情,以在道壇内辦私塾或者籌款支持地方中文教育建校等工作,延續民間接觸中華文化的機會。①

隨著後來社會環境的演變,南洋各地的歸根道場在 20 世紀 90 年代之後逐漸式微,決志出家或在家守戒修道的人已不多見;大部分道壇,隨著各地的鄉鎮改造,由於缺乏道人維持,也面臨拆遷或者土地被收回等命運,甚至消失於城市發展洪流。但時代縱然變化,歸根道各地道場其實已經完成彼此的歷史自覺,主動回應 20 世紀苦難年代所需要的社會服務,爲未來民族復興保存根苗。歸根道各處道場也因此留下許多寶貴文獻,對後人研究道教史、民間教派史、丹道學術,乃至研究華南以至中國西南地區的文化交流、南洋華人社會,都會是有用的參考。就以各地歸根道場所用的符咒來説,有一套三十六種民國三年(1914)以後出現的符咒,可以印證中國各道派道士熟讀道教諱字,並且直至民初還流傳著高道默認雲篆感通神聖的方法。歸根道的三十六道符,基本上是以道士進入感應狀態所觀得的雲篆與諱字構圖。

這三十六道符咒,自 1914 年陸續由歸根道貴州祖山頒出樣本給各道場。民國三年頒下兩道符咒,民國七年至十二年共十六道,是相應於歸根道十八代祖派之數;民國十三年又兩道,民國十四年再十六道,最終在民國十四年(1925)全部總結,收録在一本没有標示頁數的《佛法名目》中,由歸根道貴州盤陽山祖庭刊刻,分發給各道場,説明符咒各有不同用途,都是爲著護持全體道衆修道,用於煉丹與濟度六道衆生。《佛法名目》首頁即説明:"今將十八代歸根正門,爲這盤三會龍華,劫顯道明×××呈奏十七代泰然祖師轉懇無極聖母,頒下護法《佛法名目》。"②

依照這三十六道符咒的内容,這些符咒主要還是在歸根道的道門内部專供修煉過雷法者使用。三十六道符咒中,有小部分專用於保護善信,也可對外通用;但很大部分是專供内部修持至不同道階的道衆使用,並且要按照彼等在道門内領受的道階,根據本身印證的修道次第,由更高道階者發送給他們佩戴,或者緊急時使用。這些符的書寫載體或布或紙,都有分别規定。(見圖 1)《佛法名目》衹是規定這些符咒的使用步驟,所有符咒使用時還得配搭各自衹能口傳心授的存思方法和内容,這是《佛法名目》紙面上所未言明的。由此説明,歸根道内部由

① 王琛發:《張德欽與"三教同言問答"》(導讀篇),冷劍波校編:《重刊三教同言問答》,吉隆玻:馬來西亞道理書院,2017 年,第 12 頁。

② 《佛法名目》,歸根道貴州盤陽山祖庭民國十三年(1924)刻本。

祖山印製《佛法名目》分發於底下各道堂，但不是完整的，其中還得尊重“道不外傳”和“口傳心授”的傳統，不可能細説存思方法和内容。依據書中提供的各種符式，以及在目録上説明每道符必須由哪一種道階發出，又可見歸根道甚是重視修道煉丹的修爲，根據修道次第去考量書寫符咒和使用符咒者，即以畫符者本身修道煉丹的層次，確定是否真能相應感通，作爲印證符咒靈驗標準。

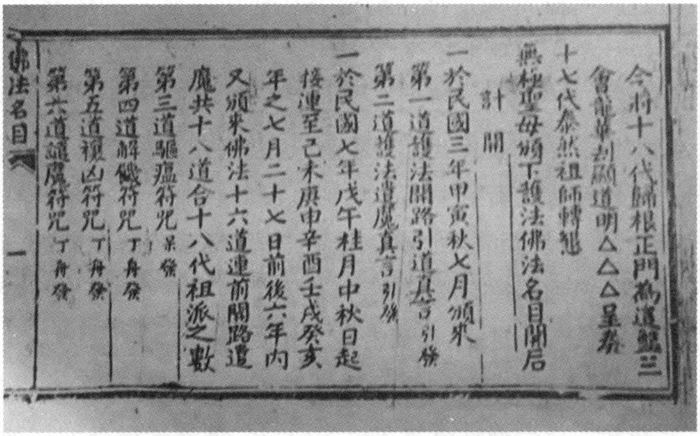
今有十八代歸根正門爲道盤三
會龍華刻顯道明△△△呈奏
十七代泰然祖師轉想
無極理母頒下護法佛法名目開启
計開
一於民國三年甲寅秋七月頒來
第一道護法開路引道真言 引發
第二道護法遣魔真言 引發
一於民國七年戊午桂月中秋日起
接連至己未庚申辛酉壬戌癸亥
年之七月二十七日前後六年内
又頒來佛法十六道連前開路遣
魔共十八道合十八代祖派之數
第三道驅瘟符咒 呆發
第四道解饑符咒 丁舟發
第五道禳凶符咒 丁舟發
第六道誦魔符咒 丁舟發
佛法名目 一

圖 1

最常見的符咒是“當世救劫符咒”。南洋各道場較資深的道人，衹要擁有最低的天恩道階，都有資格發出這種符咒，幫助任何善信保身或者急用。其中最重要者，則是民國七年至十二年之間頒下的“顯正符”，是以“雷令”結合著各種筆畫組成的“雷令”符，規定衹有道門中的現任祖師纔有資格以最高道階畫符，其咒語起首四句是“神霄雷祖，普化天尊，先天斗口，驅邪逐瘟”，結束在“吾奉先天玉樞雷祖大帝斗口王天君律令，敕”。

當年這些符咒據説與清代至民國歸根道各處道堂的蓬勃發展息息相關。歸根道的入道者，講究修習五雷法，其中出家弟子都在修習丹功和雷法護身，講究性命雙修，同時也必須遵守戒律。長期在世俗間走動，一邊從事各種工商事務，一邊以盈利財資從事各種慈善功德，並且設立和維持道堂傳道辦道救度衆生，道衆彼此的社會承擔都不小。歸根道祖山的説法是，擔心世道變幻，道人之間難免有閃失，道門爲著應付開枝散葉，以及保護各處道衆修行可能導致魔考，於是便有懇求天降靈符，以滿足各種道階的不同需要，爲各地修行者護身護道。

一、談雷法:傳道之方便

由清代到民初,青蓮教各不同系統的道脈,包括歸根道在内,共同的特徵在於,講道度衆都圍繞著雷法,以身體陰陽五行的平衡與敗壞,去解説因果報應的道理何以真實不虚,支撑其普及民間的傳教。當代社會不論是生活習慣或者思維模式,距離傳統社會文化越來越遠;從現代人的眼光看,過去道門的勸誡方式,即違反道德規範或不遵守戒律,就要遭受五雷轟身,可能是難以想像的。可是由明清至民初,大衆日常尊崇八卦五行等觀念,也普遍使用陰陽五行觀念去解釋事物的各種道理,這套説法就不陌生了。特别是民間戲曲小説的廣爲傳播,也使這種説法普遍流行。青蓮教圍繞著這樣一些觀念,展開系列傳道話題,説明做壞事要遭受天打雷劈,善惡到頭終有報,説事情作爲外因是會根據身體狀況的内因變化,導致禍福生死源於自作自受,反而能讓人接受。

歸根道作爲清代青蓮教分脈,深受青蓮教五行祖師的影響。其中金祖林芳華總結的《喫緊銘箴》,是根據青蓮教在道光同治年間屢受鎮壓的嚴峻考驗,總結歷代祖師傳授的經驗,注意傳道緩急與按部就班,分别傳道步驟。遇上他人要求解釋神學理論,最初衹向對方"初言三教一理,性命雙修歸根"[1],解釋儒釋道三教何以在中華道統是缺一不可,又能相互闡釋和發揮;道門是要深入理解對方背景和爲人,方纔向傳道對象説明"五論三皈五戒,保精養氣存神,守身爲大儒。書云,此乃修身爲本"[2]。崇尚爲人處世身爲"大儒",正是青蓮教大部分分脈共同的特徵。强調"儒門修道",意味著修道之人必須能自食其力,也不離開社會的關懷,纔能没有後顧之憂,擁有足够資財修煉内丹,不會分心在錢財上煩惱或有貪欲,心性不亂,内修五雷正法,實踐聖賢經典,做好社會功德。特别是林芳華説"修身爲本",不是純粹説做人做事該有的思想行爲,而是要説"修身"有賴儒門的正心誠意,禪觀的念念分明,以及道門的煉丹度人,纔能確保身心不偏不倚,除掉身體的三尸作祟,煉掉身體的陰濁氣質。這樣一説,煉丹修道就成了立身救世的基础。

歸根道信仰的是"道分三教,非三教不足爲一道",在林芳華寫的《觀音心經秘解》中有通俗的説明,其叙言第一段開宗明義説:"蓋從來諸佛菩薩仙真聖賢,均以慈悲度人爲功德,以皈依好學爲行持,以看破凡情不迷紅塵爲上智,以訪求

---

① 黄中老人:《喫緊銘箴注釋》,惠州羅浮山朝元洞藏版,光緒二十九年(1903)王裕安重鐫,第11頁。
② 黄中老人:《喫緊銘箴注釋》,第17頁。

明師指明修養爲得道，以清心寡欲煉己築基爲下手，以采取先天一氣真陽上升爲得藥，以乾坤交媾水火既濟爲烹煉，以金木平分、卯酉二八爲温養，以鉛乾汞盡貫滿周天爲退符，以勤修不怠久遠身心爲苦行，以丹熟還原煉就金身爲成道，以積功累德待詔飛昇爲證果，以謁佛受職拔祖超宗爲大孝，以管天管地利益衆生爲盡忠，以尋聲感應救苦救難爲方便，以三界内外人天瞻仰爲尊榮，以蟠桃赴會位列上乘爲顯耀，以法輪常轉度盡群生爲了願。”①

歸根道接引衆生的訓言，三番五次都是聯繫著三皈五戒，説求道就是爲了求得“正理身心”的大道秘訣，因此道門對傳道對象闡釋其道學理論，自始至終圍繞著“五雷”與“正理身心”的相互關係，公開對一般群衆宣教。説白了，這是將道教和中醫中的“五臟”之氣，即五臟運動不息的動態與能量，形象化爲“雷”的説法，强調其同源、同秉、同構、同感的靈妙。這既是對應天地陰陽五行，又是對應儒家“仁、義、禮、智、信”五德，更能解説五德、五行與喜、怒、悲、思、恐五情的相互關係，也是在闡釋爲人處世做人的道德要求，以至論述一般養生到修道成仙的功夫。這些話題，對那些關心健康與生死大事的先民，特别是對鬼神和因果報應問題感覺神秘的，尤其老來期盼延年益壽的民衆，確實很有吸引力。而這整套説法的神學建構與思維邏輯，其實源自道門常用的兩本經典。首先，歸根道門繼承的道教經典《太上老君説五戒經》裏便説：“老君曰：是五戒於此而順於彼。故煞戒者，東方木也，受生氣，尚於長養，而人犯煞，則肝受其害。盗戒者，北方水也，太陰之精，主於閉藏，而人爲盗，則腎受其殃。淫戒者，西方金也，少陰之質，男女貞固，而人好淫，則肺受其沴。酒戒者，南方火也，太陰之氣，物以之成，而人好酒，則心受其毒。妄語戒者，中央土德，而人妄語，則脾受其辱。五德相資，不可虧缺。”②其次，是青蓮教信衆日常念頌的《解冤真經》，其内容反復在訴説：“孽非孽，孽是自招孽；冤非冤，冤是自招冤……斷除七情孽，莫染六欲愆……八德體心間……”③

爲了道衆傳承雷法，青蓮教内部强調的五戒，和一般所見的佛、道教的五戒是有些區别的。早期林芳華祖師還在世時流傳的《祀佛禮本》，其祈請祖師禱文衹説到懇請“十一祖、十二祖、十三祖空中保佑”，説五戒則强調“正理身心”，把戒律、雷法和道德情操都視爲整體的系統，認爲不守戒律的衆生，一旦犯戒，心中先會萌生各種歹意或情緒，就已經導致情志失衡，連同五臟由此互相牽引衰壞；所以其皈依道門的五戒，是最基本的“一不殺生、二不偷盗、三不邪淫、四不酒肉、五

① 檳城大圓佛堂手抄本，未注明年代。

② (宋)張君房輯：《雲笈七籤》卷三九，北京：書目文獻出版社，1992年，第283頁。

③ 《解冤真經》，馬來西亞務邊：西竺精舍(廣東佛山鎮明善堂藏版)，1966年，第2頁。

不妄語”,以及警告不守戒律者可能引來陰邪作祟,不可能陽神出頂,反而是會遭受五雷轟身。[①] 這樣一種戒律,本也有利於過去歸根道吸收成員和延續傳承;道門内部强調實修實證,求道者可從修雷法進入境界,具有通過内聽感知身内五雷的能耐,不像常人五臟敗壞而不自知。道門流通與傳播以修煉、健康、長生、了却因果厄運等利誘衆生,對大衆正如《法華經》所説“先以欲鉤牽,後令入佛智”,方法依然顯露普及道教教育和雷法理論的痕跡,其根源可對照宋代《雲笈七籤》卷三九收録的《太上老君説五戒經》。

原本青蓮教各系統内部都是制度化的道門,是根據成員的修道次第,對修道的成就加以考核印證,而授予道衆不同層次的道階;而内部不同道階,也是各有不同的職司。一般而言,是分爲“祖師、五行、十地、頂航、保恩、引恩、證恩、天恩”。這些不同修行次第,要由上級考核道人的道功,以及認可其人間的功德貢獻,過後通過舉行儀式請得神聖許可,以儀式頒發符籙與證牒,印證其提升道階。而初入道者在“天恩”引導下剛學修道,則不外“領火候、領采取、領築基”三種。但在歸根道,其道門自其十七祖艾元華掌盤,是在“十地”和“頂航”之間,另加“四八”的道階,以應九品蓮臺之意;而“天恩”作爲道堂一般級别的男女道人,其底下需要俗家人協助打理,在家人是以居士身份擔任“執事”的道職;同時,道門再有“護道”和“助道”,則是分稱初入門參與道堂活動的不同資歷,以代替“衆生”的説法。[②] 在歸根道,“護道”“助道”“執事”不一定是吃長齋修丹道的,可是他們對於贊助和護持歸根道各地稱爲“精舍”“佛堂”的道堂,特别是收養孤兒、辦理私塾、收留寡婦訓練工作,以及籌募衣服糧食等扶貧物資,給予很大的幫助。

民國十四年(1925)正月初九日亥時,歸根道第十七代祖師泰然稱在境界中通過感應而得到的《當世救劫符咒》(見圖 2),規定任何“天恩”或以上道職都可以依照其丹功成就,交感神聖,下筆畫此符咒,説是“普通天下善信可領”。觀其在南洋可見的實踐,其實就是讓“助道”“護道”“執事”上表申請諸神保佑其身份以後,分發給各自收藏在家,平時供奉或攜帶保平安,隨時急用。稍加注意,可知此符的咒語,是以靈寶天尊律令“元皇正氣,來合我身”,其符字結構中間的七個字,其實是北斗七星的隱諱,但中間一個諱字,字内的“行”是寫成“辛”字。歸根道傳承中,使用此符,是要道人在書符時,存思至此字,得催其“行”字作用,而又書寫“辛”字合炁。

① 《祀佛禮本》,濟一堂敬刊,光緒庚辰冬月,第 11～24 頁。

② 蔡明易(蔡飛):《修行必讀》,檳城:蔡飛個人出版於檳城太上精舍,1964 年五月初五日,第 8 頁。

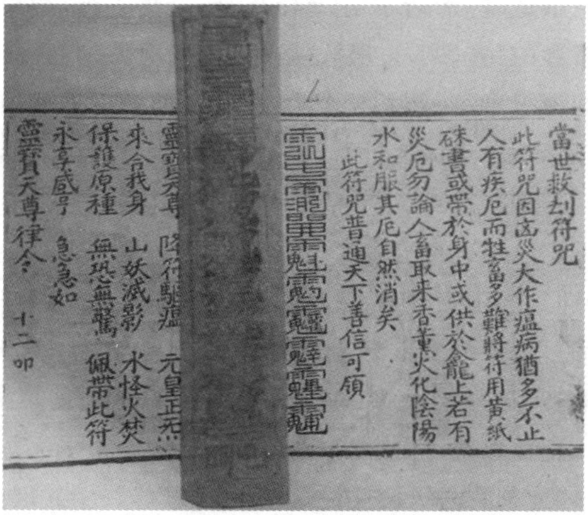

圖 2　當世救劫符咒

二、修雷法:求道之功課

若論歸根道本身在青蓮教的傳承,其雖自認青蓮教"正統",但其實並不太尊崇金祖林芳華。歸根道論述其傳承,反而更傾向青蓮教先天五老之中掌"水行"的彭德源,並且在青蓮教各道脈共奉的徐楊十三祖以外,尊奉自號"儒童老人"的彭德源爲歸根道道脈源流的十四祖,由此和其他道脈相區分。歸根道内部對金祖後期的作爲有所詰難,其説法是彭十四祖於戊午年十二月一日了道,曾遺命十地李依微暫理道務,然而金公詐言出帖,宣稱水公養病由他代理,本身在同治四年歸空前又命其兄凌三(假金)冒名接盤,歸根道因此認爲不論真金祖或假金祖,都是天命和師承不全,儘管如何循規蹈矩,畢竟都是内部旁門。[①] 這亦是南洋各地的共識,歸根道極少和其他同源分脈交流。但正因如此,歸根道相較於其他青蓮教分支,更重視彭德源的丹道理論,以彭水祖在道光二十三年(1843)到咸豐八年(1858)掌道期間的教誨爲正宗,試圖推廣彭德源的道學建構,向其他道脈和各種宫廟分發。

歸根道强調彭德源傳承的影響,是彭德源原來廣泛流傳於青蓮教内部各系統的《清静經圖注》,通過各地歸根道壇逐年籌款翻印,得以一再大量向外分發,

① 蔡超雲(蔡飛):《三龍指路碑》,檳城:蔡飛個人出版於檳城太上精舍,1951 年十月初十日三版,第 6～7、65～66 頁。

以至於這位彭水祖以道號“水精子”注釋的這部丹法心得,後來演變成爲廣泛流傳各處宫廟免費派發的“善書”,也被收録在臺灣蕭天石編的《道藏精華》。

因著彭德源的傳承影響,歸根道從傳道到鼓勵求道和修道,都很重視“心”。原本,歸根道的全稱就是“無極聖母後天戊己歸根大道”。按照傳統道家文化,戊土屬陽,表達先天的意識,即真意、真心、元神;己土屬陰,表達私欲之心,即識神。這是道門間常用天干陰陽五行喻義去分類表達的習慣。歸根道以“戊己”表指修真者的陰陽之心,即是喻示道衆在後天世界是要有神有識而修行神與識的相通之道,以假心修真心,借假修真。彭德源給道衆們寫作《十六條規》,提到人類何以一出生就淪落凡塵,以及由此要如何纔能重新轉化神仙境界,根本問題就在“自性”或“元神”。青蓮教羅浮山朝元洞道脈的祖師東初老人對於彭德源的這一説法,有段注釋説:“此神在先天圓陀陀、光灼灼,無塵無垢。因父母情意一動,自己之神混入其内,三家合一而爲無極,精施血化而成太極,隨母呼吸。待至十月胎足,瓜蒂熟落,哭啼一聲,落於後天,四大分張,元神分爲六賊;年至二八,知識大開,奸貪詐僞無所不爲,先天便剥喪矣。”[①]這在道内傳承的經驗談,是要把識神作動看成猶如“心猿意馬”在互相牽引,藉著口耳鼻舌身意“六賊”向外發作;其對治方法是唯有修煉全身“精氣神”三寶,把“心猿意馬”送至“中和關内”,纔能把“心猿意馬”馴服得猿性柔而馬性純,六賊回頭看守三寶,以煉法身。[②] 青蓮教歸根道求道用的《敬神禮本》所强調的攝心以攝魔、攝魔以還理的方法,即是以一心懺悔促成境隨心轉,一再地叩首懺悔,牽動全身的氣機,以接受“保恩”以上級别道破玄關點竅門,而過程中又要祈請天地神聖的他力相助:“求老爺理中開恩恩典,把理性散將下來,與他明心見性,嬰兒見娘。”[③]這些用語,其實還是丹功話語,期待十月胎完之日,頂門户響一雷,嬰兒出現想家歸。到頭來,中和關不著於身中一處,也不在身外,關内心猿意馬不是被綁,不是消失,是要猿熟馬馴,内外念念分明,活活潑潑,進退自如。[④]

但歸根道强調“戊己”,强調信衆不論求道或者修道,關鍵都在“心”,又説修道在懺悔,要先洗心革面,改過遷善,纔可能明心見性,畢竟是有一套通俗推廣的方法。其這種普及教義傳播的方式,至遲可見於1922～1924年在雲南出版的

---

① (清)彭德源撰,東初老人注:《身世準繩》,粵省聚賢堂,光緒十八年(1892)冬鐫,第5頁。

② (清)洗心子:《大道指迷直辨》,廣州:九曜坊粵華興蔭記承印,民國丁卯(1927)秋月重刊,第7～8頁。

③ 《敬神禮本》,馬來西亞萬佛岩手抄本,未署年月頁數。因各佛堂建成以後,必須傳道度人,佛堂都必須有《敬神禮本》壓堂,當是20世紀40年代前留存。

④ (元)李道純:《中和集》,《正統道藏》第7册,臺北:新文豐出版公司,1985年,第201頁。

《三教同言問答》[①]裹邊附録的《心字圖》(見圖 3)。這張《心字圖》的最大特點,是畫著個空心的“心”字,上下寫了兩段句子討論一切境界如何是心識所化,説明著“心王”的作用;而空心的“心”其實並不空,而是按照“心”的筆順分别填了“一”“心”“向”“善”四個字。過去歸根道的道姑們在街上唱道情,分發《心字圖》,對象是一般老百姓;這簡單的兩句,再加一個字體,不論是先前有無上過學的,一説就懂。道堂鼓勵大家用指頭或筆墨不斷順著“心”的筆畫勾描,日久有功,就是潛移默化,清楚心是“一”、是會有“向”,也本來“善”,求道求解脱的目標也在彎彎曲曲的“心”,必須能點透,每一點都落在恰到好處的位置上。

圖 3　心字圖

如果對照先前《清静經圖注》的“貪求品第廿一”,就會發現歸根道上述簡單扼要的傳道教義,是建立在對“心”字的討論基礎上的,其背後複雜而深厚的道學背景,則源於彭德源的丹道理論建構。彭德源討論《太上老君説常清静經》時曾説過“既著萬物,既生貪求”,書上的“混元子附圖”也畫了對應的後天八卦圖(見圖 4)。全圖是以後天卦所代表的時空,來解釋八卦互動的結果就是萬物俱現,也使得“貪心”就在萬物之中,由著八卦相互激蕩而生,顯現成因著後天事物出現的因緣而生出的心識,作爲八卦之間的存在,既是填滿而又是桎梏在其中。由此,一旦《洛書》無從返《河圖》,人命無從由後天轉先天,後天的五陰魔必定會化爲各

① 王琛發:《張德欽與“三教同言問答”》(導讀篇),冷劍波校編:《重刊三教同言問答》,第 7 頁。

種貪心,消傷構造人性身命本體的身内五行。[①]

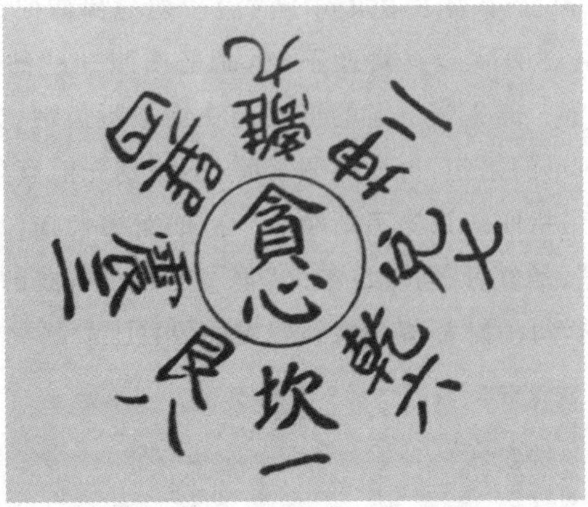

圖 4　混元子附圖

彭德源討論説:“夫貪心,乃北斗第一星,名號貪狼,猶如狼虎一般。修仙之士,若不去此一星,則大道難成也。何矣?後天《洛書》,二四六八十屬陰,既屬陰,便生貪求。地六屬癸水,爲交感之精,其性愛貪求美色;地二屬丁火,爲思慮之神,其性愛貪求榮貴;地八屬乙木,爲氣質之性,其性愛貪求富豪;地四屬辛金,爲無情,其性愛貪求酒肉;地十屬己土,爲私意之神,其性愛貪求高大。此爲後天五魔,以消身中之五行也。第一貪淫以傷精,則水虧也;第二貪財以傷性,則木虧也;第三富貴以傷神,則火虧也;第四貪殺以傷情,則金虧也;第五貪勝以傷氣,則土虧也。五行一虧,其身焉可立乎?奉勸天下男女,莫進此五魔之陣,以後天而返先天。”[②]而他的建議則是:“將坎中一陽返回離卦中爻,離變爲乾;將離中一陰返回坎卦中爻,坎變爲坤;將震上一陰返回兑卦初爻,變兑爲坎;將兑下一陽返回震卦上爻,變震爲離;將乾上中二陽返回坤卦上中爻,變坤爲巽;將坤中下二陰返回乾卦中下二爻,變乾爲艮;將艮上陽下陰,返回巽卦上下二爻,變巽爲兑;將巽上陽下陰返回艮卦上下二爻,變艮爲震。抽爻换象,後天返爲先天矣,五魔化爲五元,洛書返爲河圖,可爲天下之奇人也。”[③]

民國十四年(1925)正月初九日亥時,歸根道第十七代祖師泰然在境界中感

---

① 水精子:《太上清静經圖注》,馬來西亞怡保:藝新印務局,2009 年,第 46～47 頁。

② 水精子:《太上清静經圖注》,第 47 頁。

③ 水精子:《太上清静經圖注》,第 47 頁。

應到的另一種符式《消劫保生符》(見圖 5),則是有意識地規定説,這種衹能够由道階在“三星”或稱“四八”級别的道長書寫,也衹能是擁有“天恩”以上道階的道衆纔有資格和能力去佩帶使用。這張符的咒語的關鍵在於祝咒者必須是有一定修爲的煉丹者,祝咒畫符也是爲了交付給底下日常煉丹功的弟子,讓他們佩帶保身,所以畫符者首先得進入境界,再在過程中誦讀《清静經》與《免劫經》數遍,而後方纔存思念咒,咒語所説的内容在於“心中雜氣,化爲聖胎”。

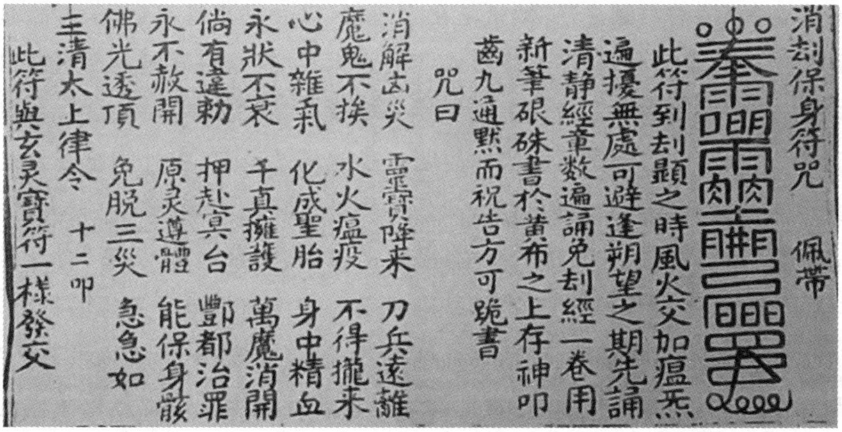

圖 5　消劫保身符咒

三、行雷法:辦道的支持

歸根道祖山在民國初年頒發這些符咒,華南和南洋各處的道堂也是憑著共同的經典作爲理論根據,以道經去闡釋其中的道理。歸根道内部傳達每一張符,都是可以借助《清微道法樞紐》的理論,去印證每一種符在畫符時的存思内容和方法。道門内不同道階道人學習畫符的過程,也就是祖山規定著他們練習如何應用煉丹成就的過程,確保彼等熟練掌握雷法。由此也讓住在道堂内外的出家道衆都能生出信心,知道自己從求道到學道,包括未來逐步獲得前輩印證提升道階,都是可以通過學習雷法與制符的過程得到體驗。這些符咒的形式雖不一樣,但其效果都是依賴著道士遵從的存思原則。而歸根道制符過程實不外乎《清微道法樞紐》所説的兩個概念,一曰“雷霆者乃天之功用也。且夫人身與天地合其體,太極合其變。天地五雷,人本均有,是性無不備矣”[①],二曰“以我之真炁,合天地之造化,故嘘爲雲雨,嘻爲雷霆,用將則元神自靈,制邪則鬼神自伏”[②]。那個時代,道士想要閲讀《清微道法樞紐》這類文字不似現在方便。現在馬來西亞道堂留著的《中黄經》《清微道法樞紐》《老子中經》等手抄本,上邊常見前人的心得備註,可知在當年的實修者而言,這些材料很珍貴,也反映著 20 世紀初道衆們抄録、背誦、默記和討論道理的努力,也是依賴著彼此在道堂集體共修的鍥而不捨。

彭德源的《清静經圖注》雖然衹是在説道理,以及點出進路,並未討論具體方法,可是他在“貪求品廿一”點出修道入門的宗旨大要,是很關鍵的。修内丹就是修身内的五行,修身内的五行就是爲了要轉變後天爲先天,了脱生死。所以青蓮教各道脈,對内相認識都是自報家門説明自身歸屬的道脈,對外則衹説自己修的是宋元以來各道教教派共同的目標,即是要轉後天爲先天,回歸“先天大道”的傳承,所以都説自己在修“先天道”。結合著林芳華的《喫緊銘箴》去看,青蓮教各道脈在不同時期會傳出各種符咒,也都是應付著那時青蓮教弟子面臨的特殊情況:他們守著出家修道人的戒律,生活在紅塵世界,出現在家相,而又以教義爲憑,鼓吹維繫傳統文化,推行入世改革,實則就是爲著普度衆生。而青蓮教興盛於鴉片戰争至民國之間,從青蓮各道門到整個中華民族都處於“喫緊”的際遇,因此道衆更需要尋求不可思議的保護,應付各種磨難考驗。

回到《喫緊銘箴》的内容,可知道那時的度人修道,被視爲極爲神聖,修道者不能是由於師徒之間的互相接受,就形成傳授的關係;凡是信衆決定求道,要參加皈依儀式,首先要在諸神前請求指示。傳道者挑選到合適的人,想把他度入道門中,就得考慮求道者接下來的最大需要是實修實證。《喫緊銘箴》的記載是説,爲著不能讓師徒或道堂遇上道衆修道過程的各種障礙,傳道師父找到合意的求道弟子,是必須要求弟子開始茹素守戒,並且得爲弟子上表昭告神明,表述慚愧前愆,有心入道,於是便得進入程式:“與伊具文超冤,或待過百日,或一月之足,伊之冤孽得超;後與伊拈鬮憑定,倘蒙討准,須擇吉辰,令其歸依,再具表上奏,傳受大道。”[③]這其中,神前拈鬮的儀式,是要把神臺上瓶子取來,能在裏頭十有九空的紙團拈到唯一寫有“准”字的,方可進入準備儀式。而道門的信衆與道衆的最

---

① 《清微道法樞紐》,《道法會元》卷一,《道藏》第 28 册,北京:文物出版社、上海:上海書店、天津:天津古籍出版社,1988 年,第 674 頁。

② 《清微道法樞紐》,《道法會元》卷一,《道藏》第 28 册,第 675 頁。

③ 黄中老人:《喫緊銘箴注釋》,第 11 頁。

大差别，是那些未曾皈依道門受戒的，不得修煉歷代需要口傳心授的丹法。青蓮教各系統的求道儀式《禮本》，封面都有類似“未領不可私觀，私觀必遭天譴”的説法，也都是爲了更徹底防止儀式中傳授的内容外泄，尤其是傳授本門内丹入門須知等基本觀念，决不能讓他人瞎摸亂練；由此也就讓大衆理解道法的神聖尊貴，雷法更是需要神聖允首，師徒口傳心授。道門標榜的不可外泄的尊貴秘密，尤其是玄關竅門，是要承天命而真修道纔能領得的秘傳功法。

所以，歸根道煉丹，道堂爲求道者“與伊申表瑶京，指示靈臺率性”[①]，拈鬮求准祇是第一步，第二步是擇日爲道衆舉行神前證盟，傳授給彼等不得外傳的丹道口訣；過後就看道衆獲得導師指示心法後，如何進入實踐。道衆凡是獲得神聖允許，接受開示、引進、保舉三師同度皈依，得到開示師“指示靈臺率性”的，經歷過求道的過程以後，也能知曉由進入儀式到真正修煉學道，是個步步關注心地細節，回歸問心無愧的謹慎過程，需要立足在“明大道之尊，重考懲之嚴謹”[②]，珍惜求得大道就是蒙受天恩。而道衆接受傳受大道以後，也不是單憑知曉本門道法的基本觀念，就可以直接修道，而是“須待六九期足，傳之采取；又再五四日滿，授其文武全工，此天命之規，則不可不慎遵也”[③]。這纔是道門不能對外輕傳之重要部分，它不是單靠著講道理説神鬼吸引衆信，而是建立在實實在在可以體證身心變化的性命雙修上，也是建立在自身作爲丹爐去體驗各種變化的基礎之上。

在青蓮教歸根道系統裏頭，祖山派出給求道者以輔助修行的符咒，有民國七年頒發的《解饑符咒》(見圖 6)以及《驅瘟符咒》(見圖 7)。《解饑符咒》有規定，由於此符咒是使用在結緣超度六道衆生，畫符者必須是有資格主持度人求道以及行使雷法的“保恩”以上級别；其發符時的起心動念也要忠誠無私，自信能够確保道衆在道堂、家宅或任何地方修道學法，不受六道衆生干擾而出現偏差。《驅瘟符咒》則是需要由更高道階的“頂航”發出，原因是此符咒是使用在敕令道教諸大神將，以對付所有干擾求道者或其家庭的邪祟。而這兩符咒裏頭都提及的存思過程，是説在念咒以前要以念誦“三教經”和《觀音救苦經》爲組合，從念誦進入境界。“三教經”在一般道門是指稱道衆通常背誦作爲修習指導的短篇經典《大學》《心經》《清静經》，或者是内容較多的《金剛經》《道德經》《孝經》，而《觀音救苦經》

---

① 黄中老人:《喫緊銘箴注釋》，第 11 頁。
② 黄中老人:《喫緊銘箴注釋》，第 11 頁。
③ 黄中老人:《喫緊銘箴注釋》，第 11 頁。

的誦訣和經文則是源於道門的内授傳經。如若討論歸根道的雷法淵源,歸根道最重視本身傳承來歷,會説本身雷法傳承,是源於全真南宗白玉蟾。其實,不論是青蓮教本身還是歸根道等其道脈分支,各道脈的《求道文書》和《慶祝表文》裏頭,除了白玉蟾被目爲本教祖師,也常會祈請許多相關雷法傳承的神靈,或者是道派祖師的名稱。而青蓮教多數道脈,談及其祖師傳承,説道脈的傳承在傳到"白馬七祖"以後便是"道傳火宅",在宫觀寺廟以外普傳於民間,以煩惱凡塵爲開悟之地。而各道脈系統之間,也多會認可"白馬七祖"的"白祖"即白玉蟾,並以其傳奇故事,説明道人的出家修行是要走進紅塵世間,和光同塵,普度衆生。此説以歸根道爲據,歸根道《求道文書》至今保留的"采取"與"火候"文字,還有相關圖式,是在祈請仙佛見證的情境下傳授的,而道門請來這些見證的神靈祖師,除了作爲本道門歷代祖師的"白馬七祖"是必然的神聖,《求道文書》另外還有祈請"長春祖師邱大真人救護善信""九天應元雷聲普化天尊驅邪伏魔扶助復命歸根""高上神霄玉清真王寶命天尊""神霄玉清王青華救苦太乙定福天尊""神霄府中掌理圖籙雷部兵吏、家宅滿堂神聖"等神靈,而求道授證的證盟誓願則説"韋馱證盟,五雷擊身"。①

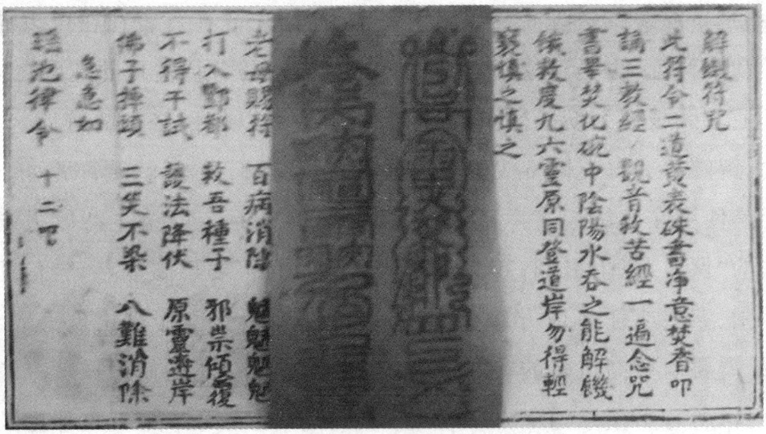

圖 6　解饑符咒

① 《求道文書》,馬來西亞萬佛岩手抄本,未署年月頁數,因各佛堂建成都必須有《敬神禮本》壓堂,當是 20 世紀 40 年代前留存。

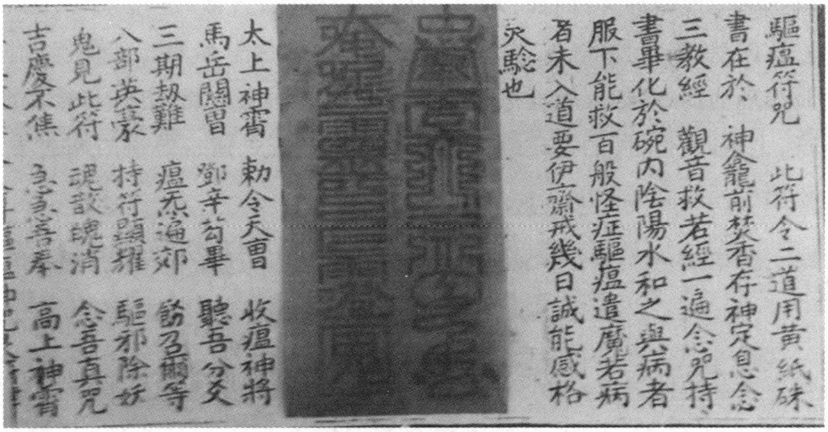
驅瘟符咒　此符令二道用黄紙硃
書在於　神龕前焚香存神定息念
三教經　觀音救若經一遍念咒持
書畢化於碗内陰陽水和之與病者
服下能救百般怪症驅瘟遣魔若病
者未入道要伊齋戒幾日誠能感格
灵驗也

太上神霄　勅令天曹　收瘟神将
馬岳關冒　鄧辛苟畢　聽吾[illegible]
三期刼難　瘟炁[illegible]　[illegible]爾等
八部英豪　持符顯耀　驅邪除妖
鬼見此符　魂散魄消　念吾真咒
吉慶不[illegible]　[illegible]　高上神霄

圖 7　驅瘟符咒

以彭水祖《清静經圖注》爲證,彭祖師自認其歸根道祖脈是源自白玉蟾,是以白祖文字爲據。白玉蟾所傳道法中的身體觀念和生死觀,亦是把人身視爲五行所現,把五臟視爲身内"五雷"源頭,也是"五雷"存在的載體,其《玄珠歌注》説:"五雷者,金木水火土,在人乃心肝脾肺腎,五暴相激剁,便有五雷。"[①]這個道理,亦是歸根道傳承符咒來歷的根據:歸根道依然是傳統的那套,固然有説是"道法自然",道人在任何時候都感應天道,因應任何需要組合任何符咒,却不能離開以雷法配合存思而畫符。若再從白玉蟾《海瓊白真人語録·傳度謝恩表文》去對照,白玉蟾確實是以神霄道職傳授五雷法給求道弟子[②];如此也許可以從歸根道對待"神霄雷法"的傾向,以及道門推崇"白馬七祖"的説法,看出道門崇尚以白玉蟾教法作爲傳授正宗的由來。

祇是,歸根道不論求道程式、傳授方式或祈請神靈,顯然是根據由青蓮教到歸根道門的演變,加入其他因素重新整編,表述著其努力貫通三教合一的理想。所以歸根道求道科儀的祈請文會説"韋馱證盟,五雷擊身",是根據佛教的説法,把韋馱尊者視爲天界的修道菩薩,也是人間道士的護道正神,可以保護修行者,如同菩薩入世行道的願力,施加報應於善惡行爲,由此約束教衆遵守戒律與道德規範。由此誠可説明,歸根道此道學論述,是以傾向神霄五雷法爲主體,儒道結合,把修身養性結合在保養五臟與避免情志變化的負面影響,再以丹功修煉五臟

① (宋)白玉蟾:《玄珠歌注》,《道法會元》卷七〇,《道藏》第 29 册,第 236 頁。

② 白玉蟾:《海瓊白真人語録》,《南宗聖典》,海南:玉蟾宫管理委員會,未注明出版年月,第 486～487 頁。

五雷成就感通天地靈界。歸根道和其他類似的道脈,皆從“五雷擊身”去説善惡果報與修道破執,又根據邪、淫、貪、嗔、癡、惡會影響情志和使五臟失衡,從醫理、易理去説天理的關鍵,把三皈五戒行善積德説成雷法的基礎,這既契合世間道的延年益壽,也指向出世間的返璞歸真。於是“五雷”既是通俗傳道的關鍵方法,又被賦予攸關生死的真實意義。

後語

青蓮教各系統的傳統,原本就極其等級嚴謹,内部也有印證道階的制度,過去更常有“暗度賢良”等説法,遵守著道不濫傳也不易外傳的原則。其傳道方法固然力求普及化,采取包括印送寶卷、沿街唱道情等通俗方式,可是一旦涉及度人入道參與修習丹道雷法,則往往要考察求道者多時,確保弟子人品正直,傳授過程更得保障“秘傳”不對外張揚。在青蓮教各道門,如歸根道的“頂航、保恩、引恩、證恩”,往往都稱“大老師”“老師”“大老”“老闆”等名稱,他們是一邊做生意,一邊勸善傳道,而又觀察尋找可以傳授丹道雷法的對象。所以,過去有一個説法,叫“明師尋徒”。這種做法,是信衆和道衆分開,如果難於延續其受戒出家傳承,就不免演變成有道堂而無傳承,有信衆而無道人。

歸根道連同其内丹和雷法傳承在南洋式微,也有其在地的背景。歸根道有蔡飛其人,原來留學日本,後來又入保定陸軍軍官學校畢業,與蔡鍔等人同學,曾是中國南方軍界要人。[①] 他在 20 世紀 50～60 年代,一度留駐馬來西亞興旺教派,當年面對著社會的變遷,曾經感歎説:“海外華僑多屬工人或商人,對於文學多不能瞭解,且亦無餘暇研究;之至於知識份子多不信鬼神之説,對於善書視爲迷信,更不屑一看。環境若此,所以先天大道不能儘量發展。”[②]可是,另一方面,從清代到民初的歷史去看,那時從中國西南、華東南,一路到南洋各地,大部分民衆何嘗不是也都屬於工商界。所以蔡飛所説的,恐非事實的全部。這其中真正原因,也許是二戰以後南洋各地百事待興,而又遇上各種動亂。正如在馬來西亞各地歸根道道壇最蓬勃的時候,是由於道壇有許多道人,願意承擔社會責任,在各處做著各種功德事業,可是那畢竟是信衆衆多,紛紛參與自願當義工,却已經很難見得新一代的求道者樂意求道,更别説自願常駐在道壇精舍。

---

① 蔡易明(蔡飛):《三龍指路碑》,第 17 頁。

② 蔡易明(蔡飛):《修行必讀》,第 7 頁。

以歸根道印發的《三教歸宗祀佛表文》來看，其中的目録，包括神誕祖師成道、歸空的紀念，超過一百個日子。[①] 因此不論是主持道堂的道人，或者是學生，真要應付修道，負擔不可謂不輕。如此一來，長期參加道壇活動，而且想一級級向上升級，首先要有一定的經濟能力，而且其經濟能力也必須能保證他有能耐也有空閑，纔能參與教内生活，修習歸根道的"皇極九轉金丹"。現代人要做到能長期拿出時間用功和體證，很不簡單，這或許也是道門隨著社會變遷，在 20 世紀 90 年代老道人陸續羽化歸空，導致道堂信衆多而道衆少且後繼無人的原因。

隨著歸根道貴州盤陽山祖庭到 20 世紀 60 年代解散，也就不再存在過去的道階制度，不可能再逐層由上層道階印證弟子修道水平，也不可能授可升階和報知祖庭收藏記録。這在客觀上也就等於不再有三師傳授弟子提升道階，或在道階授職以後布置進一步的學習，包括其中的傳經儀式或雷法傳承，都已成爲不可能。如此即是道門雷法傳承中斷，無人再有資格授予或被授予畫符和發符的資格。如今，遺留在南洋各處歸根道道壇的各種文獻，包括過去道長煉丹使用的各類護道符籙，就是歸根道遺失過許多道法傳承的見證。這些文獻，作爲史料，也在佐證著青蓮教對道教歷史上修道内容的繼承，構成後人理解清代民間制度化教派何以傳播的歷史根據。

（責任編輯：劉嘉欣）

① 蔡飛：《三教歸宗祀佛表文》，檳城：太上精舍，1951 年八月八日第一次翻印，第 2～4 頁。

論鄭觀應的北宗修行

□梁淑芳

摘要:鄭觀應爲清末改革派之重要代表人物,其終身服膺道教,長期實修,籌辦相關組織,與提倡商戰、在實業建樹有成的鄭觀應是兩種不同面向。鄭觀應一生堅持性命雙修之内丹道,先由南宗入手,繼而轉至北宗,再至南北宗兼習。就其修道歷程分析,"北派"乃爲其修道信仰之根本,欲掌握鄭觀應道教觀點,應從其與北宗的淵源和修道實踐講起,方能得其大要。本文先述鄭觀應學習北宗之道師經歷,再論其對北宗修行之性命雙修的觀點,還有對法、財、侶、地、培德立功之看法。他的師從交遊不分二宗,完全以大道爲依歸,道教史上對宋代以降全真教南宗北宗的分派法則,至此頗有消融意味。

關鍵詞:鄭觀應　道教　北宗　伍柳派　修行

作者簡介:梁淑芳,臺灣體育大學通識教育中心教授,主要從事經學與道教研究。

前言

鄭觀應(1842～1922)爲清末自强運動、改革派重要代表人物。相對於近現代政治、經濟、文化與器用的進步主張,這位傑出的思想家、實業家、教育家在道教的大量投入與積極實踐頗顯突兀。鄭觀應終身服膺道教,熱衷追求成仙,經歷長期實修,提出獨特的道教觀點,籌辦相關組織,堪稱信仰堅定、切實篤行的道教信徒。於是,力修金丹大道、慕懷成仙之境的鄭觀應,與清末改良派領袖、提倡商戰、於實業建樹有成的鄭觀應是兩種不同面向。有學者稱鄭觀應是商人兼士大夫階層的道教徒,是近代民間道教徒中最能入世、最能適應社會轉型,通過經商與學問去弘揚、傳承傳統道教的實業家和思想家。道教信仰真實地反映了他的内心世界[①]，對鄭觀應而言，社會革新是現實生活的需求，道教信仰是精神生命的憑藉。

鄭觀應有超過六十年的修道歷程，於道教各派皆有深度接觸。對道教教派異同有過精闢的分辨："道有南、北、東、西四派，教雖各殊，理無二致。惟北派多言性而罕言命，南派先修命而後了性，東、西兩派謂必須性命兼修。"[②]"南派雖重陰陽，實不離乎清净。其所謂氣交形不交，欲先了命而後了性耳。北派雖重清净，亦非不曉陰陽。其所謂自無生有，蓋陰極則陽生，由盡性而至於命也。惟其中火候南北各異。"[③]基本上，鄭觀應一生尋訪道師，堅持性命雙修之内丹道，先由南宗入手，繼而轉至北宗，再至南北宗兼習。[④] 但是由其修道歷程分析，"北派"乃其修道信仰之根本。欲掌握鄭觀應道教觀點，應從其與北宗的淵源與修道實踐講起，方能得其大要。

是以本文先述鄭觀應學習北宗之道師經歷，再論其對北宗修行之性命雙修的觀點，以及對法、財、侶、地、培德立功之看法。

一、鄭觀應北宗修行之道師

關於鄭觀應的丹道修行歷程，比較重要的幾位道師，不專主一宗，至有南北二宗兼修者，例如 1870～1880 年跟隨徐棅（甚陽子）修習南宗。1882 年遇楊了塵，獲贈丹經《金笥寶籙》，後與《三一音符》《天仙心傳問答》，合爲《修身寶筏》一卷出版。1886 年逢彭凌虚（天外散人）學習北宗伍柳派。1894～1911 年向方内散人（字潛齋）修習北宗和南宗。1915～1919 年由萬啓型（字式一）帶入揚州修道院，傳天元丹法與玄科口訣。而多年老友黄邃，長於北宗、南宗和投胎奪舍理論，亦影響著鄭觀應。

鄭觀應師從多位北宗道師，分述如下。

首先是彭凌虚，號天外散人，專研龍門伍柳丹法。號稱中興龍門派的王常月於明末傳戒法於江西吉安人伍守陽（1565～1644，號冲虚子），爲龍門第八代律師。伍守陽儒生出身，兼通佛學。歷師曹常化、李泥丸，得金丹秘術。後遇趙真

---

① 馬平安：《長生、濟世及一統：鄭觀應與近代道教》，《世界宗教研究》2017 年第 1 期。

② 鄭觀應：《〈唱道真言〉序》，《鄭觀應集・盛世危言後編》第 1 册，北京：中華書局，2014 年，第 26～27 頁。

③ 鄭觀應：《〈龍門秘旨〉序》，《鄭觀應集・盛世危言後編》第 1 册，第 105 頁。

④ 詳參梁淑芳：《鄭觀應晚年宗教觀探究》，《臺北教育大學語文集刊》（臺北）總第 43 期，2023 年。

嵩授以内丹秘訣,撰有《天仙正理》《仙佛合宗語録》等闡揚内丹之學的道籍。清代有柳華陽繼承發揮其説,形成丹法中的伍柳派,影響頗大。① 1886 年春,經歷香港商業訴訟拘留事件後,深受打擊的鄭觀應决定遠遊求道,於是"遊羅浮,遇彭師凌虚,蒙將其師李真人所傳煉精化氣、煉氣化神、煉神還虚三步口訣一併傳授。觀應猶恐遺忘,復書小本,切囑珍藏,千萬勿泄,要俟自己成道後,方准傳人。並將《慧命經》講解一遍,謂:欲修仙、佛之道者,其下手貴在不著塵緣,一意記住下田,即心下、腎上之中,朗朗徹徹,不有不無,活活潑潑,不即不離,常存如是而已。且夫仙、佛之所以爲仙、佛者,至簡至易,無非性命雙修"②。除了傳授三步口訣,講解《慧命經》,彭凌虚還講活子時,返照回光。强調先天祖氣,乃藥中之王。③ 爲了表達對彭師的感念,鄭觀應重刊了《金仙證論》和《慧命經》,認爲這兩部經典"多引前賢之言,反覆詳論慧命之道、風火同用之機。誠如所云,千百年來深秘單傳之旨皆以淺率言之。其婆心救世,洵爲仙佛之功臣矣"④。

另一位影響鄭觀應深遠的是江西南昌人萬立唐(1848～1915),字潛齋,號通一齋主人,慣以"方内散人"⑤名號入世,是當時著名的道醫,鄭觀應向他學習丹道長達 18 年之久。近代仙學大師陳攖寧在其主編的《揚善半月刊》第 66 期中,有針對方内散人的《定志歌》評語:"作者乃侍鶴山人鄭陶齋之師,余未曾得見,僅由老道友黄邃之君口中聞其名。據云此君對於三教之理,南北道派,皆能融會貫通。不固執門户,惟善是從。余今觀此十詠,誠爲名實相副。"⑥其入門弟子跛道人夏敬莊在《通一齋四種・凡例》云:"道家宗南者斥北,宗北者斥南。吾師參訪

① 參見任繼愈:《中國道教史》下册,臺北:桂冠圖書公司,1991 年,第 707 頁。又:"伍冲虚、柳華陽二人所傳之丹法,後人稱之爲'伍柳仙宗',甚至名之爲'伍柳派'。考'伍柳仙宗'一詞之出現,最初應源自於光緒二十三年(1897),四川江津古雲安、古雲笠及鄭徽績三人,將伍柳二人所撰之四部丹經《天仙正理直論》、《仙佛合宗語録》、《金仙證論》及《慧命經》,合成一帙,題名爲'伍柳仙宗'公開出版。……伍柳二人所著《天仙正理直論》、《金仙證論》二書最大之貢獻,正是在於詳述煉己築基之煉精化炁階段的各類要項與細部詳情,發前人所未發,以及全書之過半篇幅,深入闡釋向來丹家所諱言之'火候'問題。"(蕭進銘:《全真道龍門宗伍柳法脈在臺傳承的調查研究——以陳敦甫一系爲核心》,《道教研究學報:宗教、歷史與社會》第一期,香港:香港中文大學出版社,2009 年,第 250～251 頁)

② 鄭觀應:《〈還丹下手秘旨〉序》,《鄭觀應集・盛世危言後編》第 1 册,第 211～212 頁。

③ 鄭觀應:《羅浮待鶴山房談玄詩草自序》,《鄭觀應集・救時揭要(外八種)》下册,北京:中華書局,2013 年,第 487 頁。

④ 鄭觀應:《重刊〈慧命經〉序》,《鄭觀應集・盛世危言後編》第 1 册,第 38 頁。

⑤ 方内散人:《論濟一子傳金銓先生批註各書》,《仙道月報》總第 13 期,1940 年。案陳攖寧批註:"作者方内散人,原籍江西南昌,與黄邃之君誼屬同鄉,而又同道。清光緒時代,廣東香山鄭陶齋君,曾授業於方内散人之門。方内全家皆篤信儒釋兩教,而於仙道無緣。故其自己著作,亦止署别號,不用真姓名,蓋免爲反對者所詬病也。"

⑥ 見《揚善半月刊》1936 年第 3 卷第 18 期,總第 66 期。

三十年，獨得兩家之秘，故其所著，録於各種丹經外，真能自樹一幟。”[①]鄭觀應稱：“方内散人，南宗九律。金丹真傳，若合符節。北派九律，龍門口訣。辨道之詩，一腔熱血。”[②]顯見方内散人授予鄭觀應的北宗功法屬於龍門派。

另一位促成鄭觀應出資與陳攖寧一起燒煉外丹的黄邃，可於此一提。鄭觀應至老仍相信世上有能延年益壽的外丹，但是屢求不得。後鄭觀應閲讀《美國日報》載温士君研究神仙事蹟，認爲“煉士有變賤金爲黄金之説，已有端倪”[③]，因而寫了封信《致化學黄君邃之、醫士吕君獻堂、佛學研究會張君潤生書》，表達願意出資協助研究道教外丹。黄邃邀請陳攖寧、謝季雲、高堯夫等人共同進行燒煉外丹的科學研究。這是近代第一次較有規模的外丹科學研究。陳攖寧《覆南京立法院黄懺華先生書》記載本次燒煉外丹試驗於上海陳攖寧家中進行，耗時十年。[④] 他們這十年的外丹燒煉試驗，資助最多的應該是鄭觀應，《業餘講稿》有言：

> 民國十年以前，鄭黄二君合租屋於上海虹口三角小菜場相近，專門燒鍊。二房東乃廣州盧君，出資者乃香山鄭君。[⑤]

這幾年的試驗主要是驗證“地元丹法”中的轉化劑是否存在，即鍛煉汞、鉛、硫磺等物形成轉化劑，藉此點化賤金屬，使其成爲貴金屬。陳攖寧直白地説出外丹燒煉的心得：“費十載光陰並千百次試驗之結果，只有兩句話可以奉告：‘紅銅確能變爲白銀，但不免於虧本。’在外國人眼光中，或認吾輩爲破天荒的大發明家，而在吾輩自己觀之，則認爲失敗耳。”[⑥]但是，這段話也表明道教丹訣中的轉化劑確實存在。[⑦]

---

① 方内散人著，蒲團子編訂：《通一齋四種》，香港：心一堂有限公司，2010 年，第 5 頁。

② 鄭觀應：《羅浮待鶴山房談玄詩草自序》，《鄭觀應集・救時揭要(外八種)》下册，第 487 頁。

③ 鄭觀應：《致化學黄君邃之、醫士吕君獻堂、佛學研究會張君潤生書》，《鄭觀應集・盛世危言後編》，第 81 頁。

④ 陳攖寧：“君等當年旅滬，屈居敝舍，親見我闢室兩間，燒煉外丹爐火。工作晝夜，砂汞銀鉛，鼎池灰炭，常堆積盈庭。彝珠性復好客，逢星期日，大有座上常滿、樽中不空之盛慨。如黄邃之，如謝季雲，如高堯夫，皆此道中堅份子。鄭君鼎丞，雖蟄伏京門，未及參加，而與有助焉。彼時君對於此道，固未遑討論，但每值文字餘暇，亦輒從容下樓，袖手旁觀我等丹爐中所變化之景象以爲快，然乎否乎。試問聚六人(鄭、黄、謝、高、陳、吴)之財力，費十載之鑽研，所爲何事?”(《覆南京立法院黄懺華先生書》，《揚善半月刊》1935 年第 3 卷第 2 期，總第 50 期)

⑤ 陳攖寧：《業餘講稿》，蒲團子：《陳攖寧文集》第 2 册，香港：心一堂有限公司，2020 年，第 165 頁。

⑥ 陳攖寧：《答江蘇如皋知省廬》，《揚善半月刊》1937 年第 4 卷第 19 期，總第 91 期。

⑦ 胡海牙、蒲團子：《談陳攖寧仙學的科學性》，《胡海牙文集：仙學理法篇》，香港：心一堂有限公司，2014 年，第 98～104 頁。

促成鄭觀應與陳攖寧結緣的黄邃,原名益齋,字邃之,號通邃散人,人稱黄道人、益道人,江西臨江人。稱黄邃爲道友,常與之談丹房火候、釋老思想的孫寶瑄(1874～1924)[①],聲稱黄邃精於天算及理化學,平日學問由實驗入手,故能入理精深,獲聞至道[②],甚至能將理化之學融入丹道理論。“益齋精於格致,盛言電學之功用,謂電化爲水,火不能乾之;電化爲火,水不能滅之,蓋其質乃真陰真陽,所謂太極,非凡火凡水所可例也。”[③]因此,孫寶瑄更加肯定他“善析名理,而無文字障、意見障、習慣障者,吾獨服黄道人”[④]。熟諳各種丹道修行法門的黄邃,曾經爲孫寶瑄叙述全真教五祖裏的劉海蟾所論之内通法,頗極精微,爲從前所未聞。[⑤] 而力倡仙學的陳攖寧對黄邃的評價是:“通邃學問淵博,天文地理,無不精曉。常自言年齡快到七十,身中真鉛真汞之氣已衰,若用南派栽接之法,奈爲境遇所困,力不從心;若用北派清静之法,又因年齡關係,未必能收速效。不得已學一種投胎奪舍的工夫,居然被他做成功了,前年坐化於上海河南路永昌泰五金店樓上之吕祖壇隔壁静室中。”[⑥]顯見黄邃不僅熟悉北宗、南派,亦稱習得投胎奪舍之法。

由鄭觀應所親近師友,從彭凌虚、方内散人再到黄邃,可知北宗修行觀點在其修道經歷中應有相當份量。

二、鄭觀應的北宗修行

鄭觀應集一生的精力,持之以恒地搜集、整理、出資翻刻與刊行大約一百零七種道經[⑦],其中不乏北宗之重要經典,例如《龍門秘旨》《慧命經》《金仙證論》等等。

---

① 孫寶瑄(1874～1924),一名漸,字仲璵、仲愚,浙江錢塘人。其官位雖不顯,但交遊廣泛,與章太炎、梁啓超、譚嗣同、嚴復、宋恕、汪康年等都有密切接觸,於日記中都有詳細記載。詳見孫寶瑄:《忘山廬日記》,上海:上海人民出版社,2015年,標題頁。關於孫寶瑄常和黄邃談道,詳見《忘山廬日記》上册,第446頁;中册,第560、563頁;下册,第1107頁。

② 孫寶瑄:《忘山廬日記》中册,第567頁。孫寶瑄曾經盛讚黄邃:“出世大道,萬劫難聞。聞知不信,與不聞同。聞而無力以辦,與不聞同。吾道之中,有益齋,蓋天生之護法也。彼積二十年之窮思渺慮,以成高等之理化學,不意正爲今日之用,神矣哉!”(《忘山廬日記》中册,第574頁)

③ 孫寶瑄:《忘山廬日記》上册,第442頁。

④ 孫寶瑄:《忘山廬日記》中册,第923頁。

⑤ 孫寶瑄:《忘山廬日記》中册,第911頁。

⑥ 引自陳攖寧:《梁海濱先生入山煉劍事實第一》,《揚善半月刊》1935年第2卷第15期,總第39期。

⑦ 黎志添:《鄭觀應“仙道”與“救世”的思想和實踐:兼評其對清末民初道教發展的影響及意義》,《中國文化研究所學報》(香港)總第67期,2018年。

吕純陽祖師提示修習性命之道:"只修性,不修命,此是修行第一病。只修祖性不修丹,萬劫陰靈難入聖。達命宗,迷祖性,恰似鑑容無寶鏡。"[①]有些人心性修持極佳,但是肉身毁壞不堪使用,來日遇到劫難不易超凡入聖;一味地鍛煉命功,祖性未曾了悟,恰似空有鑑臺而無明鏡。命由性而修,性由命而立,這纔是長生之道。

心性修持方面,斷絶塵緣欲望十分重要。鄭觀應《再致揚州修道院同學諸道長書》引用寧海州東牟鄉貢進士劉愚之《〈重陽教化集〉序》:

> 馬祖,寧海巨族,家資千萬,雖素樂恬淡,未易遽棄。王祖鏁庵百日出神入夢,以天堂地獄警動之。馬祖乃鋭然捐産捨家、違妻離子而行。王祖乃誨馬祖曰:"子知學道之要乎? 要在遠離鄉而已,遠離鄉則無所繫,無所繫則心不亂,心不亂則欲不生。無欲欲之是無爲也,無爲爲之是清净也。以是而求道,何道之不達;以是而望仙,何仙之不爲。今子之居是邦也,私欲擾擾不能息於慮,男女嗷嗷不能絶於聽,紛華種種不能掩於視。吾懼終奪子之志,而無益於吾之道也。子其計之!"馬祖乃矍然悟,莞爾而笑,即日拂袖從王祖遊。用能"斷俗緣、剔塵染,寂然與物無著,杳然與物無累"等語。[②]

鄭觀應和馬鈺(本名從義,字宜甫,王重陽將之改名爲鈺,道號丹陽子,1123～1183)一樣,資産雄厚,家庭和樂,二者均以儒自守,却傾心求道。王重陽祖師以百日鎖庵、分梨十化等方式教化馬鈺[③],最後甚至要求他"遠離家鄉",徹底斷絶家族之累,以達寂然不動、凡事不著的境界。反觀鄭觀應於光緒十二年(1886,45歲)開始撰寫《盛世危言》,又因身體多病,撰寫《中外衛生要旨》。於宗教方面,此年春天遊羅浮,遇彭凌虚(天外散人),教授給他煉精化氣、煉氣化神、煉神還虚三步口訣。鄭觀應唯恐遺忘,當下作成筆記。[④] 彭凌虚傳授的是北派伍冲虚、柳華陽兩位真人的口訣。[⑤] 鄭觀應跟隨彭凌虚入室修煉,自言身體暢快之感,難以形

---

① 吕純陽:《敲爻歌》,《吕祖志》卷六,《道藏》第36册,北京:文物出版社、上海:上海書店、天津:天津古籍出版社,1988年,第484頁。

② 鄭觀應:《再致揚州修道院同學諸道長書》,《鄭觀應集·盛世危言後編》第1册,第144頁。

③ 詳參(元)林間羽客樗櫟道人編:《金蓮正宗記》卷三,《道藏》第3册,第354頁;(元)趙道一編修:《歷世真仙體道通鑑續編》,《道藏》第5册,第419頁。

④ 鄭觀應:《〈還丹下手秘旨〉序》,《鄭觀應集·盛世危言後編》第1册,第211頁。

⑤ 鄭觀應:"於丙戌春,薄遊羅浮,始遇天外散人,傳授伍冲虚、柳華陽兩真人口訣。"(《〈修真四要〉序》,盛克琦編校:《鄭觀應養生集》,北京:宗教文化出版社,2015年,第3頁)

容。[①] 但是稍有效驗,即因家事中斷修行。鄭觀應感歎"雖已通關,亦因家累返閩,功效無睹。甚矣人心之不易死也!人心死則道心生"[②]。此時他認爲修道無果的主因是牽扯過多的世俗之事,以致塵心不死,道心難生。

命功鍛煉方面,鄭觀應斥資支持萬潛齋入室修煉至少三次[③],在第三次護師入室時,鄭觀應對此次充滿期望:"功業原無盡,年衰兩鬢斑。病多家累重,急欲出塵寰。護師先入室,屈指第三次。力薄賴同人,相扶遂我志。"[④]但是依據陳攖寧在《仙道月報》第 13 期記載,最終發生"意外",以致修道未果。[⑤] 民國四年(1915)萬潛齋過世,對鄭觀應而言是一大打擊。學習南派的效果有限,於是鄭觀應究心北派:

> 以真息爲本,下手工夫:先静心,次緘口,次調鼻息平和,閉目内觀,神注腎根之下。如此片刻,將心息提上,虚無竅内,以自然爲主。心太進則炎,順其自然即文火也;心太散則冷,守其自然即武火也。文武烹煉,始終妙用。内息勻稱,勿忘勿助。是時心如太虚,有息相依則不虚;心如太空,有息相隨則不空。而不虚不空之間,静而又静,清而又清,氣息綿綿,一切放下,人我皆忘,此之謂鑽杳冥。冥中有氣,一神獨覺,真息發現,熏心酥養,還要按入腔子裏虚無竅内,積之累之,則命蒂生而陽氣長,可以開關運氣。[⑥]

無論是進陽火或者是退陰符,首要條件依然是"煉心",在自然的狀態下,達到心息相依,無人無我,竅開關通,渾身暢快。

清代道光年間傅今銓編纂《證道一貫真機易簡録》,其卷二《法財侶地》整理諸家説法論述修道内外部條件最關鍵的是"法、財、侶、地"四項要素。[⑦] 鄭觀應於

---

① 鄭觀應:"余於丙戌年,在羅浮得聞北派真傳,曾試行於萬籟俱寂之室,静極而動,身中暢快,莫可名言。"(《中外衛生要旨》,盛克琦編校:《鄭觀應養生集》,第 322 頁)

② 鄭觀應:《復羅君星譚書》,《鄭觀應集·盛世危言後編》第 1 册,第 35 頁。

③ 鄭觀應:《上張三丰祖師疏文》,《鄭觀應集·盛世危言後編》第 1 册,第 60 頁。

④ 鄭觀應:《呈通一齋主人》,《羅浮待鶴山房談玄詩草》,《鄭觀應集·救時揭要(外八種)》下册,第 514 頁。

⑤ 陳攖寧:"鄭君(鄭觀應)當年作彼護法,助以財力,俾克入室下功,已大見效驗。但因發生意外之障礙,竟不能終局。黄邃之君曾爲余言之,並深致感慨。惜余未追詢此公後來結果究竟如何。"(《仙道月報》總第 13 期,1940 年)

⑥ 鄭觀應:《致青城養玄子潘公書録寄羅人楷世兄》,《鄭觀應集·盛世危言後編》第 1 册,第 55 頁。

⑦ (清)傅金銓:《證道一貫真機簡易録·法財侶地》卷二,景印嘉慶十八年定遠唐氏校刊本;收入蕭天石輯:《道藏精華》第 3 集,臺中:自由出版社,1956～1962 年。

此特别留心[①],將傅金銓所輯删繁就簡,編成《修真四要》。所謂"法",即真師傳授修道口訣,鄭觀應强調:"若無明師决破真鉛一物,雖行盡三千六百旁門,枉自費力。"[②]這是修道者最關鍵的起點,若有"真傳",則不論何派均可據此成道。鄭觀應《致張静生道友書》云:

> 弟求道五十餘年,曾讀南派、北派、東派、西派各真人之書,並得名師訓示,始知南、北、東、西各派如得真傳,均可成道。[③]

此處藴含道教的重要思維:萬法雖殊,其道歸一。這就是中國道教多元化發展的重要理論基礎。鄭觀應或承萬潛齋教導:"北派南宗,流傳不滅。印證丹經,昭然若揭。作用雖殊,成功則一。"[④]意即道教宗派雖有歧異,但是最終得證大道的功效如一。所以,關鍵不在"選擇"何種宗派,而是如何尋得、確認真實的"修習"法門。這可以解釋鄭觀應修道六十餘年,對搜羅、刊刻道教典籍,尋訪名師的熱衷。他没有道教派别的傾向性,認爲衹要是"真傳",皆可達致大道。然而,問題如何確認法門的真實性。基本上,鄭觀應修道的時間多耗費在"驗證"真實性方面,這是他轉益多師、遍歷各種修道法門的原因。必須特别提醒,鄭觀應與當時一般的世俗信徒最大差異即在"驗證"。當鄭觀應發現法門不具備實踐性或是虚假,他會産生沮喪的情緒,但是隨即轉向尋求另一個真實的可能。[⑤] 就此點而言,鄭觀應對道教的信念可稱堅實虔誠。關於"財、侣"二者外援因素,鄭觀應引用《仙佛合宗語録・跋》:"若自有力養道者,則傳此以度同志之人;若自無力養道,則藉此以覓護道之侣。或三代有德向善,兼能助師養道,或力不足能代募助師,亦可許

---

① 鄭觀應:"人生宇内似浮漚,急訪明師跨鶴遊。萬卷丹經須口訣,莫憑臆度誤閻浮。得法無財告上蒼,何年獲遇馬丹陽。"[《仙經雲法財侣地缺一不可賦此代柬答張道友合泰》,《羅浮待鶴山房談玄詩草》,《鄭觀應集・救時揭要(外八種)》下册,第 492 頁]

② 鄭觀應編輯:《修真四要》,盛克琦編校:《鄭觀應養生集》,第 7 頁。

③ 鄭觀應:《致張静生道友書》,《鄭觀應集・盛世危言後編》第 1 册,第 129 頁。

④ 萬潛齋:《南北派九律辨道十律・南北小引》,《羅浮待鶴山房談玄詩草》附刻,《鄭觀應集・救時揭要(外八種)》下册,第 507 頁。

⑤ 關於法之難得,鄭觀應云:"生平訪友求師,遍於海嶽,所遇南宗、北派奇才異能之士指不勝屈,而究其實有真傳者,莫得一二。"(《重刻〈陳注關尹子九篇〉序》,《鄭觀應集・盛世危言後編》第 1 册,第 152 頁)

之。"[①]張弼士是鄭觀應的好友,二人共同追求大道多年,可稱互助互信的道侶。[②]後張弼士以七十七歲之齡逝世,鄭觀應作《感事》,記述二人共同追求道法、求遇上師的過程。[③] 張弼士與鄭觀應不僅攜手尋真,同時也多次合資護師築丹房修行。[④] 所謂"地"者,鄭觀應稱:"室宜向木面朝陽,兑有明窗對夕光。照顧有名人莫曉,暮陰不得閉金墻。"(丹房皆有法度,太明則傷陰,過暗則傷陽。須陰陽平和,明暗適中,乃爲合法也)[⑤]對修道空間的要求則需配陰陽五行,希乞天地之運力可助修行。

多次護師入室修行的鄭觀應認爲,"凡欲入室修煉,必先備辦藥材,而求藥亦有數義:一求傳藥之師,二求買藥之財,三求藏藥之所,四求産藥之地,五求驗藥之具,六求採藥之器,七求護藥之侣。而積德立功尤爲求藥之大本"[⑥]。於此稍稍可知所謂"法財侣地"並非虚玄的理論,而是道教長期實踐後總結的經驗,説明修煉過程中的外部條件與需求。當然,任何宗教的核心不在於外部形式,定要向内在生命與意義進行探求。所以,此處所言"積德立功"纔是求道最根本的作爲。自魏晋葛洪以後,提倡行善積德以爲成仙之條件乃道教傳統觀點。[⑦] 鄭觀應云:"嘗聞固命須修性,多積陰功免悔尤。"[⑧]因此,鄭觀應深刻地體悟"黄芽白雪不難

---

① 鄭觀應編輯:《修真四要》,《鄭觀應養生集》,第 19 頁。

② 根據李吉奎的研究,張弼士與鄭觀應之間是"舊交・蘭誼・道侣",最遲在 1894 年張弼士的較大投資——在煙臺開設葡萄酒廠之前,已與官、商有所聯絡。此前他賑災、報效軍餉的舉措,名聲已播,鄭觀應曾經營的輪船招商局,涉及沿海各埠,張弼士往來各地不可能不與之接觸。在商言商,故在 19 世紀八、九十年代之交,兩人結交是有可能的。後來,密切的關係發展爲養生、追求延年益壽,信仰趨同,成爲道侣也就很自然了。詳見李吉奎訪談,收於胡波主編:《鄭觀應研究口述史》第 1 册,廣州:廣東人民出版社,2022 年,第 69～70 頁。

③ 鄭觀應:"憶同弼士訪仙翁,十萬黄金撒手空。聞築丹房和日埠,驚遊月殿廣寒宫。難尋護法張環衛,不見安邦渭水熊。自笑求真數十載,金丹未得志猶雄。"[《感事》,《待鶴山人晚年紀念詩》,《鄭觀應集・救時揭要(外八種)》下册,第 533 頁]

④ 鄭觀應與張弼士的交情非淺,屬義結金蘭式的道侣。在《香山鄭慎餘堂待鶴老人囑書》提及"上海華特路之屋地五畝一分九厘,當日北棧洋人出銀一萬五千兩求待鶴相讓,未沾。適張君弼士謀作道場,出資二萬兩建造,延通和洋行繪圖監造,張君與待鶴所定合約出銀二萬一千兩",是一例證。詳《鄭觀應集・救時揭要(外八種)》下册,第 561 頁。

⑤ 鄭觀應編輯:《修真四要》,《鄭觀應養生集》,第 22 頁。

⑥ 鄭觀應:《答曹一峰先生書》,《鄭觀應集・盛世危言後編》第 1 册,第 54 頁。

⑦ 傅代言:"不論如何煉養服食及房中術,若不積德行善,則不能成真仙,此乃《抱朴子》所明言者。道教爲欲達此目的,故其所著之書甚多。"(《道教源流》,北京:中華書局,1927 年,第 125 頁)

⑧ 鄭觀應:《感賦七律八章藉紀身世》,《待鶴山人晚年紀念詩》,《鄭觀應集・救時揭要(外八種)》下册,第 523 頁。

尋,達者須憑造德深","不如修道積陰德,莫爲兒孫作馬牛"。[①] 另外,如不積陰德,恐成爲求道過程中的障礙。[②] 當一個人的力量有限,衆志成城、集腋成裘是一條路徑。他曾經將父親鄭文瑞編的《訓俗良規》《勸戒録》等整理付印,鄭父的慷慨好義也深深地影響著鄭觀應。他在家鄉籌置義田,興立善堂,對地方上的水利、橋樑、義倉等公益事業,無不熱心規劃,盡力捐輸。光緒五年(1879)河北、山西大災,鄭父提倡賑災最早,集款最多,鄭觀應也參與到賑災中。因此,朝廷下旨褒獎,頒給"樂善好施"四字。[③] 這雖是傳統知識分子、地方士紳的作爲,然未嘗没有積德以求道的念想於其中。

結論

以外在事功角度而言,鄭觀應是一位畢生追求國家富强的思想家、企業家,他以愛國爲本,商戰爲核心,開議會立憲法爲精髓的思維,在深度和廣度都具備系統式的完整性,不愧爲早期改良主義的重要代表人物。

但就内在生命的追求而言,鄭觀應一生勤於追求丹道修行,且廣印道教重要書籍,可謂内修(内功)與積陰德(外功)兼備。筆者研究發現鄭觀應堅持性命雙修之丹道,先由南宗入手,繼而轉往北宗,再至南北兼習。但是,北宗"先性後命",或説修"性"爲根本的觀點,在鄭觀應的修道歷程中有强烈的體現,因此本文僅就北宗部分,討論鄭觀應對北宗之修行觀點,試圖對其修行歷程有根本性的掌握。然而,就清末民初道教發展而言,全真教南北宗的分派似乎漸次泯其界綫,

---

① 鄭觀應:《與張一明道友論修道須外功相助》,《待鶴山人晚年紀念詩》,《鄭觀應集·救時揭要(外八種)》下册,第 531、532 頁。

② 鄭觀應:"修真難亦易,由我復由天。若不積陰德,群魔作障緣。"[《聞道自勉》,《羅浮待鶴山房談玄詩草》,《鄭觀應集·救時揭要(外八種)》下册,第 489 頁]又,鄭觀應:"學道行陰隲,有容解夙冤。"[《丁酉雜感》,《羅浮待鶴山房談玄詩草》,《鄭觀應集·救時揭要(外八種)》下册,第 497 頁]案:丁酉年爲光緒二十三年(1897)。

③ 劉聖宜的訪談,詳見胡波主編:《鄭觀應研究口述史》第 1 册,廣州:廣東人民出版社,2022 年,第 151 頁。朱滸認爲,"在 19 世紀 70 年代以前,李金墉、謝家福、經元善、李培松、蔡鴻儀在社會知名度和地位開始迅速提高,進而獲得參與洋務企業建設的機緣,主要依賴於舉辦義賑活動。這場義賑活動中唯一成爲重要主持人的廣東人士是鄭觀應。而且,鄭觀應真正開始在洋務企業建設中發揮重要作用,同樣主要借助於義賑活動提供的路徑"(朱滸:《洋務與賑務——盛宣懷的晚清四十年》,北京:中國人民大學出版社,2021 年,第 156 頁)。

具備對抗性質者爲全真教與天師道。① 鄭觀應雖重全真北宗,但是他的師從交遊向不分二宗,所習所履一以求得大道爲依歸,道教史上對宋代以降全真教南宗北宗的分派法則,至此頗有消融意味。筆者於此再次提醒,本文認爲鄭觀應以北宗性功爲重,但實際上他並非墨守一家一派之信徒,而是相信殊途而能同歸。尤其在生命的晚期,他對道教派别已不在意,衹求能延長生命,長壽安康。鄭觀應没有提出特别的、創新的修道理論,但是他用生命實踐、驗證所能接觸的所有修道法門,是非常值得進一步研究、探索的修道者案例。

[本文相關研究獲"國科會"專題研究計劃案"鄭觀應道教信仰歷程演變研究"(NSTC111-2410-H-179-009)之經費補助,特此致謝]

(責任編輯:魏淑賢)

① 傅勤家:"胡應麟所述南北宗之系統,亦僅具概略,且此所謂分宗者,實僅一宗之分爲南北耳,與天師正一道無涉也。故道教之分派,迄至今日,要以全真教及天師道爲兩大宗對峙於南北。"(傅勤家:《中國道教史》,上海:商務印書館,1937 年,第 211 頁)

位卑未敢忘憂國:時代變局與全真仙傳的救世情懷,1840—1949

□秦國帥　張曉婭

摘要:鴉片戰争失敗之後,中國被迫與西方列强簽訂了一系列不平等條約,大量西方傳教士藉此進入中國,並以强大的軍事實力爲依託,因教義信仰、祭祀儀制等方面差異而在中國製造了大量民教衝突。與此同時,隨著現代學科分類體系意義上的"宗教"觀念的引入,中國傳統知識精英的儒家本位立場面临嚴重危機,而基督教則作爲標準化的宗教範例給中國傳統的佛、道二教帶來了制度化的挑戰。爲回應此一時代巨變及其帶來的衝突,民國時期的道教界試圖建立全國性的道教組織,並以刊刻書籍這一傳統的方式來挽救由於時代變化所造成的人心澆漓和世道淪喪。然而,置之於近代救亡圖存的社會背景之下,道教界的這種努力固然值得欽佩,但就實際效果來説却不盡如人意。

關鍵詞:鴉片戰争　時代變局　救亡圖存　道教會

作者簡介:秦國帥,男,哲學博士,遠東研究博士,康復大學黨群工作部副教授;張曉婭,女,齊魯工業大學(山東省科學院)馬克思主義學院碩士研究生。

清末民國時期,尤其是鴉片戰争失敗之後,西方國家以與中國簽訂的一系列不平等條約爲依託,日益深入地滲透至中國的政治、經濟、文化當中,在給中國的物質文化造成巨大衝擊和損失的同時,也客觀上革新了中國舊有的傳統觀念,從思想上部分地引導著中國近代化的社會進程,塑造著近代中國社會的樣態。爲應對由西方入侵所帶來的近代化危機,中國各社會階層,如洪秀全、左宗棠、康有爲、孫中山等人,基於不同的社會立場而提出種種不同的濟世救國方案,儘管所發揮的實際作用各不相同,但却無一例外地體現出近代中國志士爲挽大廈之將傾而做出的苦心思考和勠力嘗試。

在上述不同社會階層的各種嘗試中,道教作爲中國宗教之一種,其因應近代化危機和自身制度化建設的努力特別值得關注。[①] 據法國學者高萬桑(Vincent Goossaert)所説,自 1898 年戊戌變法開始,中國宗教的喪鐘就已經開始敲響[②],緊隨其後的廟産興學、破除迷信、風俗改良、新文化運動、新生活運動等,無一不在思想上和現實上將宗教推擠到社會生活的邊緣[③],甚至是可被替代的境地[④]。這一狀況的出現,固然與"宗教"一詞在中國的使用、"宗教"與"迷信"的二元對立及其背後伴隨西方列强入侵而來的基督教的宗教觀有著密不可分的關聯[⑤],但中國學者尤其是掌握知識話語權的精英學者的觀點,也起到了推波助瀾的作用。就道教而言,典型如新文化運動的旗手魯迅,在 1918 年 8 月 20 日《致許壽裳》信中稱"中國根柢全在道教"[⑥],而其弟周作人則更爲直白:

> 所謂道教,不是指老子的道家者流,乃是指有張天師做教王,有道士們做祭司的,太上老君派的拜物教。平常講中國宗教的人,總説有儒釋道三教,其實儒教的綱常早已崩壞,我想佛教也只剩下輪回因果幾件和道教同化了的信仰還流行民間,支配國民思想的已經完全是道教的勢力了。[⑦]

聯繫其時風雨欲來的宗教形勢,我們很難確定他們的表態會給民國時期的道教帶來什麽積極的影響。然而,周氏兄弟的表態,其成也宏闊,其失也褊狹,在面對由西方列强帶來的近代化危機時,道教界並非單純地處於被動挨打的局面,相

---

① 例而言之,可參見 Liu Xun, *Daoist Modern: Innovation, Lay Practice, and the Community of Inner Alchemy in Republican Shanghai*, Cambridge and London: Harvard University Asia Center, 2009; David Palmer and Liu Xun eds., *Daoism in the Twentieth Century: Between Eternity and Modernity*, Berkeley, Los Angeles and London: University of California Press, 2012; Vincent Goossaert and David Palmer, *The Religious Question in Modern China*, Chicago: University of Chicago Press, 2012。

② 康豹、高萬桑主編:《改變中國宗教的五十年:1898～1948》,臺北:"中央研究院"近代史研究所,2015 年;Vincent Goossaert, "1898, the Beginning of the End for Chinese Religion?", *The Journal of Asian Studies*, Vol. 65 (2), 2006, pp. 307-335。

③ Paul Katz, *Religion in China and Its Modern Fate*, Waltham: Brandeis University Press, 2014, pp. 21-24.

④ 李清聚:《蔡元培"以美育代宗教"思想研究》,北京:中央編譯出版社,2017 年。

⑤ 陳熙遠:《宗教——一個中國近代文化史上的關鍵詞》,(臺北)《新史學》第 13 卷第 4 期,2002 年;Rebecca Nedostup, *Superstitious Regimes: Religion and the Politics of Chinese Modernity*, Cambridge: Harvard University Press, 2009.

⑥ 魯迅:《致許壽裳》,《魯迅全集》第九卷,北京:人民文學出版社,1958 年,第 285 頁。事實上,魯迅此語曾爲中國道教學者廣泛稱引,用以表明道教之於中國文化和社會的重要性;然而,近來學者則多從否定性的角度來看待此語,意爲魯迅此説實是批判道教爲阻礙中國進步的最大源頭。相比之下,卿希泰先生稱魯迅此語是理解中國的關鍵話語則更爲得乎其宜。參見卿希泰:《重温魯迅先生"中國根柢全在道教"的科學論斷》,《社會科學研究》2002 年第 1 期。

⑦ 周作人:《鄉村與道教思想》,《談虎集》,石家莊:河北教育出版社,2002 年,第 222 頁。

反，如前所説，他們在面對社會秩序的混亂、世道人心的澆漓、政權更替的衝擊時，也積極地組建道教會進行制度化建設以孚共和體制之望[①]，采用當時先進的印刷技術刻印書籍來宣傳自己的濟世思想[②]，爲輔國救世提出了頗具自身宗教特色的道教方案。

本文即以鴉片戰争爆發後的時代變局爲切入點，首先考察外國傳教士入華及其對中國産生的影響，其次分析現代學術意義上的"宗教"觀念的確立，及其對於儒、釋、道等文化傳統的衝擊，再次以筆者所收集的 7 種全真仙傳爲代表，探討道教界對此時代變局的因應和調適，最後在上述分析的基礎上，結合近代以來複雜的時代變局，嘗試評估道教界此一應對思路和方案的有效性，以期部分地彰顯宗教在近代中國的地位和作用。

一、山雨欲來風滿樓

按國内史學界慣例，中國的近代史肇端於 1840 年中、英之間所發生的鴉片戰争，自此之後，依託自身强大的軍事實力及與中國簽訂的各項不平等條約，西方各國開始對帝制中國的政治、經濟以及文化等形成全面壓制，且愈演愈烈，爲禍甚鉅。[③] 以西方文化對中國文化和社會的衝突而言，儘管基督教來華並非新近之事，且事實上對中國數學、地理、天文、曆法等自然科學的進步起到了積極作用，但其顛倒主客、以客欺主的態勢，却是在鴉片戰争之後形成的。

作爲鴉片戰争失利的後果，中英雙方於 1842 年簽訂《南京條約》，開放廣州等五口爲通商口岸，而 1843 年補簽的《五口通商章程》，又承認了外國人在五處口岸的領事裁判權，1844 年中美《望厦條約》和中法《黄埔條約》，進一步確認了外國人在通商口岸甚至是中國内地的治外法權：

> 凡佛蘭西人在五口地方居住或往來經遊，聽憑在附近處所散步，其日中動作一如内地民人無異，但不得越領事官與地方官議定界址，以爲營謀之

---

① 王闖：《困境與抉擇：六十二代天師張元旭與民初道教》，趙衛東主編：《全真道研究》第九輯，濟南：山東大學出版社，2020 年，第 197～215 頁；付海晏：《陳明霦與民初白雲觀》，《華中師範大學學報》（社會科學版）2016 年第 1 期。

② 關於近代中國的宗教刻寫及出版，可參見 Philip Clart and Gregory Scott eds., *Religious Publishing and Print Culture in Modern China*, 1800—2012, Boston, Berlin and Munich: De Gruyter, 2015。

③ 李育民：《中外不平等條約史話》，北京：社會科學文獻出版社，2011 年；夏春濤：《教案史話》，北京：社會科學文獻出版社，2011 年。

事。……佛蘭西無論何人,如有犯此例禁,或越界,或遠入內地,聽憑中國官查拏,但應解送近口佛蘭西領事官收管;中國官民均不得毆打、傷害、虐待所獲佛蘭西人,以傷兩國和好。[①]

值得注意的是,正如研究者所指出的那樣,儘管上述三份條約並没有專門與傳教相關的内容,但"合衆國民人在五港口貿易,或久居,或暫住,均准其租賃民房,或租地自行建樓,並設立醫館、禮拜堂及殯葬之處"[②]的規定以及英、法、美三國商民的治外法權,無疑爲傳教士在五口以及中國内地傳教提供了制度性保障[③],而且這些條約的簽訂,無一不有傳教士廁身其間傳譯交流[④]。

事實上,傳教士的企圖絶不僅僅於此。清康熙五十九年(1720),因"禮儀之争"涉及清朝國體、政體,玄燁皇帝降諭禁止天主教在華傳播,"以後不必西洋人在中國行教,禁止可也,免得多事"[⑤]。此後,天主教的傳教活動儘管事實上並没有停止,但却不再擁有之前的合法地位和身份,前引中法《黄埔條約》第二十三款關於治外法權的約定,正是在法國傳教士拉蕚泥(Théodose de Lagrené)的力主之下纔制定的,其目的就在於恢復天主教在中國傳播的合法化:"有了這樣一條規定,我們就不難看出將來任何一個傳教士都不會在中國因爲他們的信仰和虔誠而遭受迫害。如果傳教士感激,應該感激英國人,因爲這一條款不過是我根據《虎門附約》第六款擬定的。"[⑥]而且,正是在拉蕚泥與時任兩廣總督耆英的反復交涉之下,道光二十六年(1846)正月,天主教獲准在中國傳播,"天主教既係勸人爲善,與别項邪教迥不相同,業已准免查禁,此次所請亦應一體准行",但在傳教的地域範圍上却並没有實現重大突破,"仍照現定章程,外國人概不准赴内地傳教,

---

① *Treaties, Conventions, etc., between China and Foreign States*, Vol. 1, Shanghai: Statistical Department of the Inspectorate General of Customs, 1908, p. 571.

② 王鐵崖:《中外舊約章彙編》第 1 册,上海:上海財經大學出版社,2019 年,第 49～50 頁;*Treaties, Conventions, etc., between China and Foreign States*, Vol. 1, p. 479。

③ Kenneth Latourette, *A History of Christian Missions in China*, New York: The Macmillan Company, 1929, pp. 228-232; Rolf Tiedemann, *Handbook of Christianity in China*, Vol.2, *1800 to the Present*, Leiden: Brill, 2010, pp. 296-297.

④ 衛青心:《法國對華傳教政策——清末五口通商和傳教自由(1842～1856)》上卷,黄慶華譯,北京:中國社會科學出版社,1991 年,第 196～315 頁。

⑤ 陳垣識:《康熙與羅馬使節關係文書》,沈雲龍主編:《近代中國史料叢刊續編》第七輯,臺北:文海出版社,1974 年,第 96 頁。有關康熙皇帝與羅馬教廷的"禮儀之争",可參見衛青心:《法國對華傳教政策——清末五口通商和傳教自由(1842～1856)》上卷,第 5～8 頁;顧長聲:《傳教士與近代中國》,上海:上海人民出版社,2004 年,第 11～15 頁;許明龍:《歐洲十八世紀中國熱》,北京:商務印書館,2022 年,第 55～65 頁。

⑥ 衛青心:《法國對華傳教政策——清末五口通商和傳教自由(1842～1856)》上卷,第 277 頁。

以示區别”[①]。

事情的轉機出現在第二次鴉片戰争。1858 年，中國再次在與英、法的戰争中失敗，美、俄亦參與其中。6 月中旬，中美簽訂《天津條約》，在傳教士衛三畏(Samuel Williams)和丁韙良(William Martin)的堅持之下[②]，條約中出現了一項專門的傳教保護條款：

耶穌基督教，又名天主教，原爲勸人行善，凡欲人施諸己者，亦如是施於人。嗣後所有安分傳教習教之人，當一體矜恤保護，不可欺侮凌虐；凡有遵照教規安分傳習者，他人毋得騷擾。[③]

同月，中英、中法所簽訂的《天津條約》中亦有相似的條款。總之，由道光時的允許傳教到咸豐時的保護傳教，天主教在中國合法傳播的地位得到了進一步的保護。除此之外，1860 年，法國强迫中國簽訂了《北京條約》，其中第六款約定内容如下：

應如道光二十六年正月二十五日上諭，即曉示天下黎民，任各處軍民人等傳習天主教會合講道、建堂、禮拜，且將濫行查拏者予以應得處分。又將前謀害奉天主教者之時所充之天主堂、學堂、塋坟、田土、房廊等件，應賠還交法國駐劄京師之欽差大臣，轉交該處奉教之人。並任法國傳教士在各省租買田地，建造自便。[④]

道光二十六年的弛禁上諭前已述及，《北京條約》的中、法文本俱無疑義，而引文中添加下畫綫部分，却衹見於中文而不見於法文條約文本當中，究其根源，正是出自法國傳教士艾嘉略(Louis Delamarre，又稱狄拉瑪)之手。[⑤] 客觀來説，因語言不通而導致中外條約簽訂時中方處於劣勢，並非此時方纔首見之事[⑥]，但中法《北京條約》的簽訂，却假藉一體均沾的最惠國待遇條款而將所有外國傳教士的

---

① 《兩廣總督耆英等將舊建天主堂給還奉教之人並地方官不得濫行查拿教徒事上諭》，中國第一歷史檔案館編：《鴉片戰争檔案史料》第七册，天津：天津古籍出版社，1992 年，第 631 頁。

② Kenneth Latourette, *A History of Christian Missions in China*, p. 275.

③ *Treaties, Conventions, etc., between China and Foreign States*, Vol. 1, p. 522；王鐵崖：《中外舊約章彙編》第 1 册，第 87 頁。

④ *Treaties, Conventions, etc., between China and Foreign States*, Vol. 1, p. 676；王鐵崖：《中外舊約章彙編》第 1 册，第 135 頁。

⑤ Kenneth Latourette, *A History of Christian Missions in China*, p. 276；衛青心：《法國對華傳教政策》下卷，第 591 頁。關於條約文本改動的詳細考證，見孫江：《〈北京條約〉第六款中法文本之辨析——兼論巴黎外方傳教會廣東地契文書》，《清史研究》2018 年第 3 期。

⑥ 屈文生、萬立：《不平等與不對等：晚清中外舊約章翻譯史研究》，北京：商務印書館，2021 年。

活動範圍擴大到了整個中國。自此之後,外國傳教士在中國各地任意傳教的法律框架已經憑藉著這些不平等條約基本上建構完備了。①

由於在對待神靈、祖先等信仰核心問題上的不同②,基督宗教自進入中國開始就遭受了來自中國知識精英和普通民衆的質疑甚至反對③。儘管傳教士事實上爲當時的中國帶來了更爲先進和精確的數學、地理、天文、曆法等知識④,但却最終無法在信仰和思想層面上改變自己的弱勢地位,兼之堅持自身教義、教儀的純潔性和主體性而拒絕在中國傳播時的本土化和在地化⑤,以至於前述康熙時被禁止行教,而至鴉片戰爭發生的道光皇帝時甚至被寫入《大清律例》當中,禁止西洋人在中國傳教以及中國人跟隨西洋人學習基督宗教,否則入教之人將會受到"絞立决""發新疆給額魯物爲奴"等不同程度的懲罰,失察地方官員也要"交部議處"。⑥ 然而,西方列强在鴉片戰爭中所展現出來的强大軍事實力,一改基督宗教此前在中國傳播時信仰和思想層面上的弱勢,兼之道光皇帝的弛禁上諭、中美《天津條約》的保教條款以及中法《北京條約》中文本中的私增條款等據以爲憑的條約文本,清政府被迫改變對外宗教政策,在全國範圍内引發了不同程度、不同範圍的民教衝突。

據美國學者柯文(Paul Cohen)研究,1860 年中法《北京條約》簽訂之後的十年内,波及中央、上達天聽的教案超過五十件,影響力稍差而在地方上予以解决的教案可能多至千餘件。⑦ 事實上,關於鴉片戰爭之後直至辛亥革命之前中國所

---

① Kenneth Latourette, *A History of Christian Missions in China*, p. 276; Daniel Bays, *A New History of Christianity in China*, Malden: Wiley-Blackwell, 2012, p. 43.

② 林金水:《利瑪竇與中國》,北京:中國社會科學出版社,1996 年;[比]鍾鳴旦(Nicolas Standaert):《禮儀的交織:明末清初中歐文化交流中的喪葬禮》,張佳譯,上海:上海古籍出版社,2009 年。

③ Paul Cohen, "The Anti-Christian Tradition in China", *The Journal of Asian Studies*, Vol. 20(2), 1961, pp. 169-180.

④ Liu Liyuan, "When Missionary Astronomy Encountered Chinese Astrology: Johann Adam Schall von Bell and Chinese Calendar Reform in the Seventeenth Century", *Physics in Perspective*, Vol. 22, 2020, pp. 110-126; Chang Ping-Ying, *The Chinese Astronomical Bureau*, 1620—1850: *Lineages, Bureaucracy and Technical Expertise*, London and New York: Routledge, 2023.

⑤ 如羅馬教皇格勒門十一於 1704 年頒布《禁約》凡七條,禁止中國天主教徒遵從中國的政令習俗,如第五條稱:"凡入天主教之人,或在家裏,或在墳上,或逢吊喪之事,俱不許行禮。"第七條稱:"凡入天主教之人,不許依中國規矩留牌位在家。"詳見陳垣識:《康熙與羅馬使節關係文書》,第 91、92 頁。

⑥ 衛青心:《法國對華傳教政策——清末五口通商和傳教自由(1842～1856)》,第 21 頁;支强:《試析清代"西洋人傳教治罪"條例的形成——以"張鐸德案件"爲中心》,《法制與社會》2008 年第 8 期。

⑦ Paul Cohen, "The Anti-Christian Tradition in China", p. 169.

發生的教案數量，學術界至今也没有定論[①]，但由教案所引發的中外衝突的頂峰，則首推由1897年山東巨野教案所引發的義和團運動[②]。1901年，因義和團運動失敗，中國被迫與西方列强簽訂了《辛丑條約》，其中第二款專列懲處保護傳教士不力之官員名單，内有端郡王載漪、輔國公載瀾、莊親王載勳、都察院左都御史英年、刑部尚書趙舒翹、山西巡撫毓賢等皇親國戚及六部首長和地方大員共十七人。[③] 而已徹底臣服於列强軍事實力的光緒皇帝在懲辦上述諸人的上諭中，則無奈地將責任再次甩推到了被懲親王、臣工以及拳民身上：

> 經此次降旨以後，凡我友邦，當共諒拳匪肇禍，實由禍首激迫而成，决非朝廷本意。朕懲辦禍首諸人，並無輕縱，即天下臣民，亦曉然於此案之關係重大也。[④]

在强大軍事力量的威逼和恫嚇之下，即使位尊如光緒皇帝者，也已無力保全自己的親人、僚屬。不過，列强之於中國壓制，並非僅僅局限於上述基督宗教的傳播一方面，而是以軍事實力爲後盾，中國的政治、經濟、文化、外交等各個方面都處於劣勢，在世紀轉捩之交，幾有爲列强所瓜分之禍，中國的前途和命運實已如累卵之危。

二、天公不語對枯棋

1894年甲午中日海戰的爆發，以及隨後因海戰失利而被迫簽訂的《馬關條約》，標誌著前此以學習西方先進科學技術爲目標的洋務運動的破産，引發了當時的知識精英如張之洞、康有爲、嚴復等對單純器物學習的反思，轉而開始從更深層次的思想和制度領域尋找新的救國方案。此前曾在中國頻繁引發衝突且此後亦在中國掀起滔天巨浪的基督教傳播問題，則在此時進入中國人的思考領域當中，一如葛兆光所説："19、20世紀之交，不僅僅有震驚世界的義和團事件，那一

---

① 吴盛德、陳增輝編：《教案史料編目》，燕京大學宗教學院，1941年；趙對好：《近代教案概論》，轉引自戚其章、王如繪編：《晚清教案紀事》，北京：東方出版社，1990年，第1頁。

② 關於義和團運動的研究，可參見[美]柯文(Paul Cohen)：《歷史三調：作爲事件、經歷和神話的義和團》，杜繼東譯，南京：江蘇人民出版社，2000年。

③ *Treaties, Conventions, etc., between China and Foreign States*, Vol. 1, p. 113；王鐵崖：《中外舊約章彙編》，第1册，第936頁。

④ *Treaties, Conventions, etc., between China and Foreign States*, Vol. 1, p. 127；王鐵崖：《中外舊約章彙編》，第1册，第942頁。

兩年間,中國發生過太多的變故,也就在這個時候,好像很多原本取向未必相同的文化人,突然不約而同地都萌生了要尋找某種宗教來拯救人心的衝動。”①

關於康有爲對當時中國社會的貢獻,梁啓超 1901 年曾作《南海康先生傳》,將之視爲“宗教家”,並稱“先生所以效力於國民者,以宗教事業爲最偉;其所以得謗於天下者,亦以宗教事業爲最多”②。不過,梁啓超此處所説的“宗教”,是特就儒教而言,即康有爲在 1895 年“公車上書”時所開始提倡的孔教運動:

> 近日風俗人心之壞,更宜講求挽救之方。蓋風俗弊壞,由於無教。士人不勵廉恥,而欺詐巧滑之風成,大臣托於畏謹,而苟且廢弛之弊作。而六經爲有用之書,孔子爲經世之學,鮮有負荷宣揚,於是外夷邪教,得起而煽惑吾民,直省之間,拜堂棋布。③

在康有爲看來,基督教、天主教等外國宗教爲“外夷邪教”,之所以會在中國教堂林立、星羅棋布,主要是因爲中國無相應的宗教力量與之抗衡。至戊戌變法前夕,康有爲更倡立以“保全國地、國種、國教”爲主旨的“保國會”,將“保全國家之政權、土地”與“保聖教之不失”同舉並重。④ 後於變法期間上書光緒皇帝的《請商定教案法律厘正科舉文體聽天下鄉邑增設文廟謹寫〈孔子改制考〉進呈御覽以尊聖師而保大教摺》系統闡述了“保國”與“保教”之間的關係:

> 若大教淪亡,則垂至綱常廢墜、君臣道息,皇上誰與同此國哉?方今割地頻仍,人心已少離矣。或更有教案生變,皇上與二三大臣,何以鎮撫之耶?臣愚竊謂,今日非維持人心、激厲忠義,不能立國;而非尊崇孔子,無以維繫人心而厲忠義。⑤

對於康有爲此番舉動背後的情由,陳寶箴在光緒二十九年(1903)所上的《奏厘正學術造就人才摺》中有著清醒的認知:

> 迨康有爲當海禁大開之時,見歐洲各國尊崇教皇,執持國政,以爲外國

① 葛兆光:《孔教、佛教抑或耶教?——1900 年前後中國的心理危機與宗教興趣》,王汎森等:《中國近代思想史的轉型時代:張灝院士七秩祝壽論文集》,臺北:聯經出版事業股份有限公司,2007 年,第 201 頁。

② 梁啓超:《南海康先生傳》,夏曉虹編:《追憶康有爲》,北京:生活·讀書·新知三聯書店,2009 年,第 12 頁。

③ 康有爲:《上清帝第二書》,姜義華、張榮華編:《康有爲全集》第二集,北京:中國人民大學出版社,2007 年,第 43 頁。

④ 康有爲:《保國會章程》,姜義華、張榮華編:《康有爲全集》第四集,第 54 頁。

⑤ 康有爲:《請商定教案法律厘正科舉文體聽天下鄉邑增設文廟謹寫〈孔子改制考〉進呈御覽以尊聖師而保大教摺》,姜義華、張榮華編:《康有爲全集》第四集,第 94 頁。

強盛之效實由於此，而中國自周秦以來政教分途……是以憤懣鬱積，援素王之號，執以元統天之説，推崇孔子以爲教主，欲與天主耶穌比權量力，以開民智，行其政教。[①]

事實上，不獨康有爲如此，正如葛兆光先生依據時人書信、文集、奏摺以及朝廷政令等文獻所指出的那樣，宋恕、榮慶、張之洞和張百熙等人均將宣揚孔教視作挽救中國危亡的一劑良方。[②] 當然，並非所有人都同意康有爲的看法和主張，如王先謙、葉德輝等人即對康有爲進行了激烈的批判[③]，即前述陳寶箴也認爲康有爲宣揚孔教是“穿鑿附會”“傷理而害道”[④]，而同爲戊戌變法主力之一的譚嗣同則在對比孔教和耶教之後將佛教看作救世之途[⑤]。

從康有爲、梁啓超、譚嗣同、張之洞等人表述中，我們可以明顯發現，他們於19、20世紀之交所認爲的“宗教”，實際上是單就儒教而言。但頗爲尷尬的是，這一認知却與當時西語學界之於“宗教”的看法方枘圓鑿，扞格難入。

1893年，中國駐美二等參贊彭光譽應邀出席在美國芝加哥舉辦的世界宗教大會，並做題爲《説教》(Confucianism)的發言，表明中國官方是如何理解“宗教”一詞。關於此次會議的情況，陳熙遠、葛兆光、孫江等學者已從不同角度進行了闡述，[⑥]茲將與本文相關者略述如下。在發言中，彭光譽認爲西人所說的“religion”在中國被稱爲“教”，完全是一種基於文化立場差異而産生的誤讀，因爲“教”在中國與“政”同義，皆自天子而出，衹有“禮教”這一種含義，即使儒教，亦是自立名號而已：

按此會所議者，於英文爲爾厘利景(阿依而藹基藹窩恩——religion，[⑦]引者注，下同)。明末歐羅巴人譯爲華文，曰教者是也。然華文教字之義，虛

① 陳寶箴：《奏厘正學術造就人才摺》，中國史學會編：《戊戌變法》第二册，上海：上海人民出版社、上海：上海書店出版社，2002年，第358頁。

② 葛兆光：《孔教、佛教抑或耶教？——1900年前後中國的心理危機與宗教興趣》，第208～210頁。

③ 干春松：《保教立國：康有爲的現代方略》，北京：生活·讀書·新知三聯書店，2015年，第23～27頁；陳熙遠：《宗教——一個中國近代文化史上的關鍵詞》，第53頁。

④ 陳寶箴：《奏厘正學術造就人才摺》，第358頁。

⑤ 葛兆光：《孔教、佛教抑或耶教？——1900年前後中國的心理危機與宗教興趣》，第215頁。

⑥ 陳熙遠：《宗教——一個中國近代文化史上的關鍵詞》，第38～45頁；葛兆光：《孔教、佛教抑或耶教？——1900年前後中國的心理危機與宗教興趣》，第205～207頁；孫江：《表述宗教——“中國宗教”在1893年芝加哥萬國宗教大會》，《重審中國的“近代”：在思想與社會之間》，北京：社會科學文獻出版社，2018年，第291～321頁。

⑦ 將“religion”寫作“阿依而藹基藹窩恩”，是彭光譽“采用曾紀澤(1839～1890)假藉中文單字標注西文字母的拼法”。參見陳熙遠：《宗教——一個中國近代文化史上的關鍵詞》，第40頁注3。

字爲英文題赤(梯依愛西鴟——teach),實字爲英文音司黜盧克慎(藹恩司梯阿尤西梯藹寫恩——instruction)。上自六藝,下至百工,凡以人事教人,皆可以教言,而不能以一人、以一事而立一教之名。

中國,教即政,政即教,政教皆從天子出,帝教、師教,皆禮教也。禮教之外,别無立一教會、號召天下者。即儒教之名,亦由佛老之徒,自稱爲佛教、道教,遂於綱常禮教加以儒名,稱爲三教。儒者但謂二氏爲異學,回教人又稱儒教爲大教,皆若輩立名所以自别,非中國本有此異名。中國禮教,一而已矣。①

至於"禮教"的内容,在隨後的正文當中,彭光譽毫無疑問是將之解釋爲中國傳統的儒家思想,這也就是爲什麽《説教》一文的英語標題會被譯爲"confucianism"。既然中國的"教"與西方的"religion"並不相同,那麽,此次世界宗教大會所討論的主題即"religion"又當做何理解呢?對此,彭光譽也進行了推人及己的反向類比:

余考英文字書,解爾厘利景爲教人順神拜神愛神,誠心事真神之理也。其人能知神事神言,著書立説,言未來事者,曰樸羅肺特(披阿寫披鴟依梯,譯曰先知師,或曰祭司——prophet,引者注,下同),能祝神及代人致祝者,曰樸厘司特(披阿藹依司梯,譯曰神甫——priest),曰帕司特爾(披愛司梯寫阿,譯曰牧司——pastor)或曰彌泥司特爾(姆藹恩藹司梯依阿,譯曰教士——minister),或曰彌森訥爾來(姆藹司司藹寫恩愛阿喂,譯曰教士——missionary)。然則爾厘利景,於華文當稱爲巫,樸羅肺特、樸厘司特、帕司特爾、彌泥司特爾、彌森訥爾來諸名,於華文當稱爲祝,而預知未來事者,於華文又當稱爲讖緯之學矣。……又考英文高德(基寫諦——God),明季歐羅巴人譯爲華文,曰上帝,曰神,曰真神,曰獨一之神,有名曰帕特爾(披愛梯依阿——pater),又名耶和華(再依鴟寫霏愛鴟——Jehovah),有圖像,有《創世記》,與佛老巫祝者爲近。②

基於上述字詞格義,彭光譽進而得出結論説:"近世西國承學之士,有謂孔子非爾厘利景者,有謂中國無爾厘利景者。謂孔子非爾厘利景,是矣,謂中國無爾厘利景,殊非其實。"③

① 彭光譽:《説教》,清光緒二十二年(1896)總理各國事務衙門據阿美利嘉初行本、同文館重印本校勘,哈佛大學圖書館藏,第2～3頁。

② 彭光譽:《説教》,第3～4頁。

③ 彭光譽:《説教》,第5頁。

康有爲是否讀過此文，我們暫時不得而知，但通覽康有爲、梁啓超、張之洞等人此一時期相關的表述，我們可以説，對儒學思想的推崇態度和對釋道二教的鄙夷，應是世紀轉捩之交中國士人群體的一種集體意識和共識。他們視西人以“教”釋“religion”爲郢書燕説，並站在儒家之教的本位立場上斥西人所謂“religion”與佛教巫祝相近：“名爲教者，必有事天事神及一切生前死後幽杳難知之事，非如其字本義所謂，文行忠信授受傳習已也。故中國儒術，其必不得與道、釋、回、景並稱爲教甚明。蓋凡今之教，皆教其所教，而非吾之所謂教也。”[①]由此，他們眼中所謂的“religion”，便與“迷信”聯繫在了一起：

> 西人所謂“宗教”者，專指迷信宗仰而言，其權力範圍乃在軀殼界之外，以靈魂爲根據，以禮拜爲儀式，以脱離塵世爲目的，以涅槃天國爲究竟，以來世禍福爲法門。諸教雖有精粗大小之不同，而其概則一也。[②]

相較之下，高下立判。對於中國知識分子的這種態度，西方傳教士其實也有著清醒的認識：“儒教通常被視爲一種宗教。但是，儒教自身是否願意接受我們所説意義上的這個詞，並以此界定儒教體系呢？儒教和佛教、道教被稱爲中國的三教。但是，這裏的教不是宗教，而是教導、教育體系之意。……因此，我們希望不是用宗教，而是用世界的道德體系來界定儒教。”[③]

不過，在西學東漸尤其是日本學術思潮的影響下，彭光譽、康有爲、張之洞等人的儒家本位立場，很快就淹没在了西人之於“religion”的學科分類體系當中。1908 年，顏惠慶編纂了一部《英華大辭典》，首次將“宗教”與“religion”進行了對應翻譯：

> 【religion】 a mode of thinking, feeling, and acting, which respects, trusts in, and strives after, the Divine, or God，宗教；any system of faith and worship，教、信奉、道教、派教；-ary，宗教的、信仰的、教會的、教門的。[④]

有意思的是，編纂者顏惠慶是 1893 年參加世界宗教大會並發表演講的中國牧師顏永京之子。西方思潮的壓倒性優勢，在此得到了完全的顯現。

---

① 嚴復：《支那教案論》，王栻主編：《嚴復集》第 4 册，北京：中華書局，1986 年，第 850 頁。

② 梁啓超：《保教非所以尊孔論》，葛懋春、蔣俊編選：《梁啓超哲學思想論文選》，北京：北京大學出版社，1984 年，第 96 頁。

③ John Ross, "Our Attitude Towards Confucianism", *The Chinese Recorder and Missionary Journal*, Vol. 18 (1), 1887, p. 4.

④ 轉引自孫江：《表述宗教——“中國宗教”在 1893 年芝加哥萬國宗教大會》，第 321 頁。

這樣一種認知標準和體系的變化,帶來的影響是深遠的。首先,正如陳熙遠所説,"隨著'宗教'與西方'religion'的對應關係逐漸成立,傳統'教'義的分判轉移成現代'宗教'性質的定位,基督教無疑成爲'宗教'論域裏的典範"[①],即中國的宗教能否被界定爲宗教,應該以基督教的組織形式爲評判標準和樣板。其次,原先作爲中國文化中心和重心的儒家思想,逐漸在宗教領域的討論中被邊緣化,而在新文化運動時期,又因其與"民主""科學"的思潮不符而遭到了中國知識界的進一步批判。最後,此前一直爲儒家知識分子所鄙夷的佛、道二教,此刻又要面對來自基督教的標準化挑戰,對近代化的適應性調整成爲他們生死存亡的關鍵所在。

應該説,就當時的情形而言,中國的佛、道二教所面臨的是既要應對來自基督教的標準化挑戰又要回應來自儒家的傳統批判這樣一種左右爲難的困苦處境。

三、秋風寶劍孤臣淚

1912 年 3 月 10 日,《中華民國臨時約法》正式頒布,其中第二章第六條第七款規定,"人民有信教之自由"[②];民國二十三年十月十六日,立法院通過《中華民國憲法草案》,其第十五條規定,"人民有信仰宗教之自由,非依法律不得限制之"[③]。正式將宗教信仰自由作爲人民的基本權利加以明確和保障。然而,在此一憲法條款確立之前和之後,承接廟産興學運動的餘緒,文化精英如梁啓超、魯迅等,政治精英如孫中山、毛澤東等,黨派團體如國民黨、共産黨等,都在不同程度上推動了宗教信仰自由、宗教與迷信二元劃分等思潮的興起,並切實地投身到反對封建迷信的活動中來[④]。雖然他們的出發點都共同奠基於對國家近代化的政治渴望,因而極力排斥和打擊作爲近代化之障礙的封建迷信,但事實上却進一步將本就雜而多端的道教逼入了生存困境。

1912 年 7 月,北京白雲觀住持陳明霦召集來自上海、遼寧、湖北、山東等地的

---

① 陳熙遠:《宗教——一個中國近代文化史上的關鍵詞》,第 61 頁。

② 中國第二歷史檔案館編:《中華民國史檔案資料彙編》第 2 輯,南京:江蘇古籍出版社,1986 年,第 107 頁。

③ 徐白齊編:《中華民國法規大全》,上海:商務印書館,1936 年,第 1 頁。

④ Prasenjit Duara, *Rescuing History from the Nation: Questioning Narratives of Modern China*, pp.95-110; Rebecca Nedostup, *Superstitious Regimes: Religion and the Politics of Chinese Modernity*; Paul Katz, *Religion in China and Its Modern Fate*, pp. 21-24.

全真道士，共同成立中央道教會。據《道教會大綱》第二條，其宗旨爲“力挽頹風，表彰道脈，出世入世，化而爲一，務求國利民福，以鑄造優美高尚、完全無缺之共和”[①]。同年 9 月，龍虎山第六十二代天師張元旭會同來自上海、江蘇等地的正一道士，在上海成立中華民國道教總會以及中華民國道教總會江西本部駐滬總機關部，其宗旨爲“黄老爲宗，聯絡各派，昌明道教，本道德以維持世道，俾人類共躋太和”[②]。北京、上海兩個道教會的成立，毫無疑問是一次面對現代化國家建設的挑戰而進行自身制度化建設的積極嘗試，如中央道教會稱“道教會胡爲而發生乎？緣道教爲中華固有之國教，國體革新，道教亦應變制，此中央道教會之所由發生而亟欲振興者也”[③]，而中華道教總會則稱“兹當民國初立，萬事維新，國體既已更新，教務亦當整理”[④]。

然而，中央道教會雖經袁世凱批准成立，但實際却未運行並承擔《道教會大綱》中所聲稱的演教、宣律、救濟、勸善、化惡等五門事業，而中華道教總會直至 1925 年纔經内務部核准成立，次年即遭取消，最終草草收場。[⑤] 事實上，中央道教會和中華道教總會的成立，正如陳耀庭先生所説，衹是“形勢逼人”的結果，對於時代的過渡、世界的風濤、道教的作爲，並未做深刻的思考，“北京和上海兩地的道教領袖之所以要成立道教全國性組織，衹是爲了適應社會的變化，怕被社會抛棄，而其出發點也衹是爲了自身宗派的利益，而不是爲了解决道教生存的基礎以及確定如何適應社會發展的長期目標”[⑥]。换句話説，遵照基督教的樣板而進行組織化建設的嘗試並没有取得實質性的成績。

除此之外，我們發現，近代以來的全真道教還以自身特有的方式即刻書來嘗試救世。關於這一批文獻，筆者已在他處進行了詳細的列舉，計有《七真祖師列仙傳》《七真天仙寶傳》《七真因果傳》《金蓮仙史》《重陽七真演義傳》和《七真寶

---

① 《道教會第一次布告》，上海圖書館藏民國元年（1912）鉛印本，第 5a 頁。《藏外道書》第 24 册亦載有該布告影印本，但頗難識讀，本文所用版本由學友朱明川提供，特此説明，以致謝忱！

② 《中華民國道教會江西本部駐滬總機關部章程》，轉引自陳耀庭：《論道教的實體化》，梅益主編：《中國與日本文化研究》第一集，北京：中國大百科全書出版社，1991 年，第 133 頁。

③ 《道教會第一次布告》，上海圖書館藏民國元年（1912）鉛印本，第 1a 頁。

④ 《中華民國道教會江西本部駐滬總機關部章程》，轉引自陳耀庭：《論道教的實體化》，第 133 頁。

⑤ 王闖：《困境與抉擇：六十二代天師張元旭與民初道教》，第 212～214 頁。

⑥ 陳耀庭：《道教神學概論》，北京：宗教文化出版社，2016 年，第 219 頁。關於這兩個全國性道教組織的介紹，亦可參看陳蓮笙：《陳蓮笙文集》，上海：上海辭書出版社，2009 年，第 282～283 頁；卿希泰、詹石窗主編：《中國道教通史》第四卷，北京：人民出版社，2019 年，第 477～485 頁。

卷》等 6 種不少於 44 個版本的全真仙傳。[①] 此外,張全曉教授撰文《民末武當山全真道士王理學其人其書考》,提及民國末年武當山全真道士王理學曾撰《金蓮記》一書,“圍繞著龍門派祖師長春真人邱處機的故事展開叙述”[②],後承湖南大學復旦大學胡劼辰學兄之助,終得獲窺全貌。[③] 總之,關於近代新刊全真仙傳,筆者目前經眼共計有 7 種。有意思的是,在這 7 種仙傳當中,編纂者或刊刻者也直面了當時中國所面臨的社會問題,並從自身的宗教立場出發,提出了拯救時弊的方案。

值得注意的是,作爲一種宗教文獻,編纂者或刊刻者在自叙情由時,往往會設置一個批判的對象或目標,此目標或實有所指,如與“三天正法”相對的“六天故氣”[④],或對空虛設,如世道澆漓、人心日下等作爲救贖的目的。全真仙傳的編纂者亦不例外,不過往往是采用第二種方式,即通過對世道人心的批判來確保本書編纂的可行性與必要性。

清光緒三十年(1904),臺南青陽道人潘昶編成《金蓮仙史》一書,四年後即 1908 年由上海城隍廟翼化堂刊刻流通。在自叙爲何編纂此書時,潘昶聲稱:

> 今且世事澆漓,人生輕薄。見奢華淫説,則似糖似蜜;聞正真義理,則如隙如仇。故邪妄益多,正氣日耗。凡有聰慧者,皆以筆墨上求精,仕宦者,盡在名利中着意。由是則國風衰,民心離,安得不敗乎?今見秉忠直之心、立剛毅之志者,鮮矣,以道義上留心、性命中着脚者,更鮮矣![⑤]

有鑒於此,他“遍閲鑑史寶誥,搜尋語録丹經,集成是書,共記四卷二十四回。其中以重陽所度七朵金蓮爲重,名之曰《金蓮仙史》”[⑥]。基於上述情由,潘昶編纂此書的目的也就一目瞭然了:

> 惟願有志於道者,宜細細静玩,不可當作小書世文而論。果能達此書中意義,道德之門可入,修真之路可尋矣。學者當效邱、白二祖之苦志堅心,勇猛精進,修持道業,何愁德之不立、道之不成哉?[⑦]

---

① 秦國帥:《明清民國時期七真度化故事的流傳及版本研究》,趙衛東主編:《全真道研究》第六輯,濟南:齊魯書社,2017 年,第 53～68 頁。

② 張全曉:《民末武當山全真道士王理學其人其書考》,《世界宗教研究》2021 年第 1 期。

③ 除胡劼辰學兄外,筆者同事楊傑亦曾借機前往湖南省圖書館二次核對録文,並糾正了録文中的三處筆誤,特此致謝!

④ 王宗昱:《道教的“六天”説》,陳鼓應主編:《道家文化研究》第 16 輯,北京:生活・讀書・新知三聯書店,1999 年,第 22～49 頁。

⑤ 潘昶:《金蓮仙史》,上海圖書館藏清光緒三十四年(1908)翼化堂刊本,“原序”第 1 頁。

⑥ 潘昶:《金蓮仙史》,“原序”第 2 頁。

⑦ 潘昶:《金蓮仙史》,“原序”第 2 頁。

號稱“修真第一書”的《七真因果傳》以及《七真天仙寶傳》《七真祖師列仙傳》等，無不遵循此一編纂策略。其中，載有一貫道徒易南子《序刊文》的宣統三年(1911)養真仙苑刊本《七真天仙寶傳》格外引人注目①，因爲它采用了民間宗教所慣用的三期普度這一敘事模式，爲這部全真仙傳的編纂賦予了更高層次的含義：

> 《天仙寶傳》者，乃係孚佑純陽呂祖帝君大慈大悲普救好學真道善德君子者所演叙，更爲時下三期普度苦心度盡原人上岸之寶筏者也，欲使世人虔心敬閱，猛勇醒覺，天良發現，善體實行，規戒精嚴，積德累功，自然感格神天垂慈，默使高真至人相遇，指示心法口訣全聞。依法修持，内外功果純熟，扶湊普度，好大奇緣，以慰瑶池金母心意，以了雲城七聖、呂祖帝君叙著之心願也。②

不過，不論是世道人心，還是三期普度，《金蓮仙史》和《七真天仙寶傳》等全真仙傳所提出的拯救時弊的方式，與前述康有爲提倡孔教以保全國權時的思路如出一轍，置於當時的社會環境下，或有提撕道德、敦風化俗之功，但於救國來説，戊戌變法的最終結果以及隨後中國的遭遇已經給了我們足够的警示。

與《金蓮仙史》《七真天仙寶傳》虚設救贖對象不同，《重陽七真演義傳》的刊刻屬實與當時的形勢聯繫了起來。清光緒二十五年(1899)，全真道士養真子在武當山删正了舊本的《七真傳》，而之所以作此删正之舉，養真子的説法與其他全真仙傳無異，即與世道人心相關：

> 俗本重陽七真傳，彼作者竟不知誣仙惑世，反以爲寶筏渡人，噫，誤矣！夫誤己必至誤人，害人因以害世，誤己可，誤人不可，害及一時，其罪猶小，害及後世，其罪愈大，庸詎知重陽七真之道德，彌綸天地？前有千古七真承之，後有萬古七真啓之，是則七真之關係世道人心也，大矣至矣！③

但删正之後，養真子並未將此書付梓刊刻。民國八年(1919)，山東濟南歷城人江鍾秀見到此書之後大加讚賞，並在同鄉人劉文波、劉文海兄弟的資助之下將此書印行於世。在《梓行養真子七真傳序》中，江鍾秀長篇大論叙述了他如此欣賞養真子之《重陽七真演義傳》的原因：

---

① 關於易南子的宗教身份，參見秦國帥：《〈七真天仙寶傳〉的版本、使用及内容初探》，趙衛東編：《全真道研究》第七輯，濟南：齊魯書社，2018 年，第 139～141 頁。

② 《七真天仙寶傳》卷一，北京師範大學圖書館藏清宣統三年(1911)養真仙苑刊本，第 3 頁。

③ 養真子：《重陽七真演義傳》，上海圖書館藏民國八年(1919)萬國道德會刊本，第 8 頁。

今夫欲享聲色繁華之樂,而惡處饑寒淡泊之苦者,此固天下之人之情也,設於此使去其樂而就夫苦,雖有嚴刑峻法,亦不能爲力,此爭權奪利者之所以不能自已也。顧爭奪之極,則戰殺生焉。近來歐戰殺人至三千餘萬,亞洲尚不知何如。推其原因,無非由於貪享聲色繁華之樂之一念爲之也。若是而欲人皆去嗜欲而就道德,誠戛戛乎其難矣。然寧舍名利食睡、聲色香味、五欲六塵至暫至微軀壳上之小樂,而願得享平等圓鏡、慧眼天耳、四智六通至久至鉅精神上之大樂者,此又天下之人之情也。……試一追溯七真之時,處處化爲道鄉,人人歸於德域,一時世家大族,王子公孫,多有舍其聲色繁華之樂,而就饑寒淡泊之苦,幾乎爭道奪德之情勢,較之爭權奪利者,殆甚什百千萬,此無他謬巧也。七真之四智六通無量無窮之大樂,有以欣動之而醒悟之也。今者爭權奪利之風又熾,全球萬國,幾無一不若狂焉。竊知事極則返,七真將復出於世,以感悟饕餮於睡夢中,使爭權奪利者,仍轉而爲急道奪德,以塞戰殺之源,而遏戰殺之流焉,且不惟有七真出現,以感悟世人,而併將有萬真出現,以感悟世人。夫惟至萬真出現,感悟世人,而後能如大易所言"各正性命,萬國咸寧"。[①]

正如研究者所指出的那樣,民國以後的軍閥混戰以及第一次世界大戰的爆發,給了江鍾秀以極大的刺激,尤其是戰争波及山東,更加激發了他要思考如何來改變争權奪利的現狀[②],"以塞戰殺之源,而遏戰殺之流",其子江希張所作《息戰論》正因緣於此。毫無疑問,養真子《重陽七真演義傳》中道化天下的場景,尤其是丘處機遍開天下七十二處叢林的描述,正迎合了江鍾秀此時"道德之必有實證,且有實用,方足以爲道德"[③]的理想和追求。

事實上,第一次世界大戰的爆發,不僅給江鍾秀以極大的刺激,對於當時正在尋求中國出路的中國人來説也是侘傺莫名,因爲此前我們一直是在以西方文明爲様板來改造中國,洋務運動、戊戌變法以及辛亥革命,無一不是在追隨西方的脚步,甚至中央道教會、中華道教總會的成立亦是如此。第一次世界大戰的爆發,使當時的中國人意識到了西方文明的短板和缺陷,轉而開始尋找新的出路,蘇俄十月革命的勝利以及馬克思主義的傳播,即是當時中國人所尋求的救國思

① 養真子:《重陽七真演義傳》,第 2～3 頁。下畫綫爲引者所加。

② 雷輝:《萬國道德會的歷史考察》,山東師範大學碩士學位論文,2008 年,第 8～11 頁。

③ 養真子:《重陽七真演義傳》,第 3 頁。

路之一。[①] 江鍾秀訴諸重陽七真的做法,則代表了中國傳統知識分子因應時代變化的内向本能和自然反應,即反觀自我,再次從自身的歷史和文化中尋找對抗巨變的資源,但江鍾秀與其子江希張於1921年所創立的萬國道德會的結局表明,通過刻書以宣揚道德並企圖藉以感化人心、息止戰争、拯救社會,實際上並不能從根本上救中國。

總之,對於急需擺脱困境的中國來説,道教界無論組建全國性組織的制度化嘗試,還是刻書以拯救世道人心的傳統化思路,其心可鑒,其行可憫,但並不足以對時局産生根本性的改變,而衹能在艱難的形勢之下調適自我、承應社會。

四、却將風雨洗蒼凉

對於處身近代巨變中的道教界來説,歐風美雨的侵蝕、儒家文化精英的一貫輕視以及近代化國家建設的需求,作爲一種莫之能禦的時代潮流,無不刺激著他們做出相應的改變。然而,道教界對此的態度却並不一致;主動回應者有之,如本文前述北京和上海兩地中央道教會、中華道教總會的成立;静觀其變者有之,“昔在民國初元,破除迷信之説驟起,以新名詞首之曰:今而後,我國其文明國矣,教化大行,比户可封,往者神道設教,弊而徒事迷信,又何溷人耳目,爲去之便。於是,自命維新者,相與一唱百和,聞之恨不早,行之恐不力。如是者蓋二年,既而維新者寡不敵守舊者衆,而所謂文明國者,實民生愈苦,世道人心愈下”[②];嗤之以鼻者有之,“或謂神權之説,早爲科學所絀,今乃嘘死灰而燃之,復踵事以贈[增]之華,損貨財而耗醴牲,得不爲方聞懋學之所詬病歟?不知圜與戰劫,荏苒八年,伏尸數千萬,流血溢大瀛,跡其所恃以釀此惡者,胥資科學,無假神權,審是,則二者之得失,固未易遽加以定論矣”[③];固守傳統者有之,“請慢嗤迷信,須知乃昔賢抵抗外教侵略之前鋒;切莫笑空談,應恃作今日團結民族精神之工具。……故嘗謂吾國,一日無黄帝之教,則民族無中心;一日無老子之教,則國家無遠慮”[④]。總體上呈現出一種新見與舊説雜陳、革新與存古並行的複雜態勢。

因循守舊者自不待言,即使積極回應者,似乎也無法在短時間内找到合適的

---

① 田子渝等:《馬克思主義在中國初期傳播史(1918～1922)》,北京:學習出版社,2012年,第27～28頁。

② 趙衛東、莊明軍編:《山東道教碑刻集·青州、昌樂卷》,濟南:齊魯書社,2010年,第179頁。

③ 潘明權、柴志光編:《上海道教碑刻資料集》,上海:復旦大學出版社,2014年,第358頁。

④ 洪建林編:《仙學解秘:道家養生秘庫》,大連:大連出版社,1991年,第493頁。

方法來應對這種急劇變化的局面。前揭北京及上海道教會的成立,匆匆啓動却又草率收場,表明了近代道教的制度化建設尚需時日,全真仙傳有感於西方文明之弊而返歸傳統以收拾人心的做法,似乎也衹是空谷足音而並未在當時的社會得到太多的回應。當然,不僅筆者所及如此,作爲全真道教的重鎮,北京白雲觀在民國時期的民主化改革和近代化嘗試也以安世霖被當衆燒死爲終章。[①] 回應時代變局之艱難,由此可見一斑。

不過,民國時期陳攖寧的仙學運動,却爲我們留下了可供參考的典範:一方面堅定道教的信仰認同,將道教作爲取而不盡、用而不竭的文化資源和民族象徵;另一方面,秉持科學理念,以健康身體爲主張,以内丹修煉爲入手,而不及彼時被視作封建迷信的其他内容。陳攖寧高揚道教以抵抗外教侵略的文化主張儘管並没有得到政治的回應,但却使道教真正參與到了近代化國家的建設當中。

准此,固守自持而不曲學阿世,返本開新而不守舊自封,或許是道教適應時代發展的最佳選擇。

(責任編輯:張琰)

① 付海晏等:《國家、宗教與社會:以近代全真宫觀爲中心的探討(1800～1949)》,武漢:華中師範大學出版社,2019 年,第 106～157 頁;付海晏:《北京白雲觀與近代中國社會》,北京:中國社會科學出版社,2018 年,第三、四、五章。

翼化堂善書局與近代全真教書籍的出版

□王闖

摘要:翼化堂善書局成立於1857年,是近代上海一家以出版善書和佛道教典籍聞名的出版機構,其活動歷史接近百年。20世紀30年代的一份《書目》廣告顯示,翼化堂善書局出版了數量衆多的全真教書籍,涉及全真祖師、明清全真高道,内容多數與全真教的内丹修煉有關。翼化堂善書局之所以將丹道典籍作爲道書出版的主要方向,一方面與陳攖寧提倡仙學的影響有關,另一方面也顯示出全真教内丹知識在近代上海這樣一個深受西方文明影響的都市社會中,依然還有相當的市場需求。

關鍵詞:翼化堂善書局　道書出版　近代全真教

作者簡介:王闖,男,1987年生,歷史學博士,華中師範大學道家道教研究中心副教授,研究方向爲明清至近代的道教史、老學史。

近年來,學界對近代全真教史的研究有了長足進展。學者們利用碑刻、方志、檔案等文獻史料,探討了全真教在不同地域的發展狀況,北京白雲觀、瀋陽太清宫、武漢長春觀、南陽玄妙觀、湖北武當山等一批重要全真宫觀的近代史實被充分揭示。不過,現有研究大多集中在高道生平、傳戒歷史、宗派發展、社會活動等領域,對近代以來新社會環境如宗教書籍出版和閲讀的關注還有待深入。

自發明印刷術以來,就一直有宗教書籍的出版,而近代宗教出版史之所以特别值得關注,原因在於印刷技術的革命使得大規模、批量化出版成爲可能,這讓宗教文化知識的生產和傳播速度超越了以往任何時代。學界研究表明,15世紀德國人谷騰堡改良了金屬活字印刷術,並發明了印刷機,使得印刷技術有了突破性進展,進而迅速在全世界流行開來。此後,圖書出版進入了機械化、工業化的快速發展軌道。[①] 新式印刷技術大約在19世紀由西方傳教士引入中國,並開始

① 肖東發、于文主編:《中外出版史》,北京:中國人民大學出版社,2010年。

在香港、廣州、上海等沿海城市傳播。到 19 世紀末期,上海由於優越的地理位置和經濟水平,已經成爲當時中國最重要的出版中心。[①] 據吴亞魁教授的研究,在近代上海大約有 175 家出版機構程度不等地參與了宗教圖書的出版活動,他討論了其中 28 家主要機構的情況,並統計出這 28 家出版機構出版宗教圖書共 5983 種,其中道教類有 540 多種。[②]

在近代上海的衆多宗教出版機構中,翼化堂善書局因大量出版銷售丹經道書及儒佛經典而成爲其中的佼佼者,並受到學界的關注。游子安教授在研究清代善書時簡要梳理了它的歷史[③]。20 世紀 30 年代,陳攖寧開始主持翼化堂善書局刊物《揚善半月刊》的工作,因此研究陳攖寧的學者,如吴亞魁、劉延剛、劉迅、蒲團子等也順帶討論過該書局的基本情況。[④] 總體上看,現有研究基本圍繞翼化堂善書局的發展歷史,以及陳攖寧和《揚善半月刊》的關係而展開。對這個書局本身的出版活動,僅有部分學者討論過陳攖寧主導下出版的《道學小叢書》《女子道學小叢書》《仙道叢書》幾部叢書的情況,而對書局其他道教圖書的出版,目前尚缺乏專門且深入的研究。本文綜合各類史料,擬對翼化堂善書局全真教書籍的出版做初步之探討。

一、翼化堂善書局的早期出版活動

翼化堂善書局由清末上海慈善家張雪堂(1837～1909)於 1857 年創設,地址在上海城隍廟豫園内,它的出版活動從清咸豐年間一直持續到 20 世紀 40 年代,歷時較長,接近百年。關於張雪堂其人,目前留存的史料不多,僅有墓志銘及後人的部分回憶文字可供參考。這篇名爲《張君雪堂墓志銘》的文字,刊登於《揚善

---

① [美]芮哲非:《谷騰堡在上海:中國印刷資本業的發展(1876～1937)》,張志强等譯,北京:商務印書館,2014 年。

② 吴亞魁:《清末民國時期上海的宗教出版概觀:以佛道教爲中心》,康豹、高萬桑主編:《改變中國宗教的五十年:1898～1948》,臺北:"中央研究院"近代史研究所,2015 年,第 317～321 頁。吴亞魁教授的數字主要是根據一些書局在售目録等史料統計而來。

③ 游子安:《善與人同:明清以來的慈善與教化》,北京:中華書局,2005 年。

④ 吴亞魁:《生命的追求:陳攖寧與近現代中國道教》,上海:上海辭書出版社,2005 年;劉延剛:《陳攖寧與道教文化的現代轉型》,成都:巴蜀書社,2006 年;Xun Liu, *Daoist Modern: Innovation, Lay Practice, and the Community of Inner Alchemy in Republican Shanghai*, Harvard University Asia Center, 2009;蒲團子:《陳攖寧仙學的宣導過程》(上、中、下),《弘道》2007 年第 1、2、3 期。

半月刊》1934 年第 13 期，作者署名“上海姚文枬[①]”。據墓志記載，“君生於道光十七年丁酉四月初二日子時，卒於宣統元年己酉正月二十五日卯時，壽七十有三”。關於張雪堂的家世，墓志言曰：

> 君諱章承，雪堂其字也。本姓衛氏，南宋狀元宰相文節公之裔，爲吾郡名族，宗支繁衍，遍各行省。曾祖諱煥文者，自浦東始遷上海。祖諱錫成，父諱德銓，皆鄉善士。君以支子奉父命爲舅氏後，故姓張氏。

張雪堂本姓衛，其家族在上海當地可算名門望族，因非嫡子而奉父親之命過繼給舅舅，故改姓張。這個家族素來有樂善好施的傳統，張雪堂將其繼承並發揚光大，墓志説道：

> 終身茹素不娶，畢生精力專注於慈善事業。凡戒殺、放生、化俗、勸善、救苦、濟貧、振飢、拯溺、保嬰、養蒙、恤嫠、贍老，施衣米、醫藥、棺木，修築馬路、橋梁、津渡，種種善舉，皆視爲天職所在，盡心力爲之，捨巨資無算□所吝。君歿後，所創者若城中之保嬰局、翼化堂善書局，城北之仁濟堂，城南之放生局、公濟堂，周家渡之義渡局，暨仁濟、公濟附設之義務小學。君之儀屬，以君遺命，繼君之志，至於今不廢。

張雪堂在上海當地所從事的慈善工作範圍極其廣泛，凡是地方事務他幾乎都有所涉及。其慈善事業與本文主題相關者，即爲翼化堂善書局。因張雪堂終身未婚，無有子嗣，其兄弟“生子樹森，命爲己後”。不巧的是，在張雪堂去世不久，“未葬而樹森卒，樹森之同襃弟文熙復以己子廣勳爲樹森後，以承張氏之祧”[②]。這位廣勳，即民國時期翼化堂善書局的負責人張竹銘。按劉迅教授的研究，張竹銘生於 1904 年，卒於 2004 年，並於 20 世紀 20 年代接手翼化堂善書局。[③] 學界對張竹銘與陳攖寧關係的研究很多，據陳攖寧的文字介紹，張竹銘學西醫出身，“畢業上海德文同濟醫科大學，對於世界最新科學，皆有研究，然中國舊道德猶保留而勿失也”[④]。

---

① 民國時期《當代中國名人録》記載：“姚文枬，字子讓，江蘇上海人，舉人。歷任上海全縣學務公會長、勸學所總董、江蘇諮議局議員、江蘇臨時省議會議員、上海市議會議長、衆議院議員。”（樊蔭南主編：《當代中國名人録》，上海：上海良友圖書印刷公司，1931 年，第 157 頁）

② 以上墓志銘文字均見姚文枬：《張君雪堂墓志銘》，《揚善半月刊》1934 年第 1 卷第 13 期。

③ 劉迅：《修煉與救國：民初上海道教内丹、城市信衆的修行、印刷文化與團體》，巫仁恕等主編：《從城市看中國的現代性》，臺北：“中央研究院”近代史研究所，2010 年，第 225 頁。

④ 陳攖寧：《翼化堂善書局八十周年紀念辭》，《揚善半月刊》1936 年第 3 卷第 13 期。

關於張雪堂創設翼化堂善書局的原因,張竹銘有過解釋,他説:

> 清道咸間,太平王發難粤西,出桂林,搗湘鄂,而據金陵,陳兵江淮。連年兵燹,人心亦復思亂,繇是道德陵夷,世風幾不可收拾。先大父雪堂公,秉性慈祥,讀書好道,恤世情之不古,恒以彝倫八德聖賢警世之言,著書勸世,崇信正趨者頗多。因創設善書局於滬上豫園,名翼化堂,取其羽翼聖經、感化人心之意。時咸豐七年也,世雖亂而心向善者頗不乏人,故來購書者,或賣或贈,毫不計置,蓋欲其讀而從善也。[①]

19 世紀 50 年代,太平天國運動席捲東南,張雪堂作爲當地有名士紳,有感於亂世中維繫道德人心的重要性,期望從文化建設入手,以挽救世風。他於 1857 年創立翼化堂善書局,所謂"翼"者,即"羽翼聖經"之意,這裏的聖經,指的是儒家經典;所謂"化"者,乃"感化人心"之意,張雪堂希望以儒學經典、善書經卷來維繫世道人心。這大約也是傳統士紳在面臨社會變局時所能做的普遍反應了。

在張竹銘於 20 世紀 20 年代接手之前,翼化堂善書局大約經歷了兩代三位負責人,張竹銘説:

> 先叔祖甫堂公,性亦慈惠,先大父待之怡怡最篤,因以書局事屬之。……先叔祖因斯勞瘁,寢疾而卒,先大父慟之。復以善舉賑務馳騁各地,滬居日稀,乃囑嗣考蔚山公,繼理書局事務,規模又漸擴大。……先大父薨,先嗣考哀毁成疾,遂至不起。時銘尚在肄業,書局事遂由先君公餘而兼核之。[②]

張雪堂在創立翼化堂善書局後,先將之交給自己的弟弟,即文中張竹銘稱"先叔祖"的甫堂公。後來,甫堂公積勞成疾而去世,張雪堂便將書局交由嗣子張樹森(即文中"嗣考蔚山公")經營。不料張樹森在張雪堂去世後不久也撒手人寰,書局之事又落在了張竹銘生父、張樹森的胞弟身上。

學界現有研究表明,張竹銘在執掌翼化堂善書局後,因與陳攖寧的友情與交往,對此後的出版方向做了一些調整,書局進入了一個新的發展時期。因此,我們可以把 1857 年至 1920 年這段時間,稱爲翼化堂善書局的早期階段。我們現在要討論的是,這個階段内,翼化堂善書局究竟在出版和銷售什麽類型的書籍。張竹銘的文字,可以大概回答這個問題,他言道:

---

① 張竹銘:《翼化堂善書局之創設及本刊發行之原因》,《揚善半月刊》1934 年第 1 卷第 13 期。

② 張竹銘:《翼化堂善書局之創設及本刊發行之原因》,《揚善半月刊》1934 年第 1 卷第 13 期。

先叔祖遂日事搜攬，凡古今聖哲名賢訓世之巽言，佛者慈悲之法語，無不製諸梨棗，印刷成書。並選學堂經典書籍，咸備於局。購索者不僅三吴，即各通都大邑，郵函載道，頻相購取。雖薪工增漲，而取值仍不過聊爲紙工之助焉。[①]

在翼化堂第一代掌門人，即張竹銘先叔祖甫堂公時期，書局的出版方向大致有三個：一是古今聖哲名賢訓世之巽言，與儒家經典有關；二是佛者慈悲之法語，即佛教典籍中有益勸善的文字；三是學堂經典書籍，爲學生科舉考試準備的應試之書。這三個方向中，除科舉應試書外，其他則不限範圍，無有門户之見，大抵以勸善爲主旨，符合善書局的創設初衷。關於這一點，陳攖寧也有論述，他説："翼化堂創辦人張雪堂老先生，由儒入道，又復旁通佛法，故最初出版書籍，除《四書》《十三經》外，並兼售道經、丹經及大乘佛經等類，取其能羽翼聖經，發揮至理，對於孔教宗旨，相成而不相悖也。"[②]

可以説，在早期階段，翼化堂善書局以善書作爲主要出版和銷售方向，同時兼及三教經典。1885 年《申報》上的一則書目廣告可以讓我們更詳細地瞭解這點：

本堂專辦善書，凡逢大比之年，善士每募資印送。兹有添刻數種，以備樂善者采擇焉，計開：《丹桂籍説證》三角，《聖蹟圖志》竹九角、棉二元，《宣講集要》二角，《明聖經》《願體集》《暗室燈》各一角，《格言聯璧》竹六分、棉九分，《感應篇彙編》二角八，又《征信》二分半，又《直講》四分半，《不可録》《家庭講話》各五分，《日記故事》六分，《小學千家詩》四分，《元宰必讀書》三分，《傳家寶訓》二角半，《小學神童詩》《弟子規》三分，《二十四孝圖》二分半，《玉曆鈔傳》大一角、小七分，《敬竈全書》大一角、小四分，《敬竈章》六分，《得一録》五角半，《同善録》一元，《身世準繩》九分。餘未盡登，另備仿單，照碼九折，購者取閲，遠處遵示寄繳無誤。上海廟園内翼化堂善書坊啓。[③]

這則廣告中的書籍大致可以分爲兩個部分，一是兒童學堂啓蒙讀物，如《小學千家詩》《小學神童詩》《弟子規》等，數量不多；二是在民間社會有廣泛影響的勸善書，它的數量最多，其中不少與道教或民間信仰關係密切。如《丹桂籍説證》應當是對《文昌帝君陰騭文》的説解；《聖蹟圖志》全稱《關聖帝君聖蹟圖志》，《明聖經》

① 張竹銘：《翼化堂善書局之創設及本刊發行之原因》，《揚善半月刊》1934 年第 1 卷第 13 期。
② 陳攖寧：《翼化堂善書局八十周年紀念辭》，《揚善半月刊》1936 年第 3 卷第 13 期。
③ 《善書出售》，《申報》1885 年 5 月 30 日。

全稱《關聖帝君桃園明聖經》,兩者都與民間的關帝信仰有關;《感應篇彙編》則是對《太上感應篇》歷代注解的彙集,《征信》《直講》也都是對《感應篇》的解讀;《玉曆鈔傳》即是《玉曆至寶鈔》,它的作者是清代全真龍門道士董清奇[①]。當然,這些廣告中的書籍並不是翼化堂善書局的出版全目,衹是對當時新刻書籍的擇要介紹。

除了上文所述與道教和民間信仰關係密切的善書外,在早期階段,翼化堂善書局也出版過專門的道教書籍,其中與全真教相關者,最著名的當屬劉一明《道書十二種》。1888年《申報》上刊登過一則簡短廣告,文曰:"石印《性理精義》每部二本洋六角,精刻《道書十二種》洋二元,棉紙增圖《武帝聖蹟志》洋二元,各書坊亦有售焉,上海豫園翼化堂啓。"[②]劉一明是清代中期西北地區著名的全真龍門派道士,著述宏豐,書名"十二",其實是虛數,實則收書二十餘種[③],包含了劉一明大部分著作。據學界研究,《道書十二種》有三個主要版本,分別是嘉慶常郡護國庵刻本、光緒上海翼化堂善書局刻本、民國上海江東書局石印本。[④] 翼化堂刻本的扉頁印有"光緒庚辰年春月刊"字樣,則其刻於光緒六年(1880)。這個本子現藏上海圖書館,中國中醫藥出版社在1990年曾經將護國庵本和翼化堂本合校補缺予以影印出版。

翼化堂善書局集出版、發行、銷售於一身,不僅售賣自家刊刻的書籍,同時也代售其他書坊所刻之書。在19世紀後期到20世紀初的《申報》上,我們經常能看到翼化堂善書局代售書籍的廣告。其中與道教相關者,當屬近代内丹家汪東亭的一系列著作。報載:

> 新安汪東亭先生精究黄老之學,得遇真傳,於煉己築基、内外二藥、火候周天,靡不精純。僕等身受教益,堅請留滬,以待同志諮訪。兹將先生著輯各種秘本丹書,並藏本伍冲虚原板《仙佛合宗》,石印四册,有十萬餘言,真玄學至寶也,一併公諸同志。計開:《道統大成》《女丹訣》三元六角,原板《仙佛合宗》一元六角,《性命合篇》一一元,《教外心法》五角。郵資自給,遠埠信購,請寄發行處:上海楊樹浦美興街東首長安里一衖七百六十七號門牌新安

① 卿希泰、詹石窗主編:《中國道教通史》第四卷,北京:人民出版社,2019年,第539頁。

② 《申報》1888年12月25日。

③ 《道書十二種》收録的劉一明著作有《周易闡真》《孔易闡真》《象言破疑》《通關文》《參同直指》《悟真直指》《陰符經注》《敲爻歌直解》《百字碑注》《西遊原旨》《修真辨難》《修真後辨》《神室八法》《修真九要》《無根樹解》《黄庭經解》《金丹四百字解》《悟道録》《會心集》。

④ 《出版説明》,劉一明:《道書十二種》,北京:中國中醫藥出版社,1990年,第3頁。

汪第。分售處:上海城内邑廟花園翼化堂、英界棋盤街著易堂兩書局。[①]

汪東亭是近代著名的内丹家,乃李西月所開創的内丹西派之傳人,他將自己所著、所藏的各類丹經法訣,以石印的方式出版成四册,並將其交由翼化堂善書局代售。其中《道統大成》是一部匯集元明清丹經的叢書;《仙佛合宗》是明末全真龍門派高道伍守陽的丹道名作,這部書翼化堂善書局也有出版(下文會論及);《性命合篇》與《教外心法》乃是汪氏自己的作品。

二、20世紀30年代翼化堂善書局出版的全真教書籍

從上文的分析可以看到,翼化堂善書局在19世紀末到20世紀初的幾十年裏,以善書作爲主要出版方向,同時兼及三教經典。所以,陳攖寧曾評價説:"當日全中國書局以專印善書爲本務者,僅翼化堂一家。名流俞曲園先生曾親題'翼化堂善書局'六字以贈,今木刻仍在。"[②]翼化堂的善書出版成效卓著,影響較大,在《揚善半月刊》上它自稱"東亞首創善書機關",著名學者俞樾也曾爲其親題匾額。到張竹銘執掌書局之後,翼化堂又進入了新的發展時期,道教書籍的出版在其整個出版業務中所占比重越來越大,並形成特色。

1931年的一份書目廣告顯示書局的出版業務涵蓋"石印善書、丹經秘旨、木板善書、大乘佛經、木板道書、梵本經懺"[③]。1933年7月1日發行的《揚善半月刊》第1期刊登了一份《目録》,詳細列出了翼化堂善書局刊刻在售的各類書籍名稱和價格,共分十類,其中"木板善書類"139種、"石印善書類"95種、"道書類"135種、"卷書類"94種、"佛經類"138種、"佛圖經圖經憑簽書仙方等類"30種、"書本釋道經書類"69種、"釋氏梵本書本經懺類"71種、"道家梵本書本經懺類"82種、"醫卜星相地理等書摘要"類98種,十類書目合計有951種。[④] 翼化堂善書局曾經在一份"徵書啓事"中説:"滬上善書局,實由本堂首創,自清咸豐七年至今,搜羅各種道學、佛學、勸善等書,已出版者不下千餘種,久爲海内外各界深知。"[⑤]兩相印證,基本符合史實。

在這份書目中,作爲以往翼化堂出版主力的善書有234種,而佛教、道教及

① 《玄學家留滬》,《申報》1911年5月4日。

② 陳攖寧:《翼化堂善書局八十周年紀念辭》,《揚善半月刊》1936年第3卷第13期。

③ 《翼化堂發行》,《申報》1931年3月3日。

④ 這份目録的分類是其原有,各類種數由筆者統計,限於篇幅,無法全部引用。

⑤ 《翼化堂徵求道書啓事》,《揚善半月刊》1935年第2卷第18期。

民間宗教("卷書")類書籍則占了 619 種。數字無疑反映了翼化堂善書局在 20 世紀 30 年代出版方向的巨大調整,雖然善書出版這個傳統業務依然還在繼續,但是佛道宗教類圖書所占比重日益增大。這個變化當然與此時書局的實際掌門人張竹銘對佛道宗教的興趣,以及與陳攖寧的密切交往有關係。陳攖寧曾説:"張君竹銘者,好古敏求之士也,承其先代遺風,嘗以弘揚道術爲己任,搜羅古籍,刊印流通,學者稱便。"[①]張竹銘非常支持陳攖寧針對道家和仙學的各類想法,陳氏對此頗爲感激:"今幸遇機緣,翼化堂主人,堪稱同志,或可償我宿願,並希望能報吾師傳授之恩於萬一耳。"[②]

這份《目録》中與道教相關者有道經、經懺、靈簽、道士著作等,其中以經懺和道士著作(在目録分類中稱爲"道書類")最多,而道經和靈簽衹有數種。我們現在要討論的是這 135 種道士著作中與全真教相關的部分[③]。

第一,與全真祖師丘處機有關的著作。目録顯示此時翼化堂刊刻了三種與丘處機相關的書籍,分别是《龍門秘旨》一册,四分;《長春語録》一册,四分;《玄風慶會録》一册,四分。資料顯示,翼化堂刊刻《龍門秘旨》可能是受鄭觀應所託,時間在 1902 年。鄭氏言其"得北派《龍門秘旨》一書……世所罕見,均宜珍重,爰付上海翼化善堂重刊,以公同好。時光緒壬寅年冬至日……"[④]。當然,《龍門秘旨》和《長春語録》據學界的研究,應當非丘處機原著,而可能是後人託名之作[⑤]。但是,翼化堂善書局在刊刻此書時,確實堅信它們乃丘祖所作,故筆者將其放在此處一起討論。這兩部書在《揚善半月刊》分别都有廣告並附簡要的内容介紹,以吸引讀者購買。廣告説:

> 《龍門秘旨》,每册洋四分。北派素不言性只言命(筆者按:原文排版可

---

① 陳攖寧:《旁門小術録序》,《揚善半月刊》1935 年第 2 卷第 19 期。

② 陳攖寧:《答覆江蘇海門蔡德净君》,《揚善半月刊》1934 年第 1 卷第 19 期。

③ 陳攖寧曾經説:"翼化堂出版之道書,現在有一百幾十種。"(陳攖寧:《答覆江蘇海門蔡德净君》,《揚善半月刊》1934 年第 1 卷第 19 期)陳氏統計的道書出版數字,與此處目録中顯示的數字基本是符合的。

④ 鄭觀應:《龍門秘旨序》,周全彬、盛克琦編校:《伍柳仙宗全書》下册,北京:華夏出版社,2019 年,第 713 頁。不過,鄭觀應《盛世危言後編》所收該序言却説"爰付手民,以公同學",没有明確提到是翼化堂善書局。詳見夏東元編:《鄭觀應集・盛世危言後編》(一),北京:中華書局,2013 年,第 105 頁。

⑤ 《龍門秘旨》,王家祐等認爲"非邱真人處機所作,而爲後人託名"。參見陳明光、王家祐:《〈龍門秘旨〉讀後記》,《中國道教》1988 年第 1 期。《長春語録》,亦即《邱祖語録》,出自清代傅金銓所編《道書十七種》之《邱祖全書》,日本學者森由利亞認爲它"不是真正丘處機的語録",不過趙衛東教授認爲"從王重陽到丘處機的全真道回光説發展脈絡來看,把其視爲丘處機的作品,更爲符合全真道理論自身的發展邏輯",該書雖然在流傳過程中"竄入了後世纔能有的一些術語","但仍然反映了丘處機的思想"。參見趙衛東:《〈邱祖語録〉與丘處機關係新考——兼與森由利亞先生商榷》,劉固盛主編:《道家道教與生態文明》,武漢:華中師範大學出版社,2015 年,第 285 頁。

能有誤,應當作"不言命衹言性"),惟《龍門秘旨》一書,則性命雙修,乃邱祖所傳之真道,故與一切不同。其中惟第七章,小周天火候口訣,字字珠玉,泄露天機,從來道學家無不奉爲圭玷。蓋其所指參修之旨,於子午卯酉四時之功用,已言之無遺,而寅申己亥四時參法,雖未盡泄,而亦言之六七矣。有心修真者,宜静心思考,庶幾得之也。翼化堂出版。[1]

《長春語録》,每册洋四分。道教之真諦,得其傳者鮮矣,北宗中,惟邱真人得老氏真道,而能回祝圓光,通其真性。故真人嘗曰:吾宗惟貴見性,而水火配合,其次也。故對元太祖曰:節欲乃修身之要,愛民爲永國之方,天道好生而惡殺。設非悟透空虚,何能發此達論?且指示修養之法,亦明白告人,學道者不可不奉爲旨規,手此一書耳。上海翼化堂出版。[2]

這兩部署名丘處機的著作都以内丹修煉爲主要内容,故廣告中也在極力宣揚其有助修真,勸讀者不可錯過。此外,《玄風慶會録》一書的真實性則没有問題,它被收入正統《道藏》,乃耶律楚材所記成吉思汗與丘處機對話的文字實録,其中涉及丘處機所言治國理身之道,素來爲道教界所珍視,不過翼化堂並没有爲此書做廣告。

第二,以全真祖師爲主角的神話小説,分别是《金蓮仙史》四册,四角;《七真傳》一册,三角。這兩部書,《揚善半月刊》均没有刊登内容廣告。《金蓮仙史》是清末光緒年間潘昶以王重陽和全真七子的歷史事蹟爲藍本而創作的小説。而《七真傳》,究竟是《七真仙傳》還是《七真因果傳》呢?據學界的研究,《七真仙傳》大約在元代成書,由張邦直、王粹、李鼎等人相繼編纂完成,記載了全真祖師王重陽、馬丹陽、丘長春、劉長生、譚長真、王玉陽以及郝廣寧等七人的傳記,這是一部較爲嚴謹的史學傳記。[3] 而《七真因果傳》,則是清朝出現的一部以全真祖師爲主角的神話小説。因爲在目録中《七真傳》和《金蓮仙史》連在一起出現,故筆者推測,這裏的《七真傳》可能就是小説《七真因果傳》。

第三,明清時期全真高道伍守陽、柳華陽、劉一明等的系列著作。這幾位高道的著作是翼化堂善書局的重點出版物,不僅數量多,而且多次重印和廣告。關於明末伍守陽的著作,目録中顯示有三部:《仙佛合宗》伍冲虚著,一册,一角七分;《原版仙佛合宗》四册,一元八角;《天仙正理》伍冲虚著,二册,二角六分。伍

---

① 《廣告》,《揚善半月刊》1934 年第 1 卷第 21 期。

② 《廣告》,《揚善半月刊》1934 年第 1 卷第 20 期。

③ 秦國帥:《七真仙傳與全真歷史:以臺灣大學圖書館藏〈七真仙傳〉爲中心的考察》,《世界宗教研究》2017 年第 3 期。

守陽是明末著名的全真龍門派弟子,《仙佛合宗語録》與《天仙正理直論》二書是其闡述内丹修煉的重要著作,歷史影響很大。《揚善半月刊》曾經爲《天仙正理》一書做過廣告,文曰:

> 《天仙正理》,每册洋二角六分。今人學道,欲得仙佛二宗之真諦,以爲進道之階梯者,惟《天仙正理》一書,乃是築基伏氣,煉藥煉己,固天火候,胎息化神之源源本本,從始至終,一一詳細,真論告人。且文字淺易,注解又詳明,真是修養家一部至寶全書,無論三教中人,都所應讀者,若即送告世人,更無窮功德矣。翼化堂書局出版。①

關於清代柳華陽的著作,目録中顯示有六部:《仙佛真傳金慧合》二册,三角五分;《仙佛真傳》古佛道祖著,一册,二角;《石仙佛真傳》一册,一角五分;《金仙證論》華陽禪師著,一册,一角七分;《慧命經》柳華陽著,一册,一角九分;《石金仙證論》一册,一角。柳華陽是清中期人,現有資料顯示他乃佛教人士,但學界和教界普遍認爲柳華陽的丹道思想與伍守陽同屬一脈,稱爲"伍柳丹法"。他著有《金仙證論》和《慧命經》兩部丹道著作,目録中的《仙佛真傳》乃是對這兩部書的合編。此外,《石仙佛真傳》《石金仙證論》中的"石"字,指的是近代從西方傳入的新式印刷術石印術。《揚善半月刊》曾爲《金仙證論》一書做過廣告,文曰:

> 《金仙證論》,每册洋一角七分。世人參禪悟道者,每因不得明師,照丹經打坐,不得要領,或因爐鼎之説,或因鉛汞之名,致被邪徒誘騙,誤其生命,喪其資財者,不可勝數也。柳華陽禪師,痛恨傷感,乃作《金仙證論》一書,將古人巧喻名詞,盡情説破,泄大道之藴,破歧路之迷,且有圖論發明,下手之功,爲前人所未肯道者,盡舉以告人,誠有功於道學耳,讀者寶之。上海翼化堂出版。②

因爲伍守陽、柳華陽一系丹法的巨大影響,在清光緒二十三年(1897),四川人鄧徽績始將二人的四部著作(《仙佛合宗語録》《天仙正理直論》《金仙證論》《慧命經》)合編刊刻,題名爲《伍柳仙宗》。③ 目録顯示,翼化堂善書局也翻印過這部《伍柳仙宗》,共"八册,七角五分"。

關於劉一明的著作,前文談過,在 1880 年翼化堂善書局就刊刻過劉一明的

① 《廣告》,《揚善半月刊》1934 年第 2 卷第 10 期。
② 《廣告》,《揚善半月刊》1934 年第 2 卷第 6 期。
③ 周全彬、盛克琦編校:《伍柳仙宗全書》,北京:華夏出版社,2019 年,"前言"第 9 頁。

著作集《道書十二種》，到了 20 世紀 30 年代，翼化堂不僅多次用不同級别的紙張重印《道書十二種》，還將其中的著作抽出來單獨印行，這顯示出翼化堂善書局對這位清代全真龍門高道的重視程度。目録顯示收録的劉一明著作有《道書十二種》《西遊原旨》《周易闡真》《悟真篇直指》《修真辨難》《參同契直指》《西遊原旨揭要》《悟道録》《通關文》《神室八法》《無根樹》①，共十一種，其中後十種著作都是從《道書十二種》中抽出單行的。《揚善半月刊》對其中多部著作有相應廣告推介，文曰：

《通關文》，每册洋二角二分。人人求大道而不能通其道者，是有關節阻之也，如富貴貧賤，酒色財氣，節節關卡，必須打通得過，方能悟大道之源。悟元子一明先生，著《通關文》一書，中分五十條，皆世俗中普通人人所必經之關頭，借孔釋老三聖之至言，各先賢師祖之法語，以疏通人之關節，無一不是過來之言，讀之則關節不打而自通，誠入道之要旨也。有心道學者，其必讀之云。翼化堂出版。②

《西遊原旨》，每册洋一角一分。《西遊記》一書，人都作演義傳奇而讀，不知爲三教一家之原，性命雙修之旨，天機活潑，無一不是點破世人，收住意馬心猿，謹守菩提之心，同入法門之内，九九功成，千魔自劈，此龍門邱祖著書之真旨，世人未得知其用意也。經悟元子將原旨讀法，反覆詳明，爲之道破，書中隱義，泄露無遺，復按回次，以詩結注明真言，而《西遊》一書，人人始知爲入道之門，非傳奇之末耳，讀者其深思之。上海翼化堂出版。③

《周易闡真》，每册洋八角。自秦焚書，典籍盡失，惟《周易》以爲卜筮之書幸存。漢始置博士研究正義，而焦、京、田、孟等又以灼揲占驗爲能事，遂使聖神大道幾與《風角鳥情》視同小説。迨魏伯陽先生作《參同契》，始將羲農姬孔之義藴衍出，而修身立命之道乃彰於人世，此本書之所以發明此義也。上海翼化堂善書局出版。④

《悟道録》，每册洋一角八分。人之求道者世不乏，而悟透真理者實少，何故，因不得其門而入，不得傳道之書而讀。棲雲山悟元老人，特著《悟道録》一書，分上下兩卷，舉凡世界中最尋常之事，最小之物，以及飛禽走獸等

① 目録中《無根樹》後寫有“悟元老人注”字樣，可以判定此《無根樹》應當就是《道書十二種》中的《無根樹解》。

② 《廣告》，《揚善半月刊》1934 年第 2 卷第 6 期。

③ 《廣告》，《揚善半月刊》1934 年第 2 卷第 7 期。

④ 《廣告》，《揚善半月刊》1934 年第 2 卷第 10 期。

細微之事,都舉出一種天地自然之理,真是法言也,並附七十二歌,亦明顯易解,爲學道者必讀之書也。翼化堂善書局出版。①

《神室八法》,每册洋一角。悟元子劉一明先生,著《神室八法》《修真九要》,爲學道者指示迷津之寶鑑,世人求師訪道,走遍天涯,常不得真傳,即或遇明德指示入門之法,而步步進修之要妙,莫得而知,若購此書置之案頭,日夕誦習,則成真了道,皆有確證也。翼化堂書局出版。②

《無根樹》,每册洋九分。張昆陽三丰真人,著《無根樹》一書,爲道家修養功夫之準則,學道家無不奉爲旨歸,然語雖明顯,讀者猶多不得其要領。素樸散人,乃作解注,於是原文一目了然,雖初識文字者,亦讀而能明其旨也。上海翼化堂書局出版。③

這些著作都是劉一明闡述其丹道思想而成,《揚善半月刊》寫廣告詞的人對書中要旨把握精准,也多以有益修真的理由勸讀者購買閱讀。

此外,資料顯示,翼化堂善書局在 1935 年前後還對劉一明的系列著作以精印的方式重新出版。1935 年 2 月 16 日出版的《揚善半月刊》刊登過一則廣告,名爲《連史精印再版道書,翼化堂啓》,包含二十一種著作:"《道書十二種》二十四册,五元二角;《周易闡真》四册,九角;《孔易闡真》一册,三角五分;《會心集》二册,五角四分;《通關文》一册,三角;《象言破疑》一册,三角;《陰符經注》一册,一角八分;《敲爻歌直解》一册,二角;《西遊原旨》一册,二角;《修真辨難》一册,三角;《神室八法》一册,一角五分;《修真九要》一册,一角五分;《無根樹解》一册,二角;《金丹四百字解》一册,二角;《悟真直指》二册,五角;《參同直指》二册,四角五分;《悟道録》一册,二角五分;《黄庭經解》;《指玄訪道録》一册,二角;《百字碑注》;《黄鶴賦》。"④以上著作,除《指玄訪道録》《黄鶴賦》外,其餘均出自《道書十二種》。這裏所謂的"連史精印",指的是用連史紙印刷,這種紙張是竹紙的一種,以嫩竹爲原料,紙質薄而均勻,多用來製作高級手工印刷品⑤,故稱"精印"。這些精印的書籍在價格上確實比我們前文引用目録中所載的書價要貴上不少。翼化堂善書局十分重視這批精印書籍的銷量,《揚善半月刊》從 1935 年第 2 卷第 16 期開始,連續 6 期刊登廣告進行密集宣傳。

① 《廣告》,《揚善半月刊》1934 年第 2 卷第 10 期。
② 《廣告》,《揚善半月刊》1934 年第 2 卷第 10 期。
③ 《廣告》,《揚善半月刊》1934 年第 2 卷第 10 期。
④ 《連史精印再版道書,翼化堂啓》,《揚善半月刊》1935 年第 2 卷第 16 期。
⑤ 馬承源主編:《文物鑒賞指南》,上海:上海書店,1996 年,第 581 頁。

第四,明清時期社會影響很大的全真教丹道名篇。除了以上三位全真高道的著作被集中出版外,目録顯示還有一些有較高影響但真實作者存疑的全真教丹道名篇被出版,它們分别是《吕祖敲爻歌》一册,四分;《杭性命圭旨》四册,七角;《竹性命圭旨》四册,四角五分;《石性命圭旨》四册,二角四分;《指玄篇》一册,一角九分;《元要篇》一册,一角五分;《太乙金華宗旨》一册,三分。

《敲爻歌》和《指玄篇》相傳是吕洞賓親著,在道教界、丹道界享有崇高地位。這裏刊刻售賣的《指玄篇》是一位名叫滄海老人者作注的版本,《揚善半月刊》曾爲其做過廣告:

> 《吕祖指玄篇》,每册洋一角九分。人之求道苦不得真傳,而吕純陽祖師,則現身説法,屢以大道奥義傳授世人,所題詩詞極多。惟《指玄篇》七律詩十六章,乃滄海老人所注,將一切修煉實功,盡吐露於字裏行間,雖倘有不明言之點必待師傳,然入門工夫,已計之無遺矣。後附七節詩三十二首,有紫陽真人和句,亦明顯易解也。上海翼化堂出版。[①]

《性命圭旨》一書,因稱尹真人爲“吾師”,故一般認爲作者可能是全真掌教宗師尹志平的弟子,也有學者認爲作者可能是與王陽明關係密切的全真道士尹蓬頭。[②] 這部書在明清内丹界影響很大,翼化堂善書局用不同的紙張、不同的印刷技術印製了三個版本,顯示出該書受衆廣泛,其實際銷量應該十分可觀。《元要篇》,即《玄要篇》,相傳是元明之際武當山全真高道張三丰的著作。《太乙金華宗旨》則是清初常州全真道士潘静觀爲首的吕洞賓乩壇,通過扶乩而來的丹道名篇[③]。

第五,其他清代問世的丹道叢書。這些叢書雖然不是由全真道士直接創作而來,但是或託名吕祖、張三丰等全真教仙真高道,或闡揚内丹修煉秘訣,無疑顯示了全真教的巨大影響力,故一起放在此處予以討論。

清代著名内丹家濟一子傅金銓的著作有:《道書十七種》濟一子著,二十四册,三元八角;《道書十種》濟一子著,十二册,二元;《道書七種》濟一子著,十册,一元八角。

清代内丹西派創始人李西月編纂的著作有:《張三丰全集》李西月編,二十四

---

① 《廣告》,《揚善半月刊》1934 年第 2 卷第 7 期。

② 張雪松:《〈性命圭旨〉淵源考》,趙衛東主編:《全真道研究》第九輯,濟南:山東大學出版社,2020 年,第 105～122 頁。

③ 劉固盛、王闖:《全真龍門派在清初的另一種生存境遇:對潘静觀及其〈道德經妙門約〉的考察》,《華中師範大學學報》(人文社科版)2014 年第 6 期。

册,三元二角;《吕祖彙集》,二十四册,四元八角。李西月在四川樂山組織了文人乩壇,以扶乩的方式從吕洞賓、張三丰等仙真處"學習"丹道秘訣。以上兩部著作,是李西月收集而來的張三丰、吕洞賓文獻的彙編,其中大多乃乩筆。[①]

清代湖北武昌江夏涵三宫編纂的吕洞賓文獻彙編有:《吕祖全書》無我子匯輯,二十册,二元八角;《石吕祖全書》,八册,九角。涵三宫也是一處吕洞賓乩壇,三十二卷本《吕祖全書》即由該宫編纂問世,並在清代産生重要影響,其中收録的吕祖文獻多數亦屬乩筆。[②]

清代學者陶素耜編纂的《道言五種》八册八角,收録有陶氏自著的《参同契脈望》《悟真篇約注》,元陳致虚《金丹大要》,明陸西星《金丹就正篇·玄膚論》以及明彭純一《承志録》等五部丹道著作。《揚善半月刊》曾多次爲該叢書做廣告,文曰:"大字足本增批《道言五種》,每部八册,定價大洋八角。張平叔真人手著、陶通微道人删訂、玉溪子增批。"[③]可惜的是没有寫詳細的介紹文字。

以上就是《目録》中刊載的已出版全真教書籍,這些書籍中的一部分在《揚善半月刊》上登有内容提要性質的廣告詞,顯示出它們應該是書局重點推介的出版物。從上文的引用可以看到,這些摘要大多内容精當,説明其作者對道教内丹知識有精深的瞭解。那麽,作者究竟是誰呢?筆者推測可能就是陳攖寧,陳氏曾言:

> 擬抽出餘暇,將該書局所有已經發售之道書分門别類,編成一部書目提要,將其内容大概以及諸家派别之不同、下手方法之各異略爲分析,並某一部書中其宗旨如何,其精華何在,亦不惜和盤托出,以便學者之參求,將來按期登入《半月刊》中。[④]

陳氏言其有爲書局出版道書撰寫書目提要並按期刊登的打算,這篇文字發表在 1934 年 4 月 1 日出版的《揚善半月刊》上。在這個日期之前的刊物上雖然也有一些書籍提要性質的廣告,但都是關乎善書,没有一本道書,而在此之後,各類道書廣告詞就日漸增多了,這當然與陳攖寧上述工作計劃有關。

非常可惜的是,如今這些書籍我們大多都看不到了。1961 年陳蓮笙道長曾經將上海市道教協會所藏道書資料編制了一份目録,目録顯示當時上海市道協

---

① 王闖:《儒生、乩壇與道教:清代四川樂山的文人扶乩研究》,《世界宗教研究》2023 年第 4 期。

② 黎志添:《清代四種〈吕祖全書〉與吕祖扶乩道壇的關係》,《中國文哲研究集刊》(臺北)2013 年第 42 期。

③ 《廣告》,《揚善半月刊》1933 年第 1 卷第 2 期。

④ 陳攖寧:《答覆江蘇海門蔡德净君》,《揚善半月刊》1934 年第 1 卷第 19 期。

還收藏有若干翼化堂出版的書籍，但數量也不多了，它們是《道言五種》(1930)、《龍門秘旨》(1902)、《金仙正論》(1926)、《藍天寶卷》(1894)、《明心寶鑑》、《金蓮仙史》(1908)、《黄鶴賦真本注解》(1935)、《黄庭經講義》(1934)。①

餘論

從總體上看，翼化堂善書局刊刻的這批全真教書籍有十分明顯的共同特徵，即它們都關乎内丹修煉。事實上，這份目録中的"道書類"除了全真教書籍外，其餘部分也大多與丹道有關。之所以出現這樣的現象，一方面是因爲文中已經論及的翼化堂善書局負責人張竹銘與陳攖寧的交往密切，陳氏在 20 世紀 30 年代提倡仙學，重視各種丹道秘笈的搜集，這必然影響到了翼化堂的出版喜好。另一方面，從本文的分析可以看到，這個目録中的全真教書籍有不少其實在 19 世紀末 20 世紀初就已經出版了，如重點圖書劉一明的《道書十二種》等，它們遠在陳攖寧發揮影響之前就已經被出版和售賣。翼化堂善書局雖然提倡慈善，但不是純粹的慈善機構，它刻的每一本書籍都明碼標價；换句話説，它需要在書籍的刊刻和銷售中獲得足够利潤去支撑書局的經營。由於史料有限，我們難以知道翼化堂究竟在這批圖書中賺了多少錢，但是如此衆多的道教内丹修煉圖書被不斷出版，有些甚至一版再版，這充分説明它有固定的受衆和讀者群體，且銷量可觀。這可以説明，在近代上海的圖書市場，讀者對道教、全真教丹道修煉知識是有一定需求的，正是出版者和消費者的共同需求纔促使了大批丹道書籍的出版。

過去這些或分散各地、或秘不示人的内丹典籍，通過翼化堂的出版行爲，被集中大批量地公開展示在普通讀者面前，這在道教歷史上恐怕還是第一次。翼化堂善書局的道書出版活動，顯示出道教在近代都市社會中尚有一席生存之地。在近代上海這樣一個深受西方文明影響的大都市裏，雖然政府在不斷提倡科學，市民的受教育水平和識字率也不斷提升，但道教或全真教並没有顯得完全與時代格格不入，它們雖然時常被廟産興學這樣的激進政策所困擾，但是其内丹煉養技術依然能在都市社會中得到不少市民的青睞與追隨。尤其值得注意的是，書局的道書出版行爲並不是由全真教宫觀發起的，其負責人張竹銘是一個接受過近代自然科學教育的道教文化愛好者，他的合作者陳攖寧雖然有全真教的傳承，

① 書名先後順序是筆者按照陳蓮笙道長目録中的原有順序抄録，書名後括弧裏的年份，是目録中注明的出版時間。據文集的編纂者言，這些藏書都已經在"文化大革命"中被焚毁。詳見《上海市道教協會籌備委員會舊藏道書資料册》，陳蓮笙：《陳蓮笙文集》(下)，上海：上海辭書出版社，2009 年，第 320～332 頁。

但也並不過著出家住觀的傳統宗教生活。由他們這群道教"邊緣人"主導出版内丹典籍,更能反映出道教文化在近代上海還有相當市場需求的歷史事實。

當然,我們在高度評價翼化堂善書局道書出版行爲的同時,也不能忽視近代道教的生存困境。民國是中國出版業走向近代迎來繁榮的一個階段,據《民國時期圖書總目》編纂工程的統計,這短短三十八年裏中國出版的圖書總計二十餘萬種[①]。翼化堂善書局出版的一百多種道教類書籍,在這個總數面前實在是微不足道。與近代整體的圖書出版和閱讀市場相比,道教圖書的市場可能很小,但畢竟還在,這也許是道教在近代困局中尚保留的生命火種吧。

(責任編輯:胡常春)

① 《出版説明》,《民國時期圖書總目·宗教》,北京:國家圖書館出版社,2021 年,第 1 頁。

英文摘要

The Writing Strategy of *Chang Chun Zhenren Xiyouji*

Wu Guangzheng

Abstract: By analyzing the writing strategy of Li Zhichang's *Chang Chun Zhenren Xiyouji* (長春真人西遊記, *Travels to the West of Qiu Chang Chun the Realized Man*) from a stylistic angle, it is clear that the adventure of Qiu was depicted as a heroic journey to respond to the summons from Genghis Khan, a journey to promote the teaching of Quanzhen Taoism, and a journey to step across. While perfectly presenting the character and spirituality of this Quanzhen master, as well as the historical contributions of this travel, the purpose of this travelogue was to establish a paragon and broaden the possibilities for the development and promotion of Quanzhen Taoism. Accordingly, this analysis sheds light on the difference between religious travelogues and common travelogues written by laypeople in terms of their stylistic functions and writing strategies. Clarifying these characteristics will help improve our understanding of religious literature and recognize the nature of this genre.

Key words: Qiu Chuji; *Chang Chun Zhenren Xiyouji* (長春真人西遊記, *Travels to the West of Qiu Chang Chun the Realized Man*); Stylistics; Writing Pattern; Religious Paragon

Transmutation of Wang Chongyang's Narrative and Characterization During the Jin-Yuan Period

Han Zhangang

Abstract: During the Jin-Yuan period, Wang Chongyang's narratives underwent an important phase change, from his autobiography to the descriptions of others. Accordingly, these two states could be summarized as the "autobiographical" stage and the "biographical" stage. Specifically, the construction of his characterization also involved his own poems, the disciples' retrospectives, relevant tablets inscriptions, other hagiographies from the Jin and Yuan periods, iconography, painting biographies, and relevant Taoist temples. According to the self-description in his poems, Wang narrated himself as a Taoist adept. After his ascendance, his disciples engaged in the apotheosis of their beloved masters. It was at this point that Wang Chongyang was preliminarily narrated as a master with a divine nature, instead of a profound Taoist practitioner as he had described himself at the beginning. The self-description in Wang's poems and the disciples' reminiscences provided the common background for the writing of subsequent inscriptions and biographies in Jin-yuan period, which helped to construct a more lively characterization and portrayal of Wang Chongyang as a Quanzhen Master. In summaries, Wang Chongyang's narrative and characterization gradually matured from the stage of "autobiography" to that of "biography". When Jinlian Zhengzong Ji (金蓮正宗記, *The Record of the Golden Lotus*) and *Qizhen Xianzhuan* (七真仙傳, *The Hagiography of the Seven True Immortals*) were composed, the narrative pattern of Wang Chongyang was primarily established, as well as the writing paradigm of the Quanzhen Taoist Hagiographies. None of the subsequent literature stepped out of this narrative framework.

Key words: Wang Chongyang; Narration; Autobiography; Transmutation of Characterization

Examination of Taoists at Yunshan Mountain in Pingdu During the Jin-Yuan Period

Zhang Yisheng, Chen Xiangbo

Abstract: Taoism had been practiced on Yunshan Mountains (located in Pingdu) ever since the Sui and Tang dynasties, which could be proved by the fact that Xingguo Guan (觀, Taoist Temple) on Yunshan Mountain existed before the Jin dynasty. Pingdu was located in the areas named Dengzhou and Laizhou (present-day Shandong Province), where Quanzhen Taoism was established and flourished during the Jin and Yuan Dynasties. Besides the records which indicate that Ma Yu used to practice in Dezhen Guan in Pingdu, the inscriptions of "Changchunzi" (長春子, The Realized Man Changchun) suggest that Qiu Chuji may have visited Yunshan. According to *Yunshan Laoren Guizhenji* (雲山老人歸真記, *Record of the Realized Elder of Yunshan*) near Yunshan Guan in Pingdu, it was Qiu Chuji's disciple, Wang Baoxuan, who contributed to the actual development of Taoist practice during that time. He studied under Qiu Chuji for nearly thirty years before his master's ascendance. For the following twenty years, he roamed around and created a set of methods named Wuguan (五觀之功, The Five Internal Visualization). In his later years, Wang Baoxuan, accompanied by his disciples, lived seclusively on Mount Yunshan for fourteen years, building and expanding palaces and temples. With particular notice, Wang Baoxuan and his disciples, Li Zhichang and Xu Zhibu, were quite successful in practicing internal alchemy and regulating the circulation of yin and yang.

Key words: Pingdu; Yunshan Guan (觀, Taoist Temple); *Yunshan Laoren Guizhenji* (雲山老人歸真記, *Record of the Realized Elder of Yunshan*); Wang Baoxuan; Qiu Chuji

The Southward Transmission of Quanzhen Taoism and Religious Writing by Literati in the Jiangnan Region During the Yuan Dynasty

Zuo Dandan

Abstract: During the Yuan Dynasty, the Quanzhen order of Taoism carried out missionary activities through austerities and excursions in the area south of the Yangzi River. The strategy was to promote Taoism through literature; activities like poetry writing, replying, and anthologies were particularly prominent. While preserving their tradition, new trends appeared in the process of transmission, known as legendization and localization. By analyzing this missionary activity of the Quanzhen Taoists and the observation of the literati on Quanzhen Taoism in this area, we are able to have a glimpse of the historical trajectories, namely, the fusion of the northern and southern lineages in terms of internal alchemy as well as the merging of Confucianism and Taoism.

Key Words: Quanzhen Southern Transmission; Jiangnan (South of Yangtze) Literati; Promoting Taoism through Literature; Religious Writing; Localization

The Rise of the Yanzu Lineage and the Spread of Quanzhen Taoism on the Maoshan Mountains According to the Records on Qianyuan Temple Stele

Sun Yiping

Abstract: Qianyuan Guan is one of the most representative palaces in Maoshan, Jiangsu Province. The name and scale of this temple had been varying throughout the period from the Qi Liang to the Northern Song Dynasty. The Shangqing school has long been preaching in this area, and a series of compassionate religious leaders have been cultivated here, including Tao Hongjing, Li Hanguang, Zhu Ziying, etc. The *Qianyuan Guan Stele* (乾元觀碑, The Stele at Qianyuan Taoist Temple), which has been preserved to this day, records the rise and succession of the Quanzhenzhen Taoist Yanzu lineage in Qianyuan Guan, Maoshan, during the Ming Dynasty. Afterward, the Longmen lineage of Quanzhen school was introduced to Maoshan; Qianyuan Guan, despite the influence, still retained its own Yanzu traditions. Since then, these Taoist lineages had resulted in a particular distribution on the Maoshan Mountain. Specifically, the "Three Palaces" followed the teachings of Zhengyi order. Among the "Five Temples (Guan)," the Baiyun Temple, Yuchen Temple, and Deyou Temple passed on the Longmen lineage of Quanzhen school, whereas the Qianyuan Temple and Renyou Temple preserved the Yanzu tradition, another branch of Quanzhen Taoism. The layout was probably related to the fact that Yan Xiyan came to Qianyuan Guan before Wang Changyue. Today, the Qianyuan Temple carries forward the fine tradition of Taoism known as the "culture of harmony," contributing to the prosperity of Jiangsu Taoism and local society and culture.

Key Words: *Qianyuan Guan Stele* (乾元觀碑, The Stele at Qianyuan Taoist Temple); Quanzhen Taoism, Yanzu Lineage; Longmen Lineage; Maoshan Qianyuan Temple

Historical Changes of Shengjing Capital Chenghuang Temple as Seen in the Tablet Inscriptions

Wang Guiping

Abstract: Shengjing Capital Chenghuang Temple (盛京都城隍廟, The Capital Chenghuang Temple in Shengjing) was originally known as Shenyang

Chenghuang Temple, which was upgraded to the capital Chenghuang Temple in the Qing Dynasty. This article serves as a preliminary analysis of the historical development of Shenjing Capital Chenghuang Temple, according to the three pieces of inscriptions that have been handed down to the present day. After research, it is believed that this temple has always been occupied and managed by Taoist priests, serving the dual function of national religious activities and Taoist rituals. Moreover, it is shown that the folk belief in Chenghuang Shen also has a long historical background and far-reaching influence in Shenyang.

Keywords: Shengjing; Shenyang; Chenghuang Temple; Tao Lu Si (道録司, The Government Office in Charge of Taoist Affairs); Taoist Rituals;

The Huashan Lineage of Quanzhen Taoism at the Sanyuan Chenghuang Temple as Seen in the Tablet Inscriptions

Gao Yeqing

Abstract: Sanyuan Chenghuang Temple (三原城隍廟, The Chenghuang Temple in Sanyuan County) is an important and influential Taoist temple in the history of Sanyuan County. The temple has been rebuilt over the generations and is still well preserved. Existing records on the temple stele document the history of Sanyuan Chenghuang Temple. According to the tablet records, this temple was held by Taoist priests of the Huashan Lineage (全真華山派, The Huashan Lineage of Quanzhen School) for centuries, lasting from the early Ming Dynasty to the end of the Qing Dynasty. The use of the genealogy poem of the Huashan lineage in Sanyuan County first appeared during the Ming Dynasty under the reign title of Yongle, which is considered the earliest record available by far. The discovery of the Sanyuan Chenghuang Temple stele provides brand new material for the investigation of the use of genealogy poem and the heritage of Huashan Lineage. During the era of Taoist Sinicization, Sanyuan Chenghuang Temple, together with the Taoist culture it represents, could provide a wealth of resource for local cultural development.

Keywords: Sanyuan Chenghuang Temple (三原城隍廟, The Chenghuang Temple in Sanyuan County); Quanzhen Huashan Lineage (全真華山派, The Huashan Lineage of Quanzhen School); Tablet Literature; Taoist Heritage

The Spread of Quanzhen Taoism in the Hexi Corridor During the Ming and Qing Dynasties

Cheng Siyin, Liu Yongming

Abstract: This article examines the spread of Quanzhen Taoism in the Hexi Corridor during the Ming and Qing dynasties, based on a combination of data from both field research and literature. During the late imperial state (Ming and Qing Dynasties), the preaching of Quanzhen Taoism in the Hexi Corridor was closely related to the national strategy and religious policies in the northwest area pursued by the regime. In the Ming Dynasty, there was a revival of Taoism on the northwest frontier; in particular, the Zhengyi order of Taoism was prevalent. Under such circumstances, Quanzhen Taoists in the Hexi Corridor began to pass down their practices covertly in families. The expanding of missionaries became more favorable when it came to the Qing Dynasty, during which the Longmen Lineage of Quanzhen School rose again as the Qing government gradually advanced the development of the Xinjiang region under the titles of the Kangxi, Yongzhegn, and Qianlong. In such a situation, the influence of Quanzhen Taoism gradually expanded in northwest China, extending even westward through the Hexi Corridor all the way to Mount Bogda in Xinjiang.

Key Words: Quanzhen Taoism; Hexi; Ming and Qing Dynasties (Late Imperial State)

The Genealogical Heritage and Geographical Distribution of the Yinxi Lineage

Liu Kangle

Abstract: Yinxi School (尹喜派, The Yinxi School of Taoism) is a relatively small Taoist school in the history of Taoism. The Lou Guan (觀, Taoist Temple) on the Zhongnan Mountain was regarded as the ancestral shrine, and Yin Xi was honored to be their first master. There were signs showing that the first use of the lineage poem appeared around the early Qing Dynasty. According to the resources available, the Yinxi Taoist initially preached in Henan, Shanxi, and Shandong Provinces. Their influence gradually expanded to Hubei, Jiangxi, Beijing, Shaanxi, and other places. Then on, the Yinxi

Lineage once flourished in northeast China from the late Qing Dynasty to the Republic of China. Furthermore, a group of folklore chanting artists imparted the Taoist teachings into their performance and preached "beyond the Taoist orders" in Runan, Henan Province. The Yinxi lineage belong to neither Quanzhen nor Zhengyi order. By analysis, this lineage gradually formed through time after Louguan Taoists wandered around China, once in the early Yuan dynasty and once in the late Ming dynasties.

Keywords: Taoism ; Yinxi Lineage (尹喜派, The Yinxi School of Taoism); Genealogy Poem (Lineage Poem); Louguan Taoism (樓觀道, The Louguan School of Taoism)

Quanzhen Taoism and the Folk Precious Scrolls During the Ming and Qing Dynasties

Li Zhihong

Abstract: During the late imperial state of China (Ming and Qing dynasties), precious scrolls were strongly associated with Quanzhen Taoism. The folk precious scrolls, which were revered by folk religions such as the Hunyuan Men (混元門, The Hunyuan Gate), the Taishang Men (太上門, The Taishang Gate), and the Huangtian Tao (黄天道, The Huangtian Tao), averred the teachings of Quanzhen Taoism. Members of these secret folk religions also practiced internal alchemy. Some branches of Hunyuan Gate (lineage) in northern China even claimed that their Taoist heritage could be traced back to Qiu Chuji, the founder of the Longmen lineage. Li Fengzhen, the founder of Taishang Gate, also said that he learned the alchemical art from Qiu Zu (the ancestral master, Qiu Chuji). The perspective of the grassroots society is valuable in investigating the heritage of Quanzhen Taoism, and it is unwise to ignore the clues provided by the scrolls. The Quanzhen School rose from folklore and has always had great possibilities in the secular world.

Keywords: Quanzhen Taoism; Precious Scrolls; Folk Religion

The Talisman Tradition and Lei Fa Method of Guigen Taoism from the Late Qing Dynasty to the Beginning of Republic China

Wang Chenfa

Abstract: Since the Qing Dynasty, the Guigen Taoists (歸根道, The Guigen Tao, a folk religious society) have attempted to preach among the folklore, mainly through the mutual explanation of classics from the three teachings. By explaining their unique perspective of space and time, mind and bodies, the balance of yin and yang, and the harmony of the five elements, they educated the ordinaries to practice alchemy and the method of Lei Fa (雷法, The Method of Thunder). In doing so, the laypeople were allowed to experience how Taoists confront life and death. To some extent, their preaching activities contributed to the enlightenment of the local societies. From 1914 to 1925, the ancestral temple of Guigen Tao issued 36 new talismans with specific requirements. According to the stipulations, for each talisman to be effective, it must be drawn by qualified practitioners of Lei Fa through meditative visualization with a set of spells. Additionally, different talismans must be worn by Taoists who had attained the corresponding achievement of Lei Fa, in order for the charm to actually work. It was conducive for the followers to develop their faith in the talismans through drawing, applying, and wearing talismans, as well as repeatedly practicing the techniques of Lei Fa and meditation. Clearly, the Guigen Taoists identified themselves as the direct line of the Southern Quanzhen School. Till the early 20th century, the order still maintained the tradition of the Lei Fa, including the methods of sensing the cloud seal scripts and arranging the Taoist taboo words.

Keywords: Alchemy Practices; Mind; Cunsi (存思, Meditative Visualization); The Three Teachings; The Five Thunders; Bai Yuchan

On Zheng Guanying's Practices of Northern Quanzhen Taoism

Liang Shufang

Abstract: Zheng Guanying (1842-1922) was an important representative of the reformers in the late Qing Dynasty. He founded his own organization, advocating commercial competition over military warfare. Zheng Guanying, who had made distinguishable achievements in politics, was a lifelong devotee and practitioner of Taoism. These identities made up the dual aspects of his incredible life. Inner alchemy is a lifelong practice adopted by Zheng. He started with the Southern traditions, gradually overstepped into the Northern, and he had eventually brought together the different alchemical techniques of them. By fathoming the journey of his self-cultivation, it is clear that the ideology of "Northern School" laid the foundation of his belief. To reach conclusions about Zheng's perspective on Taoism, one should begin with his Taoism background of the Northern Quanzhen School as well as his monastic practices. The article will start with Zheng's learning from the Northern School of Taoism and then his interpretation regarding the self-cultivation of both Xing (性, one's nature) and Ming (命, the life). The essay will also discuss his views on merit and virtue, method of practice, wealth, fellowship, and accommodations required for Taoist practice. The truth was, he did not distinguish between different lineages when it came to his masters and friends of Tao; their relationships were purely based on Da Tao (大道, the marvel Tao). The distinctiveness of the southern and northern Quanzhen Taoism, which began to exist after the Song Dynasty, seemed to dissipate at this time.

Key Words: Zheng Guanying; Taoism; The Northern Quanzhen School of Taoism; Wuliu Lineage (伍柳派, The Wuliu Lineage of Quanzhen Taoism); Self-cultivation

May I Ever Keep My Country in Mind Regardless of How Humble I Am: the Change of Situation and the Salvational Sentiments of Quanzhen Taoits Hagiographies from 1840 to 1949

Qin Guoshuai & Zhang Xiaoya

Abstract: After the defeat in the Opium War, the Chinese government was forced to sign a series of unfair treaties with the Western powers. With the support of strong military powers, the western missionaries took the opportunity to enter China. Their arrival led to numerous conflicts between the church and the mass in China due to the differences in beliefs, doctrines, and rituals. At the same time, the concept of "religion", in the context of the modern disciplinary classification system, was introduced to the traditional intellectual elites and thoroughly undermined their Confucian stances. Christianity, on the other hand, as a standardized religious paradigm, posed challenges to Buddhism and Taoism as traditional religions in terms of institutionalization. In response to the dramatic change and the conflicts brought by foreign influence, the Taoist community in the Republic of China tried considerable initiatives, endeavoring to salvage the disorganized minds and ameliorate the moral crisis. They attempted to found a national organization and tried the traditional practice of issuing publications. The efforts are undoubtedly admirable; however, given the circumstances of the time, the actual effect has been less than satisfactory.

Keywords: The Opium War; The Changing of Situation; Salvation and Survival; Daojiao Hui (道教會,The Taoist Community)

The Yihuatang Morality Books Press and The Publication of Modern Quanzhen Taoist Books

Wang Chuang

Abstract: Yihuatang Shanshu Ju (翼化堂善書局, The Yihuatang Morality Books Press), established in 1857 in Shanghai, was famous for publishing Buddhist and Taoist morality books. The history of its activities spans nearly a hundred years. Based on an advertisement known as Shu'mu (《書目》, bibliography) from the 1930s, the press had published a plethora of Quanzhen Taoist books. These publications dealt with early Quanzhen masters and later Quanzhen adepts in the Ming and Qing dynasties, and most of their contents pertained to internal alchemy cultivation. The fact that the publisher made alchemy the topic of its main publications was partially due to the influence of the immortality theory proposed by Chen Yingning. The prevalence of such books, on the other hand, also indicates that the knowledge of internal alchemy of Quanzhen Taoists was still in demand in modern Shanghai, an urban society deeply impacted by Western civilization.

Keywords: Yihuatang Shanshu Ju (翼化堂善書局, The Yihuatang Morality Books Press); Taoist Book publishing; Modern Quanzhen Taoism